FOLIO/ESSAIS

Henri Laborit

La nouvelle grille

Robert Laffont

© *Éditions Robert Laffont S.A., 1974.*

Henri Laborit, d'abord chirurgien, s'orienta ensuite vers la recherche fondamentale. On lui doit l'introduction en thérapeutique de la chlorpromazine, premier « tranquillisant », de l'hibernation artificielle, ainsi que de nombreuses autres molécules à action psychotrope. Ses travaux sur la réaction organique aux agressions ont précisé le mécanisme de certains grands syndromes physiopathologiques et ont apporté des solutions nouvelles à l'anesthésie et à la réanimation. Il dirige le laboratoire d'Eutonologie à l'hôpital Boucicaut, qui fonctionne depuis 1958, en dehors de toute institution publique ou privée, par les seuls droits d'auteurs de l'exploitation par l'industrie pharmaceutique des brevets pris par le groupe.

La biologie des comportements a conduit Henri Laborit à pénétrer dans le domaine des comportements humains en situation sociale, c'est-à-dire aux sciences humaines (psychologie, sociologie, économie et politique).

AVERTISSEMENT

La première édition de cet ouvrage date de 1974 : douze ans déjà. Je l'ai relu récemment et je n'ai rien trouvé que je sois tenté de supprimer ; rien que je regrette d'avoir écrit ; rien que l'évolution de nos connaissances depuis cette époque puisse m'obliger à transformer, me fasse désirer reprendre. J'aurais sans doute aujourd'hui quelques notions à ajouter. Mais rien d'essentiel pour la synthèse qu'a tenté de réaliser cet ouvrage. Je n'aurais à ajouter que le développement de certaines idées, des arguments supplémentaires pour d'autres.

Je suis heureux de constater qu'il n'a pas eu le démarrage foudroyant des best-sellers, de ceux que l'on a oublié quelques mois après leur parution. Au contraire, il n'a pas cessé, depuis douze ans, d'intéresser un public toujours plus large. Mes amis, du moins ceux assez francs pour vous dire des choses désagréables, m'ont souvent déclaré que c'était le meilleur livre que j'avais écrit. Je ne puis juger, ni leur donner raison, car j'aurais trop peur que l'ayant lu et n'étant pas exactement de leur avis, vous décidiez qu'il est inutile de lire les autres.

H. L., 1986.

« *Les abeilles pillotent deçà les fleurs, mais elles font après le miel, qui est tout leur ; mais ce n'est plus thin, ny marjolaine : ainsi les pièces empruntées à l'autruy, il les transformera et confondra pour en faire un ouvrage tout sien : à savoir son jugement. Son institution, son travail et estude ne vise qu'à le former.* »

MONTAIGNE. Essais, *liv. I, chap. 26.*

INTRODUCTION

L'homme n'a jamais pu se passer de grilles. Devant le désordre apparent du monde, il lui fallut chercher les termes signifiants, ceux qui, associés entre eux, rendaient son action sur le milieu plus efficace, lui permettaient de survivre. Devant l'abondance infinie des objets et des êtres, il a recherché entre eux des relations, et devant l'infinie mobilité des choses, il a cherché des invariances.

Il a ajouté de l'information au monde inanimé, mais cette information ne pouvait être que celle qui déjà structurait son système nerveux. Heureusement pour lui, la combinatoire que lui permettaient ses systèmes associatifs, lui a ouvert le chemin du langage, de l'abstraction et de la création de nouveaux schémas interprétatifs du monde, le chemin de la complexité. En effet, lorsque ses schémas interprétatifs étaient récompensés par une efficacité accrue de son action sur le milieu, une nouvelle moisson de faits jusqu'alors inconnus venait compléter au cours des siècles l'engrangement de ses connaissances. Il a toujours procédé en quelque sorte par hypothèse de travail, suivie d'expérimentation. Mais, pendant des millénaires, ce qu'il ne pouvait expliquer par un raisonnement logique demeurait dans le domaine du mythe. C'est ce qui fit la fortune des prêtres.

La découverte de la machine à vapeur développa chez l'homme ses prétentions explicatives. C'est un fait que la découverte des lois du monde inanimé s'accéléra considérablement à partir d'une époque récente au point que l'homme devint en quelques décennies maître de l'énergie. Mais sa connaissance de lui-même ne suivit pas une accélération identique et il manie aujourd'hui, en pleine ignorance du fonctionnement de son inconscient, une puissance de destruction considérable. Il faut se rendre à l'évidence : la grille thermodynamique ne lui permet pas à elle seule l'explication du monde vivant.

Or, ce monde du vivant, en font partie intégrante, aussi bien l'individu que l'espèce, et que les groupes d'individus, sous-ensembles sociaux multiples, épars à travers le monde.

Depuis de nombreux siècles déjà certains hommes ont tenté de déchiffrer la structure complexe et dynamique des rapports sociaux. Les grilles les plus récentes, celle de Marx et celle de Freud, en ont permis une lecture plus précise, donc plus efficace. Malheureusement elles font encore l'impasse de la connaissance des mécanismes complexes qui gouvernent le fonctionnement des organismes humains, celui de leur système nerveux en particulier. Or c'est par l'intermédiaire de ceux-ci que se réalisent les rapports interindividuels.

Cette insuffisance est compréhensible. Les systèmes vivants étant constitués des mêmes éléments atomiques que la matière inanimée, c'est leur structure qui les différencie. La notion d'information et celle des régulations cybernétiques sont indispensables à l'approche scientifique de ces structures. Or ces notions ont à peine vingt à trente ans d'existence. Il y a beaucoup moins de temps encore que nous avons appris à les utiliser efficacement en biologie.

La « nouvelle grille » est ainsi la grille biologique

permettant d'entrevoir comment déchiffrer la complexité de nos comportements en situation sociale. J'en ai pris connaissance progressivement au cours de mon expérimentation journalière au laboratoire et j'ai tenté d'explorer les possibilités interprétatives des phénomènes sociaux qu'elle paraît capable de nous fournir. Le plus grand nombre de livres que j'ai écrits depuis plus de vingt ans sont ainsi l'expression de mon travail expérimental sur la « Réaction organique à l'agression ».

Les synthèses conceptuelles auxquelles celui-ci m'a conduit ont donné lieu plus récemment à mon dernier ouvrage spécialisé [1] qui tente de réunir l'essentiel de nos connaissances concernant le fonctionnement du système nerveux humain, de la réaction enzymatique aux comportements en situation sociale.

Mon approche a donc été avant tout expérimentale.

Mais l'importance sociale de ces connaissances m'est apparue telle qu'il fallait tout faire pour ne pas les conserver prisonnières entre les murs des laboratoires. Aussi, parallèlement, ai-je écrit des ouvrages de vulgarisation avec l'espoir de répandre certaines notions qui me paraissent indispensables pour que chacun de mes contemporains puisse se mieux situer dans le monde où il vit, par rapport aux autres et par rapport à lui-même. Peut-être aussi dans l'espoir de participer à l'évolution des sociétés contemporaines.

Il ne s'agit pas d'autre chose que d'une grille proposée à l'expérience des hommes : une « nouvelle grille », sachant, bien sûr, qu'elle n'est la dernière que tant qu'une autre grille plus complète, l'englobant, comme elle a elle-

---

1. H. Laborit, *Les comportements. Biologie, physiologie, pharmacologie*, Masson et Cie édit., 1973. Voir aussi H. Laborit, *Réaction organique à l'agression et choc,* Masson et Cie édit., 1952.

même le désir d'englober les précédentes, ne viendra pas la remplacer.

Je tiens aussi à préciser que cette grille biologique a également la prétention d'être aussi généralisante et interdisciplinaire que possible dans le domaine même de la biologie. Il en résulte que l'on pourra reconnaître au passage de nombreux apports empruntés à l'éthologie, à l'étude béhaviouriste ou skinnérienne des comportements, à la psychanalyse, à la psychologie expérimentale ou à la linguisitique contemporaine. On pourra retrouver certaines idées développées dans mes précédents ouvrages depuis dix ans, ou résultant du travail expérimental au laboratoire de notre groupe de recherches. Mais l'assimilation d'un fait scientifique à un ensemble qui le comprend, le transforme en général de façon profonde. On débouche alors non sur une simple synthèse interdisciplinaire, mais bien sur la construction interdisciplinaire d'un ensemble nouveau qui transfigure chaque élément en lui créant de nouvelles relations. C'est ainsi que l'agressivité, telle que les ouvrages de certains éthologistes comme K. Lorenz ou R. Ardrey nous en proposent la compréhension chez l'homme, prend une tout autre signification quand elle est placée dans un cadre biophysiologique plus large. De même l'affectivité dont depuis McLean le système limbique serait le support, devient le sous-produit de la mémoire. Celle-ci sous sa forme biochimique devient la base des automatismes sous-culturels et ces derniers la plaque tournante des conflits entre les pulsions hypothalamiques et la construction des structures imaginaires.

Comme l'a suggéré Montaigne, il est utile de faire comme les abeilles, de butiner le suc de fleurs variées pour en faire autre chose. Je souhaite que notre miel soit comestible. C'est sur le plan sociologique, économique et politique qu'il sera intéressant de le goûter. En effet, la notion d'information et de structures dynamiques, celle du système ouvert sur le plan thermodynamique et informationnel risque de changer assez profondément les automatismes de pensée que nous entretenons à leur sujet [1]. Beaucoup de problèmes que nous abordons dans cet ouvrage et que nous reprenons de nos travaux personnels, de nos livres ou de nos publications antérieurs, sont devenus depuis peu des sujets à la mode qui réjouissent la grande presse et constituent l'objet courant de conversations de salon. Mais ils sont généralement abordés sous une forme parcellaire, car seul le spécialiste a quelque impact sur l'opinion. Il est digne de croyance car son exposé se présente forcément sous une forme simplifiée, celle de sa discipline. Les synthèses se révèlent généralement plus complexes, demandent de la part du lecteur, même lorsqu'elles sont vulgarisées, c'est-à-dire simplifiées, un effort important d'attention, un spectre de connaissances plus étendu. Leur diffusion se montre en conséquence plus difficile. Leurs conclusions sont aussi profondément différentes.

Et puis surtout quand une synthèse ne s'intègre pas facilement dans les schémas culturels connus, quand elle ne favorise pas un courant d'opinion existant déjà, une idéologie politique ou socio-économique en vogue, elle a peu de chance de trouver un écho immédiat. Elle ne peut être prise au sérieux. Celui qui l'exprime ne fait pas preuve d'un humanisme de bon aloi, cet humanisme qui ne dérange rien, qui fait appel aux grands ancêtres, à la « culture » en place, c'est-à-dire à l'ensemble des préjugés et des lieux communs d'une société et d'une époque.

Mais il y a tant de joie à établir une structure nouvelle que l'approbation n'est ni nécessaire ni suffisante, bien qu'agréable, à la motiver.

---

[1]. *Société informationnelle. Idées pour l'autogestion*, coll. « Objectifs », Editions du Cerf, 1973.

Est-il possible de résumer notre projet ? Je le voudrais afin que le lecteur ne soit pas trop décontenancé par la lecture des premiers chapitres. Si sa culture est avant tout littéraire, il risque de fermer ce livre et de l'abandonner. Soyez gentil, faites l'effort de lire les deux premiers chapitres, même si certaines notions vous paraissent obscures. Elles sont fondamentales puisqu'elles tentent de fournir une vision dynamique de l'organisation des systèmes vivants à partir des théories récentes de l'information, de la théorie des systèmes et de la cybernétique. Elles s'éclairciront par la suite dans les chapitres qui abordent, dès le troisième, le niveau sociologique pour lequel ce livre a été écrit. Le second chapitre schématise la structure fonctionnelle du système nerveux. Comment en effet continuer à ignorer l'essentiel concernant ce merveilleux instrument que nous utilisons de notre naissance à notre mort et qui autorise toutes nos relations avec le monde qui nous entoure, ce monde que peuplent les hommes, les autres hommes, et qui permet aussi la conscience que nous avons du monde qui vit en nous ? Or ce monde-là, le monde de l'inconscient, est bien différent de la conscience que nous en avons. Comment se structure-t-il ? Non pas seulement avec des mots, mais d'abord avec des molécules.

C'est avec ces instruments conceptuels, qui n'ont jamais encore été utilisés à notre connaissance dans l'approche expérimentale des faits sociaux que nous aborderons l'ensemble du thème, social, économique et politique. Ils n'ont encore jamais été utilisés parce que leur expression est trop récente et que la synthèse que nous en avons faite est difficile à réaliser par le spécialiste.

Il m'est reproché fréquemment de chercher dans le social l'analogie avec le biologique. Le raisonnement par analogie jouit avec raison d'une mauvaise réputation et je ne suis pas certain que ce reproche, pour ceux qui l'expriment, ne soit pas simplement une manière de se débarrasser, de refouler, des faits gênants, en demeurant au sein d'un territoire limité, le leur, qui les gratifie et qu'ils défendent. J'utilise parfois l'analogie, mais l'essentiel de ce que j'apporte n'est pas à mon sens du domaine analogique. En réalité, l'observation des faits biologiques nous a fait découvrir, je le crois, des lois structurales qui paraissent valables pour tout le domaine du vivant. Nous reprocher ce qu'un examen superficiel et un jugement teinté d'affectivité considèrent comme analogique, s'apparente au fait de reprocher à quelqu'un l'application des lois de la gravitation, à un chien, à un groupe de parachutistes ou à un caillou. Nous sommes bien d'accord par contre pour dire que ce n'est pas, par exemple, parce qu'il y a des « artères » qui permettent la circulation dans une ville, que l'on peut comparer une ville à un organisme et le cœur de la cité à celui des mammifères, si ce n'est sous la plume des poètes et de certains urbanistes.

Par contre, préciser les notions d'énergie, de masse et d'information, permet d'aborder la sociologie, l'économie et la politique, sur un trépied solide puisqu'il supporte l'édifice de la science contemporaine. Mais avant d'atteindre le niveau d'organisation des sciences dites « humaines », ce trépied doit aussi servir de base à la mise en place de la biologie générale et de celle des comportements humains en situation sociale. Nous les retrouverons donc à chaque page des onze chapitres suivants.

Nous verrons comment le fait de posséder un lobe orbito-frontal et des systèmes associatifs corticaux développés, permet à l'homme de traiter l'information et par quels mécanismes son imagination ajoute de l'information au monde qui l'entoure. Comment cette propriété spécifique fut à l'origine de sa domination du monde inanimé et plus tard la base des hiérarchies de dominance uniquement fondées sur le degré d'abstraction de l'information technique, professionnelle, qu'un individu utilise. Nous verrons pourquoi les sociétés animales et les sociétés humaines sont soumises à cette pression de nécessité des structures hiérarchiques. Nous analyserons les mécanismes d'établissement des pouvoirs et des dominances, de la notion de territoire et de propriété, le mythe de la démocratie, de l'égalité et de la liberté, mots qui n'expriment qu'une affectivité pulsionnelle satisfaite, gratifiée ou au contraire aliénée, dépendante, soumise à la dominance de l'autre.

Nous tenterons de fournir les prémices d'une solution et pour cela nous développerons la distinction entre information professionnelle, introduisant l'individu dans un processus de production de marchandises, et l'information généralisée dont ce livre est un vade-mecum. Seule, celle-ci peut donner au citoyen la dimension d'un homme. Cette information ne concerne pas les faits, mais les structures, les lois générales permettant d'organiser les faits en dehors des jugements de valeurs, des automatismes, socioculturels, des préjugés, des morales, des éthiques, qui ne sont jamais que celles des plus forts capables de les imposer par la police, la guerre, les lois, l'abrutissement par les mass media, l'aliénation économique, l'obscurantisme affectif, l'aveuglement de la logique langagière et surtout la gratification hiérarchique professionnelle. Cette information, cette mise en forme des systèmes nerveux humains en un système ouvert, capable d'évolution, ne peut se satisfaire des slogans éculés, d'une phraséologie faussement révolutionnaire qui retrouve, après avoir soi-disant détruit les structures capitalistes, la dominance hiérarchique et la gratification du pouvoir.

Etre homme consiste avant tout à utiliser les aires cérébrales qui nous distinguent des autres espèces animales et nous permettent de créer de nouvelles structures. Etre révolutionnaire, ce n'est pas appliquer des grilles inventées à une époque où les deux tiers de nos connaissances scientifiques contemporaines restaient encore à découvrir, une époque en particulier qui restait confinée dans le langage conscient, dans les analyses logiques utilisant le principe de causalité linéaire sans mettre en cause les pulsions, et les automatismes qui menaient et qui mènent encore nos discours. Etre révolutionnaire consiste d'abord à imaginer de nouvelles grilles conceptuelles, de nouvelles structures prenant en charge l'essentiel de l'apport de l'ensemble des disciplines biologiques, et cela pas en pièces détachées, en bric-à-brac culturel, mais sous une forme intégrée, qui partant de la physique aboutit à l'espèce humaine dans la biosphère, dans le temps de l'évolution et celui de l'individu, dans l'espace gratifiant d'un homme et celui de tous les hommes, la planète.

Etre révolutionnaire n'est plus alors l'affaire de quelques leaders inspirés, d'une élite éclairant la masse, mais celle de tous. C'est sans doute la finalité de l'espèce humaine, car il s'agit d'une révolution permanente et culturelle, non d'une culture langagière ou d'une praxis sociale uniquement. Il n'y a pas d'expérience fructueuse sans hypothèse de travail, mais l'expérience ne peut se limiter à vérifier une théorie qui n'a pu prendre en compte des lois fondamentales qui ont été découvertes après qu'elle fut émise. Toute théorie insuffisante à expliquer certains faits d'expérience doit être incluse dans une théorie plus vaste dont elle devient un sous-ensemble si par ailleurs, bien entendu, elle fournit cependant une interprétation logique et surtout vérifiable de beaucoup d'autres. Sinon, c'est un mythe et tout esprit lucide se doit de l'abandonner.

Nous verrons combien les mots, les expressions sont dangereux du fait que très vite on oublie l'objet ou le concept qu'ils sont censés représenter et qu'à travers eux, on se contente d'atteindre l'affectivité insatisfaite et d'exploiter la frustration qui résulte de l'impossibilité grandissante qu'il y a à réaliser des actes gratifiants. La pensée politique nous paraît de plus en plus encombrée par un tel langage.

Conscience, connaissance, imagination, sont les seules caractéristiques de l'espèce humaine. Ce sont celles aussi le plus exceptionnellement employées. Par contre, l'homme entretient de lui une fausse idée qui sous la pelure avantageuse de beaux sentiments et de grandes idées, maintient férocement les dominances. La seule façon d'arracher ces défroques mensongères est d'en démonter les mécanismes et d'en généraliser la connaissance.

La Vérité est une femme nue qui sort d'un puits. Le puits, c'est l'obscure faconde de notre inconscient.

Je dédie ce livre sans pitié à ceux qui souffrent, aux pauvres, aux aliénés, aux prisonniers, aux drogués, aux contestataires, à tous ceux qui ne se sentent pas tellement bien dans leur peau. Mais je le dédie aussi aux nantis, aux honnêtes gens, aux flics, aux candidats à la présidence, aux notables, à tous ceux qui sont sûrs de détenir la vérité, quelle qu'elle soit, de droite ou de gauche, en espérant qu'ils y découvriront au moins les germes de l'incertitude, sœur de l'angoisse, et mère de la créativité.

CHAPITRE PREMIER

Thermodynamique et information. Physique et biologie

Jusqu'à une époque récente, il suffisait d'émettre une opinion pour être rapidement classé parmi les matérialistes ou les spiritualistes. Les premiers, récoltant l'héritage expérimental millénaire qui a fait de l'homme l'observateur privilégié du monde matériel, pensaient pouvoir interpréter l'organisation de la matière vivante par les seules lois de la physique. Les seconds, enfermés dans le discours conscient, affirmaient qu'il était impossible de réduire ce qu'ils appelaient la « vie » à la matière et dotaient la première d'une force ésotérique, d'un « élan vital » dont l'expression la plus raffinée était « l'esprit ». Il fallut les lois structurales et ensemblistes, la théorie de l'information et la cybernétique, pour comprendre que ce que les systèmes vivants ajoutaient à la matière inerte, n'était ni masse ni énergie, comme l'a dit Wiener, mais seulement de l'information. S'il est bien vrai que celle-ci a besoin de la masse et de l'énergie comme support il est bien vrai aussi qu'elle représente ce quelque chose qui fait que le tout n'est pas seulement la somme des parties. La matière vivante est faite avec les mêmes matériaux atomiques que la matière inanimée, mais ce qui la distingue c'est l'organisation particulière que ces matériaux acquièrent en elle, les relations qu'ils y opèrent entre eux. Si nous définissons la structure comme l'ensemble des relations existant entre les éléments d'un ensemble, c'est bien la structure de la matière vivante qui en supporte toutes les caractéristiques originales [1].

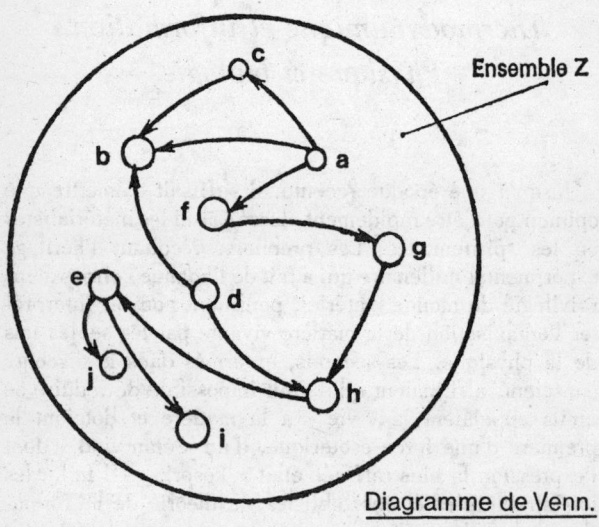

Diagramme de Venn.

a, b, c, d, e, f, g, h, i, j = éléments de l'ensemble Z.
Les flèches symbolisent les relations entre les éléments
de cet ensemble.

Figure 1

---

1. Comme l'ensemble des relations entre les éléments d'un ensemble est hors de portée de notre connaissance, le mot de structure désignera des sous-ensembles de l'ensemble des relations. On comprend dès lors qu'elle dépend de l'observateur qui l'abstrait.

Comme la structure ne se pèse pas avec une balance, qu'elle ne peut être non plus mesurée au dynanomètre, elle possède bien les propriétés « immatérielles » de l' « esprit ». Mais dans ce cas elle est inséparable de la matière, comme le signifié l'est du signifiant (*fig. 1*).

SYSTÈMES OUVERTS
ET NIVEAUX D'ORGANISATION

Or, la structure de la matière vivante lui confère deux caractéristiques fondamentales : celle d'être un système ouvert et celle de s'organiser par niveaux de complexité, ces deux caractéristiques étant d'ailleurs strictement dépendantes l'une de l'autre.

SYSTÈMES OUVERTS BIOLOGIQUES

Parler de système ouvert, c'est admettre l'existence de systèmes fermés. Or pour nous, il existe deux façons d'envisager l'ouverture ou la fermeture d'un système : l'une se place sur le plan thermodynamique, l'autre sur le plan informationnel. On parle souvent des régulations biologiques ou physiologiques. Or, un système régulé peut être un système fermé. Nous voudrions montrer que les régulations biologiques sont d'un type particulier et qu'elles s'inscrivent dans des systèmes ouverts tant du point de vue thermodynamique [1] qu'informationnel.

---

1. Voir le lexique en fin de volume, p. 333.

a) *L'ouverture thermodynamique*

Une réaction enzymatique réalise la transformation d'une molécule (le substrat) en une autre molécule (le produit de la réaction). Cette transformation serait peut-être possible en l'absence d'une troisième molécule, molécule protéique appelée « enzyme », mais il faudrait fournir une énergie considérable, capable d'exciter ou d'agiter les molécules en présence et la transformation serait livrée au hasard de leurs rencontres, accru seulement par l'agitation thermique, conséquence elle-même de la transformation en énergie cinétique non récupérable de l'apport énergétique fourni. L'enzyme [1], molécule intermédiaire, dont la forme dans l'espace lui permet de se lier à un seul substrat en général, en un « site actif » va permettre la transformation du substrat, aux moindres frais énergétiques et aux températures accessibles aux processus biologiques.

Une réaction enzymatique, isolée *in vitro,* est un système qui, lorsqu'il a atteint sa position d'équilibre est réglé par la loi d'action de masse. Cet équilibre dépend de la quantité de substrats, de la quantité d'enzymes et de la quantité du produit de la réaction en présence. La réaction s'écrit alors en utilisant le signe $\underset{\rightleftharpoons}{E}$ placé entre substrat et produit de la réaction, au-dessus duquel E représente l'enzyme qui en assure la catalyse. La majorité des réactions enzymatiques sont ainsi des réactions dites réversibles. En langage cybernétique on peut écrire :

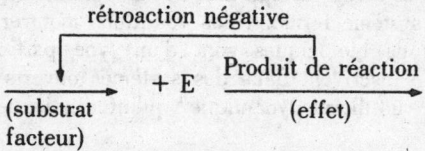

---

1. Voir le lexique à la fin de l'ouvrage.

ce qui indique que la quantité de substance produite par la réaction enzymatique va influencer négativement la quantité de substrat utilisée. Si aucun apport supplémentaire de substrat n'est réalisé, et si toutes les conditions physicochimiques restent les mêmes (pH, température, etc.), ce système reste en équilibre. On peut dire qu'il est fermé. Il obéit à une régulation en constance. Il ne se passe plus rien.

Or, une cellule vivante est une petite usine chimique où il se passe au contraire bien des choses. Cela résulte du fait que les réactions enzymatiques n'y sont pas isolées les unes des autres, mais qu'elles se succèdent en chaîne, le substrat de l'une étant constitué par le produit de la réaction précédente. Ainsi, au début de la chaîne entre un substrat, le glucose, par exemple et au bout de la chaîne sort un déchet, gaz carbonique et eau ($CO_2 + H_2O$) résultant de sa dégradation. Mais entre-temps, l'énergie d'excitation des électrons, ceux liés aux molécules d'hydrogène (H_2) contenues dans le substrat, aura été recueillie et mise en réserve sous forme de composés phosphorés riches en énergie (ATP, GTP, UTP, phosphocréatine) dont elle assure la liaison labile des atomes de phosphore. Cette labilité permettra une réutilisation rapide de cette énergie potentielle pour tout travail cellulaire (mécanique, électrique, sécrétoire, de synthèse). Un système vivant quel qu'il soit, cellule, organe, organisme, est donc bien *du point de vue thermodynamique un système ouvert* dans lequel passe un courant d'énergie chimique, du substrat d'origine aux produits de déchets, courant d'énergie qui prend bien souvent la forme de courant électronique car le rôle de l'enzyme consiste fréquemment à faciliter l'échange, d'un seul électron à la fois, du substrat au produit de la réaction. Il s'agit en effet dans bien des cas du processus d'oxydo-réduction. Le substrat est oxydé (il perd un électron) au bénéfice du produit de la réaction qui se trouve réduit (il gagne un électron), lequel le perdra à nouveau en le cédant à une autre molécule dans la réaction enzymatique suivante. Au cours de ces passages, l'électron « cascade » d'un niveau énergétique élevé, d'une orbite électronique périphérique sur une orbite plus proche du noyau, avant de retrouver son orbite de base. A chaque saut quantique, il abandonne une faible quantité d'énergie. C'est elle qui sera mise en réserve dans la troisième liaison phosphorée de l'acide adénosinetriphosphorique (ATP).

Bien plus, l'ensemble des formes vivantes au sein de la biosphère, constitue un vaste système ouvert au sein duquel coule *l'énergie solaire.* En effet, les substrats dont nous venons de parler, ces molécules chimiques auxquelles les organismes vivants soutirent leur énergie « en petite monnaie », comme l'a dit Szent-Györgyi en opposant les oxydations biologiques liées aux cascades énergétiques des électrons, aux gros « billets » de combustions non biologiques, ces substrats sont déjà des molécules complexes construites à partir de l'énergie photonique [1] solaire grâce à la molécule de chlorophylle. Cette molécule permet de transformer l'énergie photonique du soleil en énergie chimique. Les formes vivantes ne contredisent donc pas le deuxième principe de la thermo-dynamique, le principe de Carnot-Clausius, car c'est grâce à l'entropie [1] solaire que les structures vivantes et que la totalité de l'énergie qu'elles libèrent, peuvent être entretenues. Cet aspect thermodynamique global peut être retrouvé également en économie humaine (*fig. 2*).

---

1. Voir le lexique à la fin de l'ouvrage.

Thermodynamique et information

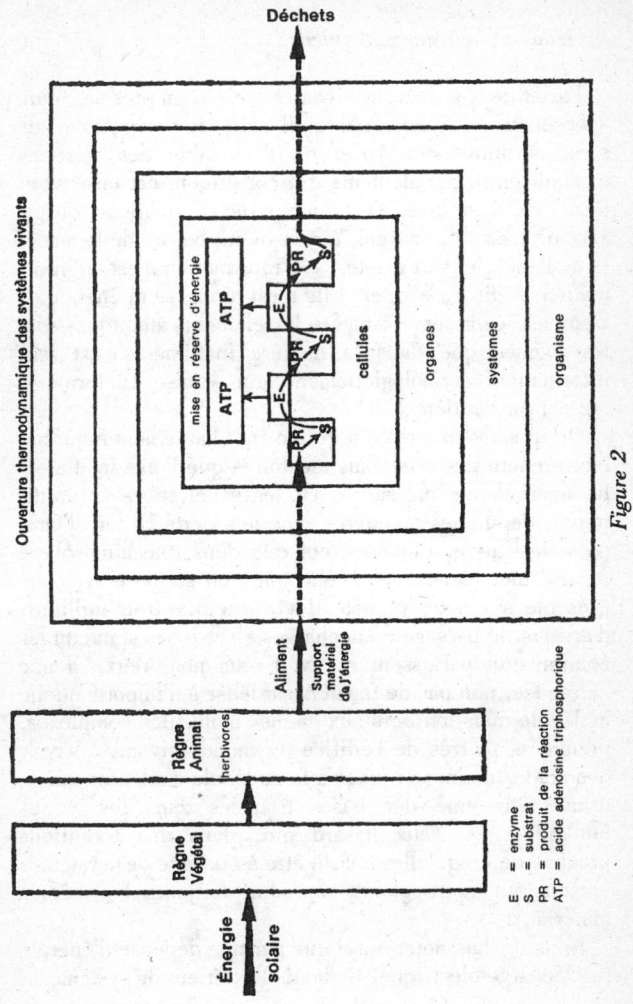

Figure 2

b) *L'ouverture informationnelle*

Parler de « structures vivantes » c'est, en présence d'un « ensemble » vivant quel qu'il soit, de la bactérie aux sociétés humaines, parler de l'ensemble des relations existant entre les éléments qui constituent cet ensemble. Parler de structures, c'est donc parler de relations, qui ne sont ni masse ni énergie, mais qui ont besoin de la masse et de l'énergie pour exister. « L'information n'est qu'information, a dit N. Wiener. Elle n'est ni masse ni énergie. » Dans les « formes vivantes » les éléments atomiques sont les mêmes que dans la matière inanimée, c'est leur information, étymologiquement leur « mise en forme », qui est particulière.

On lit souvent que cette forme était hautement improbable, au sein des processus aléatoires que l'on admet alors lui avoir donné naissance. Or les expériences se multiplient, depuis les premières expériences de Miller, d'Oro, puis de Calvin, qui montrent que dans une atmosphère reconstituée, analogue à celle que l'on suppose avoir été présente sur notre planète il y a quelque trois milliards d'années, le passage de décharges électriques simulant les éclairs qui paraissent y avoir été nombreux, donne naissance, non pas de façon hasardeuse à n'importe quelle molécule mais toujours aux mêmes molécules complexes, premières pierres de l'édifice du monde vivant, à savoir des acides aminés et jusqu'à la molécule d'adénine qui se trouve être une des bases trouvées dans les acides nucléiques. Curieux hasard qui, dans des conditions proches de ce qu'elles ont dû être à l'origine des systèmes vivants sur notre globe, reproduit toujours les mêmes matériaux.

Nous devons noter aussi que par une dépense d'énergie (la décharge électrique) venue de l'extérieur du système on n'augmente pas le désordre de ce système, mais au contraire on crée de l'ordre, on n'accroît pas son entropie [1] mais au contraire on crée de la néguentropie [1]. On peut admettre qu'en augmentant l'agitation moléculaire on accroît les probabilités de rencontre des molécules simples contenues dans l'atmosphère et leurs chances de donner naissance à des molécules plus complexes [2]. Ces faits expérimentaux, notons-le au passage, s'opposent à la notion encore si souvent répandue qui, depuis Boltzmann et Gibbs, a voulu faire de l'entropie une fonction du désordre et de la néguentropie une fonction de l'ordre, réunissant ainsi la thermodynamique et l'information. La phrase de Wiener rappelée plus haut exprime au contraire une notion fondamentale : c'est que « l'information n'est qu'information, elle n'est ni masse, ni énergie ». Elle représente quelque chose qui fait que le tout n'est pas seulement la somme des parties.

Pour faire parvenir de Paris un télégramme à New York, je peux imaginer que j'arrive à quantifier assez précisément l'énergie nécessaire que je dois libérer pour le rédiger, celle que doit dépenser la buraliste pour l'envoyer, l'énergie électrique nécessaire à sa transmission, à sa réception, celle dépensée par le préposé de la poste pour le faire parvenir à son destinataire. Cette quantité d'énergie sera pratiquement la même si les lettres constituant le texte du télégramme sont placées dans une certain ordre lui permettant d'être signifiant pour celui qui le reçoit ou si elles sont placées en désordre, ce qui ne permet plus au télégramme d'être un support d'informa-

---

1. Voir le lexique en fin de volume.
2. Quand nous avons émis cette hypothèse que l'on trouvera dans notre traité de physiologie de 1961, von Foerster n'avait pas encore montré la possibilité de créer de l'ordre à partir du bruit (H. Laborit, *Physiologie humaine, cellulaire et organique*, Masson et Cie, 1961).

tion. On retrouve là le problème du démon de Maxwell : *l'information a besoin de la masse et de l'énergie comme support, mais ne peut être réduite à ces deux éléments.* Le signifié est lié au signifiant mais l'un ne se réduit pas à l'autre.

Le plus curieux dans les processus physico-chimiques qui furent à l'origine des premières structures vivantes, c'est qu'ils paraissent bien avoir répondu à des lois, puisque nous sommes déjà capables empiriquement de reproduire expérimentalement les premières pièces constitutives déjà complexes de leur ordre spécifique. Cette information, cette mise en forme, ne paraît pas en quelques sorte être le résultat du seul hasard. Mais pour créer de l'ordre à partir du désordre, il faut, notons-le, des conditions bien particulières. Cela ne peut se réaliser sur un astre en explosion comme notre soleil, non plus que sur un astre où l'agitation moléculaire est pratiquement nulle parce que proche du zéro absolu. La bande thermique permettant l'éclosion des premières formes vivantes est en effet très étroite. Quelles en sont les lois physico-chimiques ?

Dès que l'information aboutissant aux premières structures complexes put être stockée dans la double hélice des acides désoxyribonucléiques, elle permit la reproduction des mêmes formes à de multiples exemplaires. La biologie dite « moléculaire » nous a fourni au cours de ces dernières années les renseignements fondamentaux concernant ce processus de transmission de l'information. Ce n'est pas le lieu ici de nous y étendre, encore que les régulations cybernétiques s'y découvrent en abondance. Par contre, il peut être intéressant dans la compréhension de ce qu'est un système ouvert du point de vue informationnel, de nous demander pourquoi les organismes vivants aussi bien végétaux qu'animaux sont caractérisés par une organisation *cellulaire*. Or, toute structure vivante est une structure complexe qui s'édifie à partir des éléments pris au milieu inanimé qui l'entoure. C'est par sa surface que s'effectuent les échanges et l'on peut admettre qu'à mesure que son volume croît, comme les cubes, puisque la surface dans le même temps ne s'accroît que comme les carrés, les échanges diminuent relativement à la masse et la division devient alors nécessaire. Il s'agit là encore d'une régulation à rétroaction négative, en constance. Ce fait distingue la matière vivante de la matière inanimée, car un cristal par exemple s'accroît en surface et en volume mais non en complexité. Or, ce que nous appelons complexité dans un organisme vivant exprime l'existence de niveaux d'organisation différents aboutissant à l'autonomie de l'ensemble au sein du milieu. *Ce sont ces niveaux d'organisation qui permettent l'ouverture du système sur le plan informationnel.*

LES NIVEAUX D'ORGANISATION

Nous choisirons d'abord une analogie dans le monde de la matière inanimée pour décrire cette ouverture dans le domaine informationnel. Un bain-marie avec son thermostat réglé pour que la température du bain demeure à 37° C par exemple est *un système fermé.* Il a besoin d'énergie électrique pour que la résistance chauffante assure le réchauffement de l'eau, mais si cette énergie demeure constante, et suivant les caractéristiques de structures spécifiques de l'appareil, dès que la température s'écartera d'une certaine valeur de la température moyenne, le circuit de chauffage s'ouvrira ou se fermera et rétablira cette dernière. Dès lors, excepté des oscillations d'amplitude variable autour de la température moyenne dues au retard d'efficacité et à l'hystérésis propres à l'appareil, rien ne changera plus. La rétroaction (le feed-back) ferme le système sur lui-même.

Il s'agit d'un système ouvert sur le plan thermodynamique puisque l'énergie électrique s'y dégrade en chaleur. Mais d'un système fermé sur le plan informationnel.

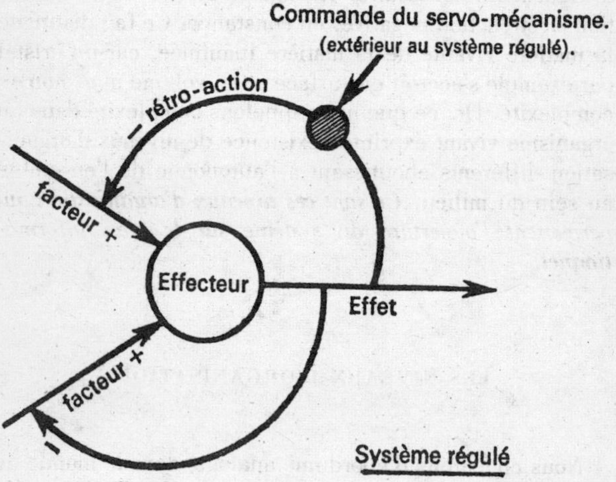

Figure 3

Or, un bain-marie dans un laboratoire est un système qui s'introduit généralement dans une chaîne plus complexe d'instruments mis en œuvre à l'occasion d'une expérimentation globale. Son réglage nécessite souvent d'être obtenu pour d'autres températures que 37° C. Dans ce cas, une information extérieure au système régulé émanant de l'expérimentateur viendra changer le niveau de la régulation et l'établir pour 30, 20, ou 15° C, par exemple. La finalité du système fermé précédent s'intro-

Thermodynamique et information

duit alors dans un ensemble plus complexe, grâce à l'information qui lui vient de cet ensemble. Nous définirons conventionnellement le système régulé recevant une information de l'extérieur du système changeant son niveau de régulation, comme étant un *servomécanisme* (fig. 3).

Nous avons vu que dès la réaction enzymatique isolée *in vitro*, nous avons affaire en biologie à des systèmes régulés. Mais nous comprenons que chacun de ces systèmes est transformé en servomécanisme par l'information qu'il reçoit de l'ensemble qui l'englobe. C'est ainsi que le groupe moléculaire constituant un système enzymatique reçoit son information de la chaîne de réaction dans laquelle il s'inscrit. Cette chaîne elle-même se situe dans des structures morphologiques infracellulaires (mitochondries, noyau, réticulum endoplasmique, microsomes, etc.) dont les activités dépendant des informations parvenant à l'ensemble cellulaire par voie nerveuse, endocrinienne, ionique ou autre. La cellule, système régulé comme le montre le maintien du potentiel membranaire de repos, devient un servomécanisme du fait de l'information qui lui parvient de l'extérieur et qui va, par l'intermédiaire des variations de ce potentiel, influencer son activité fonctionnelle. Nous pouvons poursuivre cette description et nous retrouverons système régulé et servomécanisme en passant de la cellule à l'ensemble cellulaire constituant un organe, de l'organe au système au fonctionnement duquel il participe (système nerveux, cardiaque, vasculaire, endocrinien, etc.). Parvenus ainsi, de niveaux d'organisation en niveaux d'organisation, à l'ensemble organique, nous serons conduits à l'envisager dans un état idéal, l'état physiologique dans lequel les informations qui lui parviennent de l'extérieur, c'est-à-dire de son environnement, demeurent dans des limites étroites, mais aussi dans un état intermédiaire, celui de la réaction organique permettant la fuite ou la lutte, dans lequel l'homéostasie [1] n'est pas conservée, alors que l'autonomie motrice par rapport à l'environnement par contre l'est. Enfin, quand cette réaction de fuite ou de lutte est incapable d'agir de telle sorte que les conditions favorables de vie dans l'environnement soient rétablies, nous pénétrerons dans un état dit « pathologique ».

Quel que soit le niveau d'organisation auquel nous l'appréhendons, de la molécule à l'organisme entier, on comprend maintenant qu'un ensemble organique est un système ouvert du point de vue informationnel, puisque chaque niveau d'organisation reçoit ses informations du niveau susjacent. Nous comprenons également qu'en biologie, la rétroaction (le feed-back) qui « ferme » un niveau d'organisation est moins intéressant, tout compte fait, à étudier que la commande extérieure au système, le *servomécanisme,* qui le relie à tous les ensembles qui, par degré de complexité, l'englobent. Mais en parcourant un chemin inverse, l'ouverture informationnelle existe pareillement puisque tous les niveaux d'organisation que nous venons d'envisager sont déjà contenus en puissance dans les acides désoxyribonucléiques de l'œuf fécondé.

Nous voyons aussi que la notion de système ouvert et de système fermé, tant du point du vue thermodynamique que du point de vue informationnel, nous oblige non seulement à prendre en considération ce que depuis quinze ans nous appelons les niveaux d'organisation, appelés plus récemment par A. Koestler « holons » et plus récemment encore par F. Jacob « integrons », mais aussi et surtout *les liens*

---

[1]. *Homéostasie* : tendance d'un organisme à maintenir constantes ses caractéristiques biologiques et physiologiques (sa structure) et en particulier, chez un organisme pluricellulaire, celles de son milieu intérieur, c'est-à-dire celles de milieu aqueux dans lequel baignent toutes les cellules qui le constituent.

dynamiques qui les unissent. L'analogie parfois proposée avec les poupées russes nous paraît très imparfaite puisqu'elle ignore la notion de servomécanisme. En effet, on peut enlever toutes les poupées situées à l'intérieur de la plus grande, celle-ci conservera sa forme. La même action sur un organisme vivant le transformerait en cadavre.

Cette approche nous conduit aussi à formuler la notion essentielle dans ses implications sociologiques, qu'un organisme est par contre un système fermé en ce qui concerne son « information-structure ».

INFORMATION-STRUCTURE ET INFORMATION CIRCULANTE

Nous ne ferons que signaler ici cette distinction capitale car nous aurons à y revenir longuement plus tard. L'ouverture informationnelle que nous venons de signaler et qui résulte de la structure par niveaux d'organisation des organismes vivants *autorise* ce qu'on peut appeler une *information circulante*. Elle est d'ailleurs portée à l'étage cellulaire par les « messagères chimiques » que sont les hormones et par le système nerveux, principalement. Elle se rapproche de l'information, telle que l'entendent les ingénieurs des télécommunications et, comme pour cette dernière, le biologiste devra éviter le brouillage, le bruit qui troublerait le message. Cette information exige d'ailleurs pour être décodée une structure d'accueil plus ou moins spécifique, sans quoi elle ne sera pas signifiante.

Mais quand nous avons parlé de l'information, qui mettait en « forme » un organisme, le distinguait du monde inanimé, ce n'est pas de la même information que nous avons parlé. Celle-là est ce que nous nommerons l'« *information-structure* ». C'est elle qui nous permet de distinguer un homme d'un éléphant. Elle doit être aussi protégée du brouillage. Mais elle ne circule pas, elle est invariante, du moins en ce qui concerne l'individu. *Sa transmission se fait à une autre échelle de temps grâce à la reproduction et au code génétique. L'individu du point de vue de l'information-structure peut être considéré grossièrement comme un système fermé.* Bien sûr cette structure s'enrichit de l'acquis mémorisé. Mais en réalité à l'intérieur d'elle-même chaque sous-ensemble a la même finalité que l'ensemble : la protection de son intégrité dans le temps. *Tout le malheur de l'homme vient de ce qu'il n'a pas encore trouvé le moyen d'inclure cette structure fermée dans le plus grand ensemble dont la finalité serait aussi la sienne et celle de toutes les autres.* Son malheur vient de ce qu'on n'a pas trouvé le moyen de transformer la régulation individuelle en servomécanisme inclus dans l'espèce. Un organisme est donc un système ouvert à l'intérieur de lui-même, par niveaux d'organisation ; c'est une chaîne de servomécanismes. L'entité qu'il représente est ouverte du point de vue de l'information circulante puisque grâce aux organes des sens, il s'informe de ce qui se passe dans l'environnement. Mais ces informations recueillies ne lui servent qu'à agir sur l'environnement au mieux de la conservation de l'information-structure. Comme le montre le schéma, la boucle qui prend naissance dans l'environnement se referme sur celui-ci. Il est ouvert également du point de vue thermodynamique. Mais sa structure est fermée *(fig. 4)*.

La seule façon d'ouvrir l'information-structure d'un organisme, d'ouvrir l'entité organique individuelle régulée, est de la transformer en servomécanisme, c'est-à-dire de l'inclure dans un niveau d'organisation supérieur, à savoir le groupe social, mais dont la finalité devra être la même que la sienne. Malheureusement le groupe social devient aussitôt un système fermé, dont la finalité sera de maintenir sa structure, et cela évidemment contre celles des groupes sociaux environnants ; à moins que ces groupes ne s'associent comme sous-ensembles dans un ensemble plus grand. *Il faudra une fois de plus trouver pour ce nouvel ensemble une finalité identique à celle des sous-ensembles qui le constituent.*

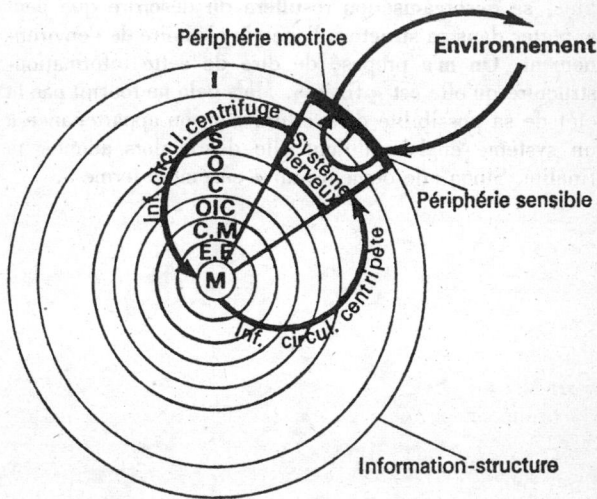

M = molécules
EE = ensembles enzymatiques
CM = chaînes métaboliques
OIC = organites intracellulaires
C = cellules
O = organes
S = systèmes
I = individu.

Inf. circul. centrifuge =
Information circulante centrifuge
à partir du système nerveux

Inf. circul. centripète =
Information circulante centripète
des cellules vers le système nerveux

Figure 4

Je sais bien que cette notion de fermeture de l'information-structure n'est pas orthodoxe et semble à beaucoup difficile à admettre. A cela plusieurs raisons : la première est que la théorie de Shannon ne s'occupe pas de la sémantique du message, la seconde c'est que l'information ne peut être dissociée de la masse et de l'énergie qui la véhiculent. Or, l'information-structure est supportée par des éléments et maintenue par une énergie qui circulent à travers le système. Elle est donc ouverte à leur égard. De plus, sa désorganisation résultera du désordre que peut apporter dans sa structure l'énergie aléatoire de l'environnement. On m'a proposé de dire de cette information-structure qu'elle est « fixée ». Mais cela ne fournit pas la clef de sa possibilité d'ouverture par son appartenance à un système englobant dont elle devra alors adopter la finalité. Sinon elle demeure un « ensemble fermé ».

NOTION DE FINALITÉ

Ce terme ne fait appel à aucun finalisme dans le sens philosophique. Son contenu sémantique découle de l'application des lois cybernétiques. Un effecteur, c'est-à-dire tout mécanisme assurant la réalisation d'une action, d'un effet, est orienté vers un but, car il a été programmé de façon à l'atteindre. L'œil est fait de telle façon qu'il participe au phénomène de la vision. Pittendright [1] remplace le terme de finalité par celui de « téléonomie », repris par J. Monod, pour désigner l'action des systèmes opérant sur les bases d'un programme, d'une information codée.

Un organisme est constitué de structures possédant une finalité fonctionnelle qui par niveaux d'organisation concourent à la finalité de l'ensemble, finalité qui paraît être ce que l'on peut appeler la survie de cet organisme et qui résulte du maintien de sa structure complexe dans un milieu qui l'est moins, ce qui paraît être aussi un échappement constant au deuxième principe de la thermodynamique, à l'entropie. Cette notion nous amène à considérer que la finalité de chaque élément, de chaque

---

1. Pittendright C. S., in *Behavior and Evolution*, A. Roe et G. G. Simpson, Yale Univ. Press., New Haven, Conn., 1958, p. 394.

sous-ensemble ou partie d'un organisme vivant, concourt à la finalité de cet organisme, mais qu'en rétroaction, le maintien de sa structure d'ensemble, finalité de cet organisme, assure la finalité de chacun de ces éléments, et donc le maintien de leur structure.

LA MÉTHODOLOGIE EXPÉRIMENTALE

Quand on a compris ces principes fondamentaux, on s'aperçoit immédiatement que l'expérimentation a pour méthode essentiellement d'observer un niveau d'organisation en supprimant la commande extérieure à lui. Elle ramène le servomécanisme au rang de régulateur. Elle ferme le système à un certain niveau d'organisation. L'enzymologiste et le biochimiste isolent les éléments d'une réaction enzymatique *in vitro,* le biologiste isole des structures infracellulaires pour en étudier l'activité séparée de l'ensemble cellulaire auquel elles appartiennent, ou bien il étudie l'activité biochimique d'un tissu isolé. Le physiologiste isole un segment d'organe ou un organe pour en étudier le comportement ou focalise son attention sur un système, cardio-vasculaire ou nerveux par exemple, dont il étudie un critère d'activité privilégié.

Il faut regretter que le clinicien lui-même n'agisse généralement pas autrement en soignant « un cœur », « un estomac », « un foie », etc., ce qui consiste à l'isoler du contexte familial et socioculturel où vit l'organisme auquel il appartient. Cette attitude, rentable expérimentalement, est évidemment une des causes de l'inefficacité fréquente des thérapeutiques s'adressant à la seule lésion organique.

Cette approche expérimentale est nécessaire car l'information qui parvient à un niveau d'organisation est multifactorielle et les variables sont trop nombreuses pour les appréhender toutes à la fois. Il est donc indispensable de placer le niveau d'organisation objet de l'étude dans un milieu stable dont il est facile de contrôler les principales caractéristiques et de ne faire varier à volonté qu'*un seul facteur* pour observer les conséquences de ses variations sur le niveau d'organisation soumis à l'expérience. Mais il serait évidemment dangereux de conclure, à partir des faits observés dans ces conditions, à ce qui se passe quand le niveau d'organisation est en place, en situation organique. Cependant, c'est la seule façon d'acquérir une connaissance progressive des mécanismes complexes qui animent la matière vivante. Elle exige, on le comprend, un va-et-vient constant de la part de l'expérimentateur d'un niveau d'organisation à l'autre. Elle exige, en d'autres termes, une « ouverture » d'esprit capable de s'adapter à « l'ouverture » des systèmes complexes que constituent les structures vivantes.

Cette notion est importante à comprendre, car on entend souvent émettre cette affirmation que le social ou l'économique ou la politique ne peuvent se « réduire » au biologique. C'est la bataille à la mode contre le « réductionnisme », bataille à laquelle je suis le premier à désirer participer. J'ai en effet depuis longtemps tenté de manifester dans mon travail une attitude interdisciplinaire à une époque où celle-ci était fort mal vue et où la confiance n'était accordée qu'au spécialiste réductionniste. Mais s'il n'est pas question de réduire le fonctionnement nerveux central à celui du neurone isolé, par contre comment comprendre le fonctionnement du premier dans l'ignorance de celui du second ? Quand, il y a peu d'années encore, un médecin observait chez un malade une raideur des muscles de la nuque, une céphalée avec obnubilation, coma parfois, hyperthermie, pouls ralenti, vomissements, il faisait le diagnostic de syndrome méningé. Notons qu'il avait fallu des millénaires pour réunir ces signes disparates en faisceau et montrer qu'ils exprimaient un état d'irritation des méninges. Mais en se limitant aux symptômes, par ignorance des processus sous-jacents, la thérapeutique se limitait généralement à prescrire de la glace sur la tête et de l'aspirine. La plupart des malades mouraient. Les progrès vinrent de la connaissance de ce qui se passait aux niveaux d'organisation sous-jacents aux symptômes. La ponction lombaire permettant le prélèvement du liquide céphalo-rachidien, l'examen microscopique de ce dernier permettant l'isolement d'un germe ou d'une composition pathologique, la culture de certains germes responsables, l'étude de leur sensibilité à certains antibiotiques et l'injection au malade de celui le plus actif à l'égard du germe en cause, permit de guérir la presque totalité des malades. C'est par l'étude, la connaissance des phénomènes situés à des niveaux sous-jacents aux symptômes, par la compréhension des mécanismes permettant à ces phénomènes moléculaires, cellulaires et systémiques de provoquer les symptômes observés et pas d'autres, que l'on parvint à une efficacité thérapeutique. Cela ne veut pas dire que le diagnostic ne commence pas toujours par la reconnaissance et la réunion des symptômes en un groupement significatif, mais cela veut dire aussi qu'une action efficace ne commence que par la connaissance des servomécanismes réunissant chaque niveau d'organisation de la molécule aux symptômes. Cette connaissance est le plus souvent indispensable pour mettre en jeu une thérapeutique non pas seulement symptomatique et inefficace, mais avant tout étiologique (causale) et efficace. Aucun niveau n'est « globalisant » dans l'ignorance des niveaux qu'il englobe.

Or la sociologie, l'économie et la politique, la psychologie bien souvent enfermées dans le langage conscient, le

« discours sur »..., coupées des niveaux d'organisation sous-jacents, font quelque chose d'analogue au médecin d'il y a quelques décennies portant le diagnostic d'une perturbation pathologique. Les progrès de la médecine, au cours de ces dernières années, sont venus des progrès de la biochimie. On peut, sans crainte de se tromper, prophétiser que les progrès des sciences humaines viendront des progrès récemment réalisés en biologie, en biologie des comportements en particulier. C'est l'attitude inverse de celle du réductionnisme car le « réductionniste » est celui qui s'enferme dans un seul niveau d'organisation.

Il ne s'agit pas comme on me l'a souvent reproché de réduire « le psychisme ou le sociologique » au biologique. Ceux qui parlent ainsi se rendent-ils compte de ce que pour eux le psychisme n'est que le psychisme conscient et qu'ils « réduisent » déjà eux-mêmes le psychisme à la frange d'écume superficielle qui recouvre les lames profondes de leur inconscient ? Mais si l'on définit la biologie comme s'intéressant au monde vivant, comment ne pas comprendre que toutes les sciences dites humaines sont biologiques ? Peut-on alors « s'enfermer » à un niveau d'organisation, quel qu'il soit, du fait qu'inconsciemment on veut ignorer les autres, dans une attitude très primitive de défense d'un territoire, de refoulement de l'inconnu, c'est-à-dire de ce qui est forcément source d'anxiété ? Ce n'est pas la réduction du psychique ou du sociologique au biologique qui est à craindre. C'est la réduction du sociologique au sociologique et du psychique au langage. C'est en d'autres termes la fermeture d'un système de pensée, d'une information-structure sur elle-même.

SYSTÈMES OUVERTS ET ÉVOLUTION

A côté de ces deux types d'ouverture « actualisée », sur le plan thermodynamique et sur le plan informationnel, caractérisés par le fait que chaque système régulé, à quelque niveau d'organisation où l'on se place, s'inscrit dans une chaîne énergétique ou informationnelle qui s'ouvre sur les niveaux d'organisation sus- et sous-jacents, il est intéressant à notre avis d'envisager également le processus évolutif de ces deux points de vue différents.

Dans un système régulé, la valeur des facteurs est contrôlée par celle de l'effet grâce à la rétroaction. En ce sens, une espèce animale dans son cadre écologique peut être considérée comme un système régulé. Sur le plan thermodynamique, aussi longtemps qu'elle trouve des substrats en quantité suffisante dans le milieu pour entretenir son « information », autrement dit sa structure, en tant que ses déchets ne s'accumuleront pas ou pourront être recyclés dans les grands cycles de la biosphère par les autres espèces vivantes (cycle de l'oxygène, de l'azote, du CO_2, de l'eau, etc.), l'équilibre spécifique sera conservé. Il n'y a aucune raison apparente pour que cet équilibre bouge. Le système écologique paraît fermé sur le plan de l'information-structure, et aucune évolution complexifiante ne paraît possible. Or l'observation nous montre, depuis que Buffon, Lamarck et Darwin ont attiré notre attention sur ce sujet, qu'il existe une évolution des espèces. Beaucoup aujourd'hui, pour interpréter cette évolution, se voient contraints de faire appel aux mutations aléatoires survenant dans le capital génétique. Nous n'avons pas l'intention d'entreprendre ici la critique de cette théorie, ni l'exposé des nombreuses difficultés auxquelles elle se heurte. D'autres l'ont fait mieux que nous ne pourrions le faire. Nous voudrions simplement attirer l'attention sur un aspect du problème. Nous avons indiqué il y a un instant l'existence des niveaux d'organisation qui caractérisaient les organismes vivants, et que ces niveaux d'organisation représentaient les éléments de ce que nous avons appelé leur « complexité ». Nous avons vu également que pour une espèce donnée l'information de cette structure complexe est déjà entièrement contenue dans le génome. Dans une approche ensembliste on peut dire que celui-ci représente un ensemble de gènes dont la structure atomique et moléculaire est définie pour une espèce donnée. On peut imaginer qu'une mutation constitue une nouvelle organisation, l'établissement de nouvelles relations entre ces éléments. On conçoit qu'elle peut donner naissance à une forme organique nouvelle. Par contre, on conçoit mal, comment sans addition de nouveaux éléments à l'ensemble génomique, elle peut être à l'origine d'une évolution « complexifiante ». Comment, du cerveau simplifié du reptile ou du batracien, elle permettra l'apparition, par *addition,* de nouvelles aires cérébrales (les aires limbiques) du cerveau des mammifères, ou comment à partir de ce cerveau corticalisé elle permettra le développement, l'addition des lobes orbito-frontaux de l'espèce humaine. Bref, même si dans les espèces les plus simples de nombreux gènes paraissent inemployés, on est porté à penser que l'évolution complexifiante doit résulter d'une réunion ou d'une intersection de capitaux génomiques, plus que de la mutation d'un capital primitif. L'hybridation et la symbiose sont plus faciles, semble-t-il, à concevoir que la mutation favorable, secondairement stabilisée par son efficacité, c'est-à-dire par la sélection du milieu.

Certaines notions récentes permettent d'ailleurs d'illustrer cette opinion. C'est ainsi que les analogies biochimiques et structurales entre les bactéries et les organites intracellulaires appelés mitochondries[1] ont conduit à considérer que ces dernières pourraient être d'anciennes bactéries ayant colonisé le cytoplasme de cellules-hôtes.

Les mitochondries possèdent en effet un ADN qui leur permet la synthèse de leurs propres protéines sans avoir à faire appel à celui du noyau. Il semble cependant que certains gènes ont été perdus du fait du parasitisme. Nous ne pouvons développer ici les très nombreuses informations accumulées au cours des dernières années concernant ce problème. Il faut savoir cependant que des mitochondries isolées mises au contact d'une culture de fibroblastes par exemple sont encore capables de coloniser ces cellules et d'y poursuivre leur fonction. Or, c'est là que le problème devient à notre avis intéressant. Cette fonction mitochondriale consiste essentiellement à savoir utiliser l'oxygène comme accepteur d'électrons à l'extrémité des chaînes biocatalytiques. Cet électron cascadeur lorsqu'il a perdu son énergie d'excitation retrouve sur l'oxygène, molécule et atomes radicalaires libres (déficients en électrons), son orbite de base. Dans sa course intramitochondriale l'énergie qu'il abandonne est capable de fournir une quantité relativement importante d'ATP comparée à celle fournie par d'autres systèmes plus primitifs de stockage de l'énergie chimique intracellulaire, mais systèmes ne sachant pas utiliser l'oxygène apparu plus tardivement.

En effet, l'oxygène moléculaire était absent de l'atmosphère terrestre primitive et les structures vivantes ont pris naissance sans lui. Son apparition résulte de la photosynthèse chlorophyllienne dont il constitue en quelque sorte, comme l'a dit Boivin, un sous-produit, résultant de la photolyse de l'eau. Avant lui les formes vivantes avaient à

---

1. Voir le lexique à la fin de l'ouvrage.

leur disposition à l'extrémité des chaînes biocatalytiques des molécules organiques comme accepteurs d'électrons. Il s'agissait alors des fermentations, processus anaérobiotiques (réalisables en l'absence d'oxygène moléculaire) et qui constituent encore de nos jours les mécanismes biochimiques essentiels de nombreuses formes vivantes. Mais la synthèse d'ATP dont ils sont capables est beaucoup moins importante que pour les processus oxydatifs. Le produit de déchet est l'alcool éthylique ou l'acide lactique, par exemple, dont la dégradation est très imparfaite et qui contiennent encore beaucoup d'énergie potentielle non utilisée. Or ces déchets sont utilisables par les mitochondries à qui elles peuvent servir de substrats les dégradant alors jusqu'au CO_2 et à l'H_2O. On devine l'efficacité de la symbiose entre ces formes primitives dites fermentaires (ou glycolytiques du fait qu'elles dégradent les hydrates de carbone) et les bactéries aérobiotiques primitives devenues les mitochondries, utilisant l'O_2, comme accepteur d'électrons. Le gain en mise en réserve d'énergie potentielle sous forme d'ATP est considérable.

Malheureusement, nous avons dit que l'O_2 est un biradical, un véritable toxique pour les formes vivantes. En effet, cherchant à apparier son orbite électronique périphérique déficitaire, il peut arracher des électrons aux molécules appariées et stables des chaînes biocatalytiques et donner naissance ainsi à des formes radicalaires libres qui seront à l'origine de réactions de désélectronation, c'est-à-dire d'oxydation en chaîne au même titre que les radiations ionisantes. On assiste alors à une destructuration des fragiles structures vivantes.

A l'origine des systèmes vivants, les formes fermentaires étaient protégées des rayons ultraviolets solaires par la surface des océans primitifs où elles avaient pris naissance. Avec l'apparition de la chlorophylle et de la photosynthèse, l'oxygène moléculaire apparut dans l'atmosphère et se condensa dans les couches supérieures en ozone qui réalisa un écran protecteur contre les radiations ultraviolettes et permit aux formes vivantes de sortir des océans. La naissance de formes bactériennes sachant utiliser l'oxygène moléculaire et le stabiliser en appariant son orbite périphérique de même que leur symbiose avec les formes fermentaires plus primitives pour donner naissance à la majorité des cellules des organismes contemporains, constituent des modèles des mécanismes par lesquels l'évolution primitive des espèces a pu procéder à son essor. Elle accorde, s'il en est bien ainsi, une part importante à l'addition, la symbiose et l'hybridation.

Nous ne nous sommes un peu étendu sur ces problèmes que pour montrer combien l'ouverture thermodynamique et informationnelle présente vraisemblablement d'importance, aussi bien dans les processus actualisés des formes vivantes contemporaines que dans ceux, historiques, par lesquels est passée l'évolution des espèces. Celle-ci n'était possible que par l'ouverture offerte aux systèmes régulés, donc fermés sur le plan de l'information-structure, par la commande extérieure au système, par le servomécanisme.

CHAPITRE II

Le système nerveux[1]

Si nous l'abordons ici, c'est parce que son activité fonctionnelle chez l'homme aboutit au phénomène de la conscience réfléchie. Or pendant longtemps, on n'a pu admettre que cette dernière n'était que l'expression de la dynamique de structures vivantes complexes, et n'appartenait pas à un domaine essentiellement différent de celui de la matière tout court. En résumé, c'est bien la conscience que nous avons de ce qu'il est convenu d'appeler « l'esprit » humain qui entretint et entretient encore chez beaucoup la conviction qu'on ne peut réduire le monde de cet esprit à celui de la matière.

Les connaissances actuelles sur le système nerveux sont de date très récente, du moins en ce qui concerne les niveaux d'organisation sous-anatomiques. La biochimie du système nerveux central en particulier n'a guère plus de

---

1. Nous avons développé l'organisation cellulaire du système nerveux beaucoup plus complètement dans *L'agressivité détournée*, coll. 10-18, n° 527, Union Générale d'éditions, 1970. Cet ouvrage reste au niveau d'information du non-spécialiste. Pour qui désire une information spécialisée, nous conseillons la lecture de notre ouvrage *Les comportements. Biologie, physiologie, pharmacologie*, Masson et Cie, 1973, dans lequel plus de 2 000 références bibliographiques pourront constituer une source très complète de connaissances interdisciplinaires.

vingt ans. C'est dire qu'il y a très peu d'années que l'on commence à pouvoir construire des synthèses réunissant les niveaux d'organisation moléculaires, métaboliques, cellulaires et fonctionnels des grandes aires ou voies nerveuses, en d'autres termes très peu d'années que l'on peut mettre en place les commandes des servomécanismes et comprendre les systèmes de régulation. Or, cet ensemble dynamique débouche sur des comportements. Mais ces comportements se réalisent en réponse au milieu. Au niveau d'organisation de l'individu, le stimulus vient du milieu physique et socioculturel et la réponse est une action sur ce milieu.

Le système nerveux est constitué d'éléments cellulaires appelés neurones *(fig. 5)*. Ceux-ci se présentent avec un « corps » ou « soma » et avec des prolongements. Ces derniers sont parcourus généralement par l'influx, soit de la périphérie vers le soma et ce sont alors des « dendrites », soit du soma vers la périphérie et ce sont les « axones ». Dans le premier cas l'influx possède une orientation cellulipète, dans le second une orientation cellulifuge. Pour passer d'un neurone à un autre neurone, l'influx doit franchir une « synapse ». Celle-ci est le point de contact entre deux neurones. Elle met en présence la terminaison d'un axome renflée en bouton appelée terminaison présynaptique et la surface de contact du neurone suivant qui peut être une dendrite (synapse axo-dendritique) ou le corps du neurone (synapse axo-somatique) : c'est la surface postsynaptique. L'influx pourra franchir la synapse grâce à la libération par la terminaison présynaptique d'un « médiateur chimique » de l'influx nerveux, synthétisé par le neurone et libéré par l'arrivée de l'influx dans l'espace synaptique où il agira pour exciter ou inhiber (suivant sa nature chimique) le neurone suivant. Il n'est pas sûr que toutes les substances auxquelles on accorde la qualité de médiateurs chimiques de l'influx nerveux

Le système nerveux

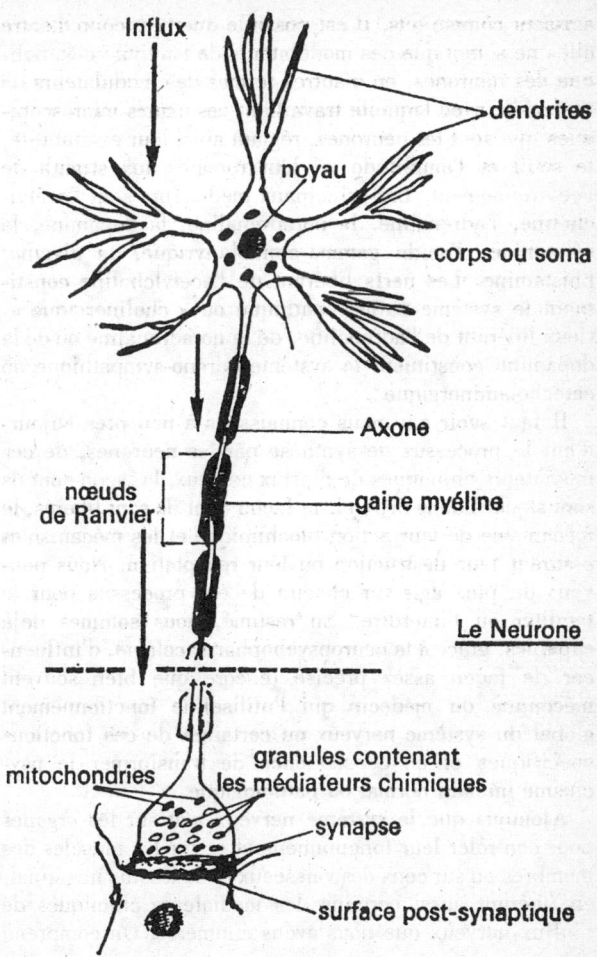

Figure 5

agissent comme tels. Il est possible que beaucoup d'entre elles ne soient que des modulateurs de l'activité métabolique des neurones, en d'autres termes des modulateurs de l'intensité avec laquelle travaillent ces usines microscopiques que sont les neurones, réglant ainsi leur excitabilité, le seuil et l'amplitude de leur réponse aux stimuli de l'environnement. Les principaux médiateurs sont l'acétylcholine, l'adrénaline, la noradrénaline, la dopamine, la sérotonine, l'acide gamma-aminobutyrique, la glycine, l'histamine. Les nerfs libérant de l'acétylcholine constituent le système parasympathique ou « cholinergique ». Ceux libérant de l'adrénaline, de la noradrénaline ou de la dopamine constituent le système adréno-sympathique ou catécholaminergique [1].

Il faut svoir que nous connaissons à peu près aujourd'hui le processus de synthèse par les neurones, de ces médiateurs chimiques de l'influx nerveux, la façon dont ils sont stockés dans ceux-ci, la façon dont ils sont libérés, le mécanisme de leur action biochimique et les mécanismes assurant leur destruction ou leur recaptation. Nous pouvons de plus agir sur chacun de ces processus pour le faciliter ou l'interdire. En résumé, nous sommes déjà capables, grâce à la neuropsychopharmacologie, d'influencer de façon assez précise (encore que bien souvent méconnue du médecin qui l'utilise) le fonctionnement global du système nerveux ou certaines de ces fonctions spécifiques et en conséquence de transformer le psychisme humain normal ou pathologique.

Ajoutons que le système nerveux agit sur les organes pour contrôler leur fonctionnement et sur les muscles des membres ou sur ceux des vaisseaux et du tractus intestinal, en libérant aussi certains des médiateurs chimiques de l'influx nerveux que nous avons énumérés. On comprend

---

1. Voir le lexique en fin de volume.

alors combien la connaissance récente de la biochimie du système nerveux a pu revêtir d'importance en thérapeutique et peut-être plus encore dans la compréhension de nos comportements.

Enfin, nous avons insisté depuis plusieurs années [1] sur le fait que les cellules entourant le neurone et le séparant des vaisseaux sanguins, appelées cellules gliales ou névroglie, considérées longtemps comme un simple tissu de soutien, jouaient à notre avis un rôle fondamental en neurophysiologie et que les actions pharmacologiques influençant leur métabolisme étaient capables d'influencer le fonctionnement d'ensemble du système nerveux. La neurophysiologie devient alors l'étude non du neurone, mais du couple neurono-névroglique.

On peut considérer que le système nerveux possède essentiellement pour fonctions *(fig. 6)* :

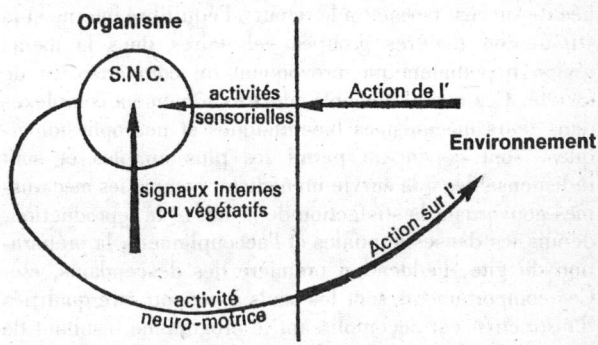

Schématisation fonctionnelle du système nerveux.

Figure 6

1. H. Laborit, *Les régulations métaboliques*, Masson et Cie édit., 1965.

1) La captation des variations énergétiques survenant dans l'environnement grâce aux organes des sens. Sa sensibilité dépendra de la structure de ces derniers et variera avec les espèces. Le chien et le dauphin entendent les ultra-sons que notre oreille ignore.

2) La conduction des informations ainsi captées vers les centres supérieurs où conflueront également :

3) Des signaux internes, résumant l'état d'équilibre ou de déséquilibre dans lequel se trouve l'ensemble de l'organisme. Quand le dernier repas, par exemple, remonte à plusieurs heures, les déséquilibres biologiques qui en résultent constituent les signaux internes qui, stimulant certaines régions latérales de l'hypothalamus, vont déclencher le comportement de recherche de nourriture, et si les organes des sens avertissent de la présence d'une proie dans l'environnement, le comportement de prédation.

4) Cette action sur l'environnement, si elle est couronnée de succès, permettra le retour à l'équilibre interne et la stimulation d'autres groupes cellulaires dans la même région hypothalamique provoquant un comportement de satiété. Ces comportements, déjà extrêmement complexes dans leurs mécanismes biochimiques et neurophysiologiques, sont cependant parmi les plus simples et sont indispensables à la survie immédiate, comme les mécanismes gouvernant la stisfaction de la soif et la reproduction, depuis les danses nuptiales et l'accouplement, la préparation du gîte, l'éducation première des descendants, etc. Ces comportements sont les seuls à pouvoir être qualifiés *d'instinctifs,* car accomplissant le programme résultant de la structure même du système nerveux et nécessaires à la survie aussi bien de l'individu que de l'espèce. Ils dépendent donc d'une région très primitive du cerveau, commune à toutes les espèces dotées de centres nerveux supérieurs : l'hypothalamus et le tronc cérébral. Quand le stimulus existe dans l'environnement, que le signal interne

est lui-même présent, ces comportements sont stéréotypés, incapables d'adaptation, insensibles à l'expérience, car la mémoire dont est capable ce système nerveux simplifié qui en permet l'expression est une *mémoire à court terme*, ne dépassant pas quelques heures. Ces comportements répondent à ce que l'on peut appeler les *besoins fondamentaux*.

Mais à partir de ce système nerveux primitif, tout apport à la structure du cerveau au cours de l'évolution des espèces peut être considéré comme situé en dérivation sur lui, modifiant son fonctionnement de façon de plus en plus complexe à mesure que l'on s'élève dans l'échelle des espèces *(fig. 7)*.

Nous devons retenir que ce n'est primitivement que par *une action motrice sur l'environnement* que l'individu peut satisfaire à la recherche de l'équilibre biologique, du « bien-être », du « plaisir ». Cette action motrice aboutit en réalité à conserver la structure complexe de l'organisme dans un environnement moins « organisé », grâce à des échanges énergétiques maintenus dans certaines limites entre cet environnement et lui. A l'opposé, l'absence de système nerveux rend les végétaux entièrement dépendants de la niche écologique qui les environne.

Le terme d'équilibre que nous utilisons pour rendre plus facilement compréhensible l'idée que nous voulons exprimer est un terme dangereux car difficile à dégager de tout jugement de valeur. On a l'habitude de dire aujourd'hui que les systèmes vivants sont des « systèmes ouverts en état de déséquilibre ». Nous avons précédemment signalé que s'ils sont ouverts du point de vue thermodynamique et de ce que nous avons appelé l'information circulante, ils ne sont pas ouverts sur le plan de ce que nous avons appelé l'information-structure *(fig. 4)*. En ce qui concerne l'équilibre, nous avons déjà eu l'occasion d'écrire dans *Biologie et Structure*[1], en parlant justement de la notion d'équilibre

---

1. H. Laborit coll. Idées, édit. Gallimard, 1968.

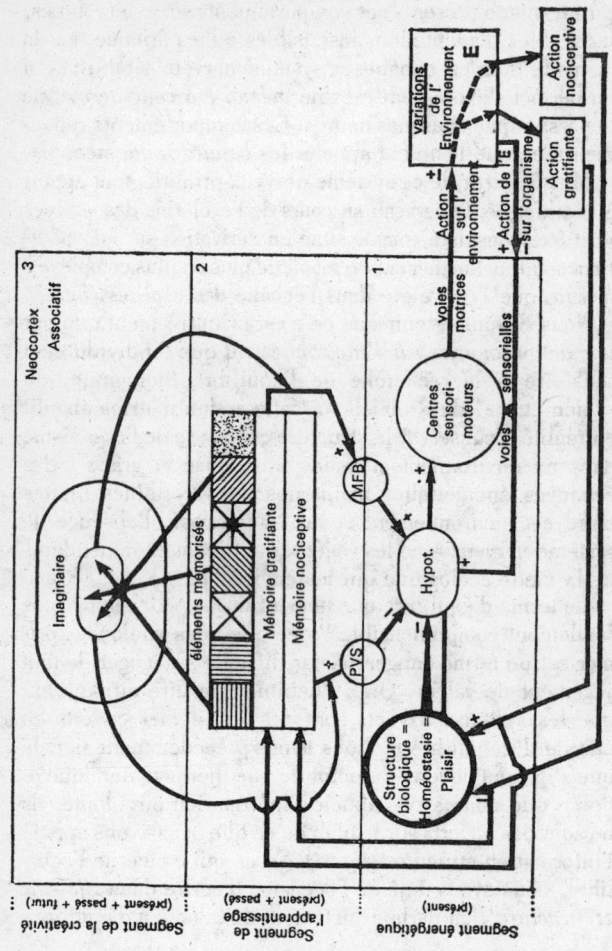

Figure 7

en biologie, que pour nous l'équilibre se trouvait dans l'homogénéité et la mort. L'homéostasie, terme qui a pour intention de l'exprimer, n'existe pas, si ce n'est dans une recherche jamais récompensée. Par contre ce qui existe, c'est un système complexe de réactions, d'ajustements réciproques programmés dans la structure de telle façon que cette information-structure soit conservée. *Quand nous parlons d'équilibre, quel que soit le moyen plus ou moins direct, plus ou moins apparent, utilisé pour réaliser cette finalité, c'est en réalité de la conservation de l'information-strucure que nous voulons parler.* Toute tendance à l'entropie du système vivant, toute tendance à sa déstructuration, sans rattrapage par l'accroissement de l'activité métabolique, peut dans ce cas être appelée déséquilibre, alors qu'en réalité il n'est qu'un pas, une étape, vers l'entropie maximale, vers la mort, donc vers l'équilibre et l'homogénéisation.

Chez les premiers mammifères apparaissent des formations nouvelles en « dérivation » sur le système précédent, c'est ce qu'il est convenu d'appeler le système limbique (McLean, 1949[1]). Considéré classiquement comme le système dominant l'*affectivité*, il nous paraît plus exact de dire qu'il joue un rôle essentiel dans l'établissement de la *mémoire à long terme* (Milner, Corkin et Teuber, 1968[2]) sans laquelle l'affectivité ne nous paraît guère possible[3]. En effet, la mémoire à long terme que l'on s'accorde de plus en plus à considérer comme liée à la synthèse de

---

1. McLean P. D. (1949), Psychomatic disease and « the visceral brain », *Recent development hearing on the papers theory of emotion. Psych. Med., II :* 338-353.
2. Milner B., Corking S. & Teuber H. I. (1968), Further analysis of the hippocampal amnesic syndrome : 14 years follow-up study of H. M. Neuropsychol., 6 : 215-234.
3. Laborit H. (1973), *Les comportements. Biologie, physiologie, pharmacologie,* Masson (Paris), éd.

protéines au niveau des synapses mises en jeu par l'expérience (Hyden et Lange, 1968[1]) est nécessaire pour savoir qu'une situation a été déjà éprouvée antérieurement comme agréable ou désagréable et pour que ce qu'il est convenu d'appeler un « affect » puisse être déclenché par son apparition ou par celle de toute situation qu'il n'est pas possible de classer *a priori* dans l'un des deux types précédents par suite d'un « déficit informationnel » à son égard. L'expérience agréable est *primitivement* celle permettant le retour ou le maintien de l'équilibre biologique ; la désagréable, celle dangereuse pour cet équilibre, donc pour la survie, pour le maintien de la structure organique dans un environnement donné. *La mémoire à long terme va donc permettre la répétition de l'expérience agréable et la fuite ou l'évitement de l'expérience désagréable.* Elle va surtout permettre l'association temporelle et spatiale au sein des voies synaptiques, des traces mémorisées liées à un signal signifiant à l'égard de l'expérience, donc provoquer l'apparition de *réflexes conditionnés* aussi bien *pavloviens* (affectifs ou végétatifs) que *skinnériens* (Skinner, 1938)[2] opérants (à expression neuromotrice).

La synthèse de molécules protéiques à la suite d'une stimulation résultant de variations survenues dans l'environnement « coderait » les synapses au niveau desquelles l'influx nerveux est passé. La voie nerveuse empruntée par l'influx serait ainsi transformée plus ou moins définitivement, de telle sorte qu'une stimulation analogue aurait alors tendance à ne mettre en jeu à nouveau que les mêmes voies nerveuses, les mêmes synapses mises en jeu par la

---

[1]. Hyden H. & Lange P. (1968), Proteins synthesis in the hippocampal pyramidal cells of rats during a behavioural test, *Science, 159* : 1370-1373.
[2]. Skinner B.F. (1938), *Behavior of organisms,* Appleton century, Crofts (New York).

première. Si l'on empêche pharmacologiquement la synthèse protéique, on interdit la mémoire à « long terme ». Nous avons montré récemment qu'il existait aussi une mémoire à moyen terme pour laquelle la synthèse protéique serait d'origine mitochondriale (H. Laborit, B. Calvino et N. Valette, 1973)[1]. Cette synthèse aurait lieu dans une région riche en mitochondries, immédiatement proche de la synapse. Nous avons vu que ces mitochondries possèdent leur propre ADN et assurent une partie de leur propre synthèse protéique sans faire appel au génome nucléaire (voir p. 48). La mémoire à court terme ne serait que la conséquence de la persistance momentanée de l'influx nerveux initié par un événement environnemental du fait de circuits réverbérants, réticulaires en particulier, qui en retardent et en prolongent l'action. La « remémorisation », le souvenir, exigeraient la réactivation fonctionnelle de la mémoire à court terme ou plus exactement de son substratum anatomo-fonctionnel pour réactualiser la mémoire à long terme.

Deux faisceaux mis en évidence par Olds et Milner (1954)[2], le *medial forebrain bundle* (MFB) que nous pouvons appeler faisceau de la récompense et du réenforcement et le *periventricular system* (PVS) ou faisceau de la punition, en réunissant diverses régions, hypothalamiques, limbiques, et chez l'animal supérieur, corticales, vont permettre un fonctionnement efficace de l'ensemble cérébral en vue de l'assouvissement des pulsions instinctives et de l'évitement des expériences désagréables ou

---

1. Laborit, Calvino B. & Valette N. (1973), Action du chloramphénicol, du bromure d'éthidium et de la N-formyl-methionine sur l'acquisition et la rétention d'un réflexe conditionné d'évitement chez le rat, *Agressologie*, 14, 1 : 17-24.
2. Olds J. & Milner P. (1954), Positive reinforcement produced by electrical stimulation of septal area other regions of rat brain, *J. Comp. Physiol., Psychol.*, 47 : 419-427.

dangereuses. Le MFB, catécholaminergique, paraît mettre en jeu l'hippocampe alors que le PVS, cholinergique, mettrait en jeu l'amygdale (Margules et Stein, 1967) [1], le premier possédant une action inhibitrice sur le second *(fig. 7).*

Mais d'autre part, la mémoire en permettant la création d'automatismes pourra être à l'origine de besoins nouveaux, qui ne pourront plus être qualifiés d'instinctifs, mais qui le plus souvent sont d'ordre socioculturel. Ces *besoins acquis* deviendront nécessaires au bien-être, à l'équilibre biologique, car ils transforment l'environnement ou l'action humaine sur lui, de telle façon qu'un effort énergétique moindre devient alors suffisant pour maintenir l'homéostasie. Il en résulte une amplitude réactionnelle moindre, une perte progressive de ce que l'on peut appeler l'*entraînement,* c'est-à-dire une réduction de la marge des variations physico-chimiques de l'environnement au sein de laquelle un organisme peut maintenir ses constantes biologiques. Ces besoins acquis pourront être à l'origine de pulsions hypothalamiques qui chercheront à les satisfaire par une action gratifiante sur l'environnement mais elles pourront aussi entrer en conflit avec d'autres automatismes d'origine socioculturelle qui en interdiront l'expression. Nous pouvons alors définir le *besoin, comme la quantité d'énergie ou d'information nécessaire au maintien d'une structure nerveuse soit innée, soit acquise.* La structure dans ce dernier cas résulte des relations interneuronales établies par l'apprentissage. Il s'agit bien d'une structure « matérielle » puisque les relations neuronales ont été établies grâce à la transformation stable des synapses par la synthèse protéique déclenchée à leur

---

1. Margules D. L. & Stein L. (1969), Cholinergic synapses of a periventricular punishment system in the medial hypothalamus, *Amer. J. Physiol., 217,* 2 : 475-480.

niveau par l'influx provoqué par l'événement extérieur. Le besoin devient alors l'origine de la *motivation*. Mais, comme nous verrons qu'en situation sociale ces besoins ne pourront généralement s'assouvir que par la dominance, la motivation fondamentale dans toutes les espèces s'exprimera par la recherche de cette dernière. D'où l'apparition des hiérarchies et de la majorité des conflits inconscients qui constituent la base de ce qu'on appelle parfois « pathologie cortico-viscérale » et qui serait plus justement appelée « sous-cortico-viscérale » ; mais chez les hommes les interdits et les besoins d'origine socioculturelle s'exprimant, s'institutionnalisant et se transmettant par l'intermédiaire du langage, le cortex sera également impliqué dans sa genèse, comme fournisseur d'un discours logique aux mécanismes conflictuels des aires sous-jacentes.

Chez les êtres les plus évolués enfin, l'existence d'un *cortex cérébral* qui, chez l'homme, prend un développement considérable dans les régions orbito-frontales, fournit un moyen d'association des éléments mémorisés. En effet, on peut admettre que ces éléments étant incorporés dans notre système nerveux à partir de canaux sensoriels différents ne se trouveront associés dans notre mémoire à long terme que parce que l'*action sur l'environnement* nous montre par expérience qu'ils se trouvent associés dans un certain ordre, celui de la structure sensible d'un objet. Mais si l'on suppose que des systèmes associatifs suffisamment développés, tels que ceux qui caractérisent les lobes orbito-frontaux dans l'espèce humaine, sont capables de recombiner ces éléments mémorisés d'une façon différente de celle par laquelle ils nous ont été imposés par le milieu, le cerveau peut alors créer des structures nouvelles, les *structures imaginaires*. Un enfant qui vient de naître ne peut rien imaginer car il n'a rien mémorisé et l'imagination risque d'être d'autant plus riche que le matériel mémorisé est plus abondant, à la condition que ce matériel ne soit pas enfermé dans la prison des automatismes acquis. En effet, avec les langages qui permettent d'accéder aux concepts de prendre de la distance par rapport à l'objet, la manipulation de l'abstraction par les systèmes associatifs donne à l'homme des possibilités presque infinies de création *(fig. 7)*.

Le système nerveux que nous venons de schématiser est dit « de la vie de relation » parce qu'il met l'organisme en « relation » sensori-motrice avec son environnement. Cet arc sensori-moteur permet d'ajuster l'environnement à l'équilibre homéastasique interne, en *agissant* sur cet environnement. Mais l'activité motrice qui en est l'expression exige parfois une importante dépense énergétique de la part des organes locomoteurs, les muscles, de ceux qui en assurent l'approvisionnement sanguin et qui doivent comme eux recevoir une vascularisation préférentielle, ainsi que des centres cérébraux et spinaux qui les commandent. C'est le cas lorsque la fuite ou la lutte sont les seuls comportements capables d'assurer la survie. Le système nerveux « végétatif » dont un des rôles principaux est d'assurer les ajustements vaso-moteurs [1] nécessaires à l'approvisionnement préférentiel des organes précédents permettant la fuite et la lutte, permet aussi par l'intermédiaire de ses neuro-modulateurs et celui de la sécrétion médullo-surrénale [2], les ajustements métaboliques sur lesquels reposent la libération énergétique et les activités fonctionnelles. Il en est de même du système endocrinien dont la commande hypophysaire dépend elle-même de l'hypothalamus.

---

1. *Vaso-moteurs :* dus à la motricité des parois des vaisseaux sanguins assurant les variations de calibre de ceux-ci.
2. *Médullo-surrénale :* partie centrale de la glande surrénale dont le rôle est la synthèse et la libération des catécholamines en réponse à l'agression.

Nous retrouvons là, la notion d'homéostasie. Nous avons été contraint depuis longtemps de distinguer une *homéostasie restreinte* au milieu intérieur dans lequel baigne l'information-structure de l'ensemble cellulaire de l'organisme, et une *homéostasie généralisée* de cet ensemble organique qui peut parfois exiger la perte de l'homéostasie restreinte. C'est le cas lorsque la fuite ou la lutte mises en jeu et permettant la sauvegarde de l'information-structure générale exigent comme nous venons de le voir un sacrifice temporaire de l'approvisionnement énergétique de certains organes ne participant pas directement à ce comportement. Si cette réaction dure, du fait de son insuccès à écarter le danger menaçant, l'information-structure elle-même peut en souffrir et l'on voit survenir un état de choc et la mort. Ainsi le milieu intérieur, matelas liquide qui sert d'intermédiaire entre les variations survenant dans l'environnement et l'information-structure cellulaire, est le lieu de passage que traverse la matière et l'énergie dont cette dernière a besoin pour subsister. C'est aussi le lieu où ses produits de déchet transitent avant d'être excrétés dans l'environnement. Sa composition est ainsi sans cesse perturbée par les variations survenant dans l'environnement. A l'état *physiologique* l'information-structure cellulaire, par d'innombrables feed-backs et boucles de servomécanismes, assure la constance de sa composition. A *l'état d'urgence* elle sacrifie momentanément cette constance à la fuite et à la lutte. Cette constance peut se rétablir si celles-ci, victorieuses, parviennent à écarter le danger. Si l'état d'urgence persiste on peut pénétrer dans un état pathologique où l'information-structure elle-même est endommagée, soit de façon aiguë, soit plus lentement avec apparition de lésions chroniques qui siègent préférentiellement au niveau des organes sacrifiés par la réaction organique à l'agression. L'homéostasie ne peut donc plus être considérée comme la tendance à maintenir constantes

« les conditions de vie dans le milieu intérieur », mais comme celle à préserver l'intégrité de l'information-structure de l'organisme ; parfois grâce à la constance des conditions de vie dans le milieu intérieur, parfois aussi par l'autonomie motrice de l'ensemble organique dans l'environnement, mais aux dépens de la constance des conditions de vie dans le milieu intérieur. La finalité reste donc bien la même, la conservation de la structure, mais le programme utilisé pour sa réalisation peut changer et les moyens employés aussi. La notion d'homéostasie, mot proposé par Cannon (1932[1] sur un concept de Claude Bernard[2], a une importance considérable dans la pensée physiologique contemporaine. Mais comme les trois principes d'Aristote, elle a fixé malencontreusement cette pensée en lui interdisant bien souvent d'aller plus loin chercher la clef des thérapeutiques efficaces. On a, depuis bien des années, limité la thérapeutique à la réanimation du milieu intérieur, et l'on ne s'est intéressé que tardivement à la réanimation de l'information-structure, qui dépend du bon fonctionnement des usines chimiques cellulaires, fonctionnement qui supporte le bon fonctionnement des organes et des systèmes. C'est ce dernier qui conditionne le maintien de la constance des conditions de vie dans le milieu intérieur.

LES ÉTATS DE CONSCIENCE

Un état de conscience nécessite évidemment la *notion de schéma corporel*. Le nouveau-né, enfermé dans son

1. Cannon W. B. (1932), *La sagesse du corps*, W. W. Morton and Co, New York.
2. Bernard Claude (1878), *Leçons sur les phénomènes de la vie communs aux animaux et aux végétaux*, Baillère, Paris.

« moi-tout », ne peut vraisemblablement pas être qualifié de conscient, même éveillé, car il n'a pas encore, par une expérience motrice sur l'environnement, combinée à l'expérience intéroceptive, réalisé une image de lui-même séparée du monde extérieur. Nous savons l'importance prise par le noyau thalamique intégrateur du pulvinar dans l'établissement de ce schéma. Nous savons la façon progressive dont on admet aujourd'hui que s'établit chez l'enfant, par étapes successives, la confluence de l'activité fonctionnelle des voies sensitives à partir de canaux sensoriels différents et la *discrimination sensorielle* temporelle et spatiale. Un état de conscience nécessite aussi d'être rapporté à une expérience de soi dans le temps, donc a besoin des *processus de mémoire,* car la conscience est d'abord la conscience de la pérennité des schémas corporels dans le temps. Il a besoin d'un *état d'éveil* permettant une confrontation constante des stimuli actuels avec l'expérience des stimuli passés. La mise expérimentale en état de privation sensorielle provoque rapidement l'endormissement, la perte de conscience. Processus de mémoire et motivation feront appel au *système limbique* et à *l'hypothalamus;* l'éveil, à l'activation de la *formation réticulaire* du tronc cérébral. Mais nous savons que tout acte réflexe ou automatique est généralement inconscient. Il semble même que ce soit là sa principale utilité car il libère le système focalisateur de l'attention (système thalamique diffus) tout en permettant l'accomplissement de l'action. C'est l'avantage du « métier », des habitudes de toutes sortes. Ils feront appel à « l'apprentissage » et il est bon de noter que celui-ci est nécessaire à l'obtention d'un « métier ». Nous connaissons le rôle du système limbique dans les processus d'apprentissage et de mémoire. Ce ne sont donc pas eux qui pourront permettre, isolément, un phénomène de conscience.

Inversement, un comportement strictement aléatoire,

imprévisible autrement que statistiquement, exigerait l'absence de mémoire de telle sorte que la réponse du système nerveux aux variations de l'environnement serait chaque fois différente puisqu'une situation ne se reproduit jamais. Ce comportement serait aussi inconscient, puisque la conscience est d'abord celle de la durée de l'individu dans le temps qui est fonction de la mémoire et d'abord de la mémoire de l'unité et de la pérennité du sujet qui mémorise les variations survenues dans l'environnement et ses relations dynamiques avec elles.

La conscience paraît dont être en définitive un phénomène résultant de l'impossibilité où se trouve un individu neurophysiologiquement et idéalement normal, d'être inconscient, c'est-à-dire de répondre par l'un ou par l'autre de ces comportements ou entièrement automatiques ou entièrement aléatoires. Le fait que la mémoire et son expérience, innée comme acquise, l'entraînent à répondre par voie automatique donc inconsciente, a pour support tout son système sous-cortical et cortical non associatif, essentiellement son paléocéphale qu'il a en commun avec les autres espèces animales. Le langage ne change rien à l'affaire : il n'est qu'un moyen de stimulation supplémentaire, plus complexe, un deuxième système de signalisation (Pavlov) capable d'enrichir son comportement sans pour autant le rendre plus conscient. Les systèmes associatifs par contre ne peuvent se concevoir isolés des précédents, puisqu'ils n'auraient rien à associer n'ayant rien mémorisé. Mais si nous tentons d'imaginer qu'ils puissent associer au hasard des éléments mémorisés sans relations entre eux, sans relations temporelles en particulier nécessaires à la notion de la pérennité du sujet qui agit, ce fonctionnement serait évidemment inconscient. C'est en définitive parce qu'il est capable de répondre de façon originale à un problème posé par l'environnement, problème auquel il pourrait répondre de façon réflexe ou automatique, que l'homme est conscient. Il sera donc d'autant plus conscient qu'il est conscient de ses automatismes et de ses pulsions et qu'il trouve à s'en libérer par sa fonction imaginaire. On peut penser aussi qu'il risque d'être d'autant plus conscient que ses pulsions fondamentales seront plus puissamment antagonisées par les interdits socioculturels que lui créent les automatismes. Mais le plus souvent ce conflit sans solution est si douloureux (système du PVS) que l'individu préfère l'enfouir dans son inconscient, le *refouler*[1]. Névrose et psychose trouvent sans doute là une source essentielle.

La conscience se révèle ainsi comme la conséquence du fonctionnement le plus complet, le plus intégré de toutes les aires et fonctions cérébrales (Laborit, 1973)[2]. L'animal sera donc d'autant plus conscient qu'il sera moins soumis aux automatismes inconscients, ce qui devrait être le propre de l'espèce humaine.

L'AGRESSION PSYCHOSOCIALE

On sait que l'on peut mettre en évidence de multiples réactions organiques, par exemple un arrêt de la circulation sanguine de la partie superficielle du rein, chez le chat mis simplement en présence d'un chien (Trueta, 1948)[3]. La notion de « stress » émise par Selye (1936)[4] et

---

1. A côté de son rôle associatif, le cortex possède aussi un rôle inhibiteur sur les aires sous-jacentes.
2. Laborit H. (1973), *Les comportements. Biologie, physiologie, pharmacologie*, 1. vol., Masson et Cie éd. (Paris).
3. Trueta J. (1948), La circulation rénale et sa pathologie, *Mém. Acad. Chir.* (Paris), 74, 31/32 : 722-725.
4. Selye H. (1936), A syndrome produced by diverses nocious agents, *Nature* (Londres), *138* : 32.

celle de sa « réaction d'alarme » (Selye, 1950)[1] ont attiré l'attention sur l'aspécificité de cette réaction[2]. Ce qui distingue l'agression physique de l'agression psychosociale, c'est d'abord l'absence dans ce dernier cas de *lésion* directement en rapport avec l'agent agresseur. La lésion résultant de l'agression psychosociale est secondaire à la réaction aspécifique (Laborit, 1952)[3]. Elle caractérise la pathologie psychosomatique. Quel est alors le lien entre le stimulus et la réponse ?

Si nous admettons que la réaction adréno-sympathique[4] périphérique, élément essentiel de cette réponse, est programmée de telle façon qu'elle maintient notre autonomie motrice par rapport au milieu en autorisant la fuite ou la lutte, comme nous venons de le voir, *le stimulus doit prendre appui pour la déclencher sur une expérience mémorisée*. L'agression psychosociale devra donc mettre en jeu le système limbique et la mémoire. C'est en cela que l'on peut considérer le système limbique comme gouvernant l'affectivité. La conscience que l'on a des affects est d'ailleurs essentiellement celle des réponses aiguës vasomotrices cutanées ou viscérales qui les accompagnent. Nous avons dit pourquoi. Chez le nouveau-né humain, incapable de se déplacer de façon autonome dans le milieu et n'ayant encore aucune expérience mémorisée de celui-ci en regard de ce qui peut être nuisible ou favorable à sa survie (à son plaisir), il semble difficile de parler d'agression psychique. L'agression sera en ce sens réellement « physique », soit par action directe de l'agent

---

1. Selye H. (1950), Stresse, The physiology and pathology of exposure to stress, *Acta Inc. Med. Publish.* (Montréal).
2. « L'organisme n'est pas polyglotte : il répond toujours avec le même langage aux questions posées par l'environnement. »
3. H. Laborit (1952) : *Réaction organique à l'agression et choc*, Masson et Cie.
4. Voir *catécholamines* dans le lexique à la fin de l'ouvrage.

agresseur, soit par « manque » d'un élément indispensable à l'équilibre biologique (facteur alimentaire, par exemple) et se fixera dans ce que nous pouvons appeler un « moi-tout » puisque le schéma corporel n'est pas encore constitué. Jusqu'à ce qu'il le soit, vers huit ou dix mois, le nourrisson va se construire progressivement une mémoire de l'agréable et du désagréable, liée à la niche environnementale où la mère tient évidemment une place prépondérante, mais sans possibilité de rapporter ensuite l'expérience à une image de lui-même distincte du monde extérieur. Un état de conscience nécessite en effet d'être rapporté à une expérience de soi dans le temps, donc à un processus de mémoire, extéro- et intéroceptive, car la conscience est d'abord celle de la pérennité du schéma corporel dans le temps. Cette mémoire engrammée dans le « moi-tout » risque plus tard d'être à l'origine de phantasmes, d'autant plus angoissants qu'il est alors impossible de les rapporter à une expérience passée. Chez l'animal il nous semble qu'elle est à la base de ce que K. Lorenz a décrit sous le nom du phénomène de l' « empreinte ».

L'ANXIÉTÉ ET L'ANGOISSE

Nous admettrons que les deux termes d'anxiété et d'angoisse expriment des sensations fort proches et distinctes seulement par leur degré d'intensité. Puisque ce n'est que pour une *action motrice* sur l'environnement que nous pourrons primitivement satisfaire à la recherche de l'équilibre biologique, du bien-être, du plaisir, c'est-à-dire en résumé, satisfaire à la réalisation de notre survie dans le milieu, tout ce qui va s'opposer à ce comportement opérant et gratifiant, ou surtout l'interdire, risque de provoquer d'une part le déclenchement de la réaction aspécifique, avant tout vaso-motrice, dont la finalité est de permettre la fuite ou la lutte, et d'autre part un sentiment d'impuissance motrice. C'est la combinaison de ces deux éléments qui aboutit, semble-t-il, à la sensation d'anxiété ou d'angoisse, car ses mécanismes étant inconscients, cette peur est sans objet apparent légitime et aboutit à un sentiment pénible d'attente. Anxiété et angoisse peuvent se résorber de plusieurs façons. Envisageons d'abord leurs mécanismes provocateurs avant d'envisager les mécanismes d'échappement.

a) *Les mécanismes provocateurs*

Il paraît évident que la pulsion hypothalamique (le ça freudien), la recherche du plaisir de l'individu, va se heurter, en situation sociale, à celle des autres. Ce facteur, dans toutes les espèces animales, est à l'origine des hiérarchies et de l'établissement des dominances. Chez les primates comme chez l'homme, l'observation montre que les individus issus de sujets dominants deviennent le plus souvent eux-mêmes dominants, du fait de l'éducation qu'ils reçoivent. Mais chez l'homme, grâce aux langages les règles à suivre pour établir la dominance s'institutionnalisent et se transmettent à travers plusieurs générations, constituant l'essentiel d'une culture. Si les lois représentent ainsi les interdits socioculturels valables en principe pour tous les citoyens, en réalité ces interdits paraissent d'autant plus nombreux et oppressants que le niveau dans l'échelle hiérarchique et économique est plus bas.

Les conflits entre pulsions instinctuelles (sexuelles en particulier) et interdits socioculturels (le sur-moi freudien) sont une des premières sources d'angoisse. Or, il est important de souligner que *dès la naissance l'individu se trouve pris dans un cadre socioculturel dont le but essentiel est de lui créer des automatismes d'action et de pensée indispensables au maintien de la structure hiérarchique de la société à laquelle il appartient.* Les automatismes de pensée constituent l'ensemble des jugements de valeur et des préjugés d'une société et d'une époque. Mais qui dit automatismes dit inconscience et nous sommes en effet inconscients du déterminisme socioculturel de la presque totalité de nos jugements. Comme nous sommes également inconscients de la signification biologique de nos pulsions, le conflit entre les deux demeure le plus souvent dans le domaine de l'inconscient.

Si l'angoisse peut se résorber dans l'action, un discours conscient fournira toujours un alibi, une analyse logique et déculpabilisante du comportement qui en résultera. Mais il faut signaler que si les systèmes hiérarchiques sont sources de situations conflictuelles et d'angoisse, ils sont aussi une source de sécurisation. La création d'automatismes conceptuels et comportementaux d'origine socioculturelle permet l'occultation de l'angoisse existentielle en fournissant des grilles explicatives simples, des chefs responsables et sécurisants et le plus souvent de plus petits que soi à paterniser pour assouvir le narcissisme congénital. Malheureusement, elle châtre toute créativité en punissant tout projet non conforme au système de valeurs imposé par les dominants. La soumission sans condition à ce dernier limitant considérablement l'action gratifiante, et mobilisant pourtant inconsciemment la réaction organique du fait de l'insatisfaction partielle qui en résulte, sera probablement une source principale d'affections dites « psychosomatiques ». En effet, nous venons de voir que cette réaction pour permettre la fuite ou la lutte provoque des perturbations circulatoires et nutritionnelles au niveau d'organes non immédiatement indispensables à ce comportement. Il en résultera à la longue des lésions, c'est-à-dire une perte progressive de leur information-structure normale.

Un autre mécanisme provocateur de l'angoisse résultera de ce que l'on peut appeler un « *déficit informationnel* » concernant un événement survenant dans l'environnement. L'apprentissage de l'agréable et du désagréable permet en effet de classer ou non un événement nouveau. S'il peut être répertorié, le comportement actif de renforcement ou d'évitement évitera l'angoisse. Sinon, l'impossibilité d'agir de façon efficace est, là encore, provocatrice d'angoisse au même titre que l'impossibilité d'agir devant un événement dangereux mais inévitable. Notons aussi que l'inconnu anxiogène n'est pas uniquement événementiel, mais bien souvent constitué par l'autre, et l'incertitude concernant son comportement.

Enfin, chez l'homme l'existence de l'*imaginaire* dont le matériel est l'ensemble mémorisé, conscient ou inconscient, est peut-être la source la plus fréquente de l'angoisse. En effet, l'apprentissage de l'existence des différentes formes du déplaisir et de la douleur fournit un matériel dont la plasticité se plie facilement aux manipulations associatives, à la création de nouvelles structures imaginaires qui peuvent ne se produire jamais, mais dont la crainte qu'elles ne surviennent peut également inhiber l'action. Elles peuvent en effet entrer en conflit synaptique avec les facteurs précédents, les facteurs pulsionnels hypothalamiques et les automatismes socioculturels, avec la recherche du plaisir ou l'évitement de la punition (MFB), cette dernière, non évitée, déclenchant la mise en jeu du PVS. Nous verrons comment ces différents mécanismes de l'angoisse chez l'individu paraissent être à l'origine de ce qu'il est convenu d'appeler le « malaise » social.

b) Sur cette base schématique des principaux mécanismes de l'angoisse nous pouvons maintenant aborder les moyens d'évitement de l'agression psychosociale telle que nous l'avons précédemment définie.

L'AGRESSIVITÉ

Si nous admettons que l'angoisse résulte essentiellement de l'impossibilité de réaliser un comportement gratifiant, la réaction la plus simple et la plus fondamentale pour y échapper paraît bien être *l'agressivité*. Les travaux de Delgado (1967)[1], de Plotnik, Mir et Delgado (1971)[2], ont montré que chez le chimpanzé l'agressivité était intimement liée à l'existence d'un stimulus douloureux et s'exerçait sur l'animal dominé, non sur le dominant. En d'autres termes, l'explosion non contrôlée du comportement agressif est un moyen de se soustraire à l'angoisse résultant de l'impossibilité de réaliser un comportement gratifiant. Elle peut être provoquée expérimentalement par la stimulation du PVS, inhibée par celle du MFB. L'agressivité est une façon simpliste de résoudre le conflit entre les pulsions hypothalamiques et les interdits socio-

---

1. Delgado J. M. R. (1967), Aggression and defense under cerebral radio control, in : « Aggression and defense. Neural mechanisms and social patterns » (*Brain Function*, vol. 5), Proceedings of the fifth conference on brain function, 14-17 novembre 1965, Los Angeles, Calif. University of California Press : Berkeley and Los Angeles, Calif. UCLA (Univ. Calif., Los Angeles), *Forum Med. Sci.*, 7 : 171-193.

2. Plotnik R., Mir D. & Delgado J. M. R. (1971), Aggression, noxiousness and brain stimulation in unrestained Rhesus Monkeys, in : *The physiologie of aggression and defeat*, p. 143-221, éd. by B. E. Eleftheriou & J. P. Scott. Proc. Symp. AAAS, Dallas, 1968, Plenum Press (New York, Londres).

culturels résultant de l'apprentissage. Les dominants ne sont plus agressifs lorsqu'ils ont établi leur dominance puisque grâce à elle ils peuvent satisfaire à leur recherche du plaisir. Le dosage des catécholamines urinaires et de leurs métabolites, de même que celui des corticoïdes surrénaliens, montre la faible stimulation de leur système neuro-endocrinien comparée aux perturbations profondes de celui-ci chez les animaux dominés (Welch et Welch, 1971) [1]. Inversement, comme nous l'avons laissé prévoir, l'animal dominant dont la lutte a donc été triomphante possède comme caractéristique biochimique cérébrale une surcharge en catécholamines dont nous avons signalé le rôle prédominant dans le fonctionnement du MFB.

Nous sommes donc obligés, par l'étude expérimentale du comportement agressif, de nous élever contre l'interprétation largement diffusée au cours de ces dernières années, de l'implacabilité génétique de l'agressivité chez l'homme.

Le terme d'agressivité est un terme dangereux, car l'expression consciente que nous en avons dans l'espèce humaine donne à ce mot un contenu sémantique que la biochimie et la neurophysiologie des comportements ne peut accepter comme étiquette globale d'un comportement. Ceux qui parlent ou ont parlé le plus souvent d'agressivité ne semblent pas avoir jamais pris la peine de définir précisément l' « *agression* ». Nous l'avons définie ailleurs [2], *comme la quantité d'énergie capable d'accroître l'entropie d'un système organisé, sa tendance au nivellement thermodynamique, autrement dit de faire disparaître plus*

---

1. Welch A. S. & Welch B. L. (1971), Isolation, reactivity and aggression : evidence for an insolvement of brain catecholamines and serotonin, in : *The physiology of aggression and defeat*, pp. 91-142. Ed. by B. F. Eleftheriou & J. P. Scott, Plenum Press (New York, Londres).
2. H. Laborit (1971), *L'homme et la Ville*, NBS, Flammarion édit. (Paris).

ou moins complètement sa structure. En ce sens, le prédateur est agressif à l'égard de sa proie, mais il n'éprouve à son égard ni haine ni malveillance. Il approvisionne simplement en substrats énergétiques les usines chimiques qui représentent les cellules de son organisme pour qu'elles puissent assurer le maintien de leur structure. En ce sens on pourrait aussi bien dire que toute structure vivante, même la plus simple, assurant le maintien de sa structure au sein d'un milieu moins organisé est continuellement agressée par lui, et si elle ne se soumet pas, utilise en retour un comportement agressif à l'égard du milieu[1]. Dans ce cas, vie et agressivité seraient synonymes.

Quel rapport entre ce comportement de survie immédiate et l'agressivité humaine ? Il y a le rapport entre un comportement instinctif assurant l'assouvissement des besoins fondamentaux sans lesquels la vie n'est plus possible, et l'apprentissage de l'existence d'environnements dangereux pour la survie, générateurs de souffrance que l'on ne peut éviter que par la fuite ou la lutte. L'apprentissage aussi de « valeurs » sociales, variables avec l'époque et le lieu, automatisées dès l'enfance au sein des systèmes nerveux humains et dont la finalité n'est la protection ni de l'individu ni de l'espèce, mais d'une organisation sociale, d'un type de hiérarchie où toujours existent des dominants et des dominés. Or, comme il serait peu probable que ce soient les dominés qui tentent d'eux-mêmes d'assurer la stabilité d'un système hiérarchique, il faut bien que les dominants installent très tôt dans le système nerveux de l'ensemble des individus du groupe, un type d'automatismes socioculturels, de jugements de valeurs favorables au maintien de leur dominance, donc de

---

1. H. Laborit (1954), *Résistance et soumission en physio-biologie, L'hibernation artificielle*, 1 vol., Masson et Cie.

l'organisation hiérarchique du groupe. La propagation de l'idée d'une agressivité innée de l'espèce humaine que nous tiendrions des espèces animales nous ayant précédés dans le phylum fait partie sans doute de cet apprentissage. En effet, en créant un automatisme conceptuel concernant l'origine animalière de notre agressivité, on ne peut que pousser l'homme, qui se veut si distinct de l'animal, à contrôler son agressivité et en conséquence à respecter les hiérarchies de valeur. On peut dire que tout l'apprentissage socioculturel a pour but de créer des automatismes de soumission à l'égard des hiérarchies et de faire disparaître une agressivité qui n'a rien d'animalier mais qui résulte de l'impossibilité pour l'individu de réaliser un comportement gratifiant. *En réalité, il faut propager au contraire la notion qu'en dehors de l'agressivité que nous pouvons appeler instinctive, sans haine, comportement assurant l'assouvissement des besoins fondamentaux qui ne conduit jamais chez l'animal au meurtre intraspécifique, l'agressivité humaine n'est toujours qu'un moyen de résoudre l'angoisse.* Or, l'angoisse, nous l'avons vu, nécessite le plus souvent un apprentissage de la douleur et résulte d'un conflit entre activités neuronales siégeant à différents niveaux d'organisation du système nerveux humain, et ne pouvant se résoudre dans une action gratifiante sur l'environnement. Le carcan des interdits, des hiérarchies, des structures sociales, inhibant toute activité gratifiante, n'est jamais plus lourd qu'au sein des sociétés urbaines contemporaines en pays industrialisés puisque la fuite est impossible. C'est sans doute pourquoi c'est au sein de ces sociétés, uniquement gouvernées par la production, où l'homme n'est qu'une machine productrice de marchandises, que l'agressivité et la violence, gratuites en apparence, sont le plus fréquemment rencontrées. Elles accompagnent ce qu'il est convenu d'appeler le « malaise » de vivre. L'absence de gratification résultant d'un tel mode de vie, fait même disparaître la crainte de la punition. C'est dans le même cadre semble-t-il que l'alcoolisme, le suicide et la drogue trouvent le plus d'individus y cherchant un refuge à leur recherche déçue du bien-être, du plaisir et de la joie.

Il est bon ici de noter combien la charge affective des mots : bien-être, joie, plaisir, est différente. Le bien-être est acceptable, la joie est noble, le plaisir est suspect. Ce dernier mot sent le soufre. Alors que pour nous le bien-être apparaît lorsque la pulsion ou l'automatisme acquis sont satisfaits et qu'il s'accompagne de satiété, la joie semble ajouter à cette satisfaction la participation de l'imaginaire et le plaisir, lui, est lié au temps présent, à l'accomplissement de l'acte gratifiant. Il n'est ni plus sale, ni plus laid, ni plus amoral que les deux autres. Qui ne voit que les sens différents qui sont communément donnés à ces mots résultent d'automatismes sociaux et culturels, de jugements de valeurs qui viennent avant tout de la répression sexuelle qui s'est abattue sur les sociétés occidentales pendant des millénaires et dont la cause principale pourrait bien être la crainte du bâtard ignoré, profitant de l'héritage de la propriété privée.

Profitons-en aussi pour noter combien la référence à la « nature », au « naturel » se fait généralement pour fournir un alibi aux jugements de valeur de l'époque. C'est ainsi que l'on fera appel à la nature pour montrer l'implacabilité de l'agressivité chez l'homme puisqu'elle existe chez l'animal, ce qui déculpabilise les hiérarchies, les dominances, l'agressivité des dominants en réponse à celle des dominés (pas celle des dominés qui se conduisent, eux, comme des bêtes sauvages) et des guerres. Mais l'inceste, l'amour libre, et d'une façon générale ce qui touche au sexe et en conséquence à la notion de propriété privée, puisque habituellement pratiqués et sans complexes par l'animal, « rabaissent » dans ce cas l'homme au rang de la bête. La référence au « naturel » n'est un alibi que pour défendre l'idéologie dominante. En réalité, dans l'espèce humaine le langage a permis d'institutionnaliser les règles de la dominance, de les transmettre à travers les générations et de ne plus les lier à l'individu, mais au groupe social. Ainsi, la violence explosive, brutale, la seule dont on parle, n'est que la réponse à un stimulus et celui-ci n'est autre que la violence institutionnalisée et qui en conséquence ne se reconnaît plus pour telle. Celle-ci a permis, à une époque antérieure de l'Histoire, à un ensemble socioculturel d'acquérir la dominance. C'est sans doute la violence de la Révolution et de la Terreur institutionnalisée par les immortels principes de 1789 au profit de la bourgeoisie qui permet à celle-ci aujourd'hui de stigmatiser la violence des dominés avec l'apparence du droit pour elle.

Je voudrais aussi profiter de ce que nous parlons d'agressivité pour parler un peu de la notion de *territoire*. Les éthologistes nous ont appris que celle-ci existe chez l'animal qui « défend son territoire ». Rien d'étonnant dans ce cas à ce que l'homme en fasse autant. Il s'agira d'un sentiment normal puisqu'il existe chez les bêtes. Il fournit un alibi à la notion de propriété privée et de patrie. L'homme étant un animal, tous les animaux défendant leur territoire, il est juste et équitable que l'homme défende ce qui lui appartient, sans chercher à savoir d'ailleurs d'où vient la notion de propriété. Or, il faut tout de même constater que l'on n'a pas encore mis en évidence, dans l'hypothalamus ni ailleurs, un groupe cellulaire, ou des voies nerveuses différenciées en rapport avec la notion de territoire et avec le comportement lié à sa défense. Il ne semble pas exister de centre du territoire. Par contre, quand on parle d'un comportement gratifiant il faut bien que l'action se passe dans un certain « espace ». Nous devrions même dire « certains espaces » au pluriel. En effet, autour du schéma corporel s'établissent un espace visuel, un espace sonore, un espace osmique qui n'ont pas tous les mêmes limites, lesquelles varieront avec l'acuité sensorielle de l'espèce d'une part, et ses possibilités de déplacement d'autre part. C'est dans ces espaces que s'effectueront les actes gratifiants et en premier lieu la chasse alimentaire, autrement dit la prédation et la recherche copulatoire en vue de la reproduction. Tout se passe comme si chaque individu était entouré d'une « bulle » dont les limites sont celles de l'acuité de ses différentes activités sensorielles, bulles dans lesquelles il se déplacera et agira en vue de satisfaire au maintien de sa structure, de ce que nous avons appelé son équilibre biologique. S'il trouve un opposant à ces actes gratifiants, il deviendra agressif à son égard. Le territoire devient ainsi l'espace nécessaire à la réalisation de l'acte gratifiant, l'espace vital. Il ne semble pas qu'il soit utile de faire appel à un instinct particulier. On s'aperçoit d'ailleurs que l'étendue de cet espace peut varier avec l'apprentissage et l'assouvissement des besoins fondamentaux. Il s'ensuit que chez l'animal le territoire n'est pas une « propriété » mais répond à un besoin, qui n'est pas un besoin de conquête jamais assouvi. Le territoire est rarement fixe pendant toute la vie de l'animal et ne dure le plus souvent que pendant la saison des amours. *La bulle, le territoire, représentent ainsi le morceau d'espace en contact immédiat avec l'organisme, celui dans lequel il « ouvre » ses échanges thermodynamiques pour maintenir sa propre structure.* Mais depuis le néolithique l'interdépendance croissante des individus humains, du fait de la spécialisation du travail, a rétréci la bulle de chacun d'eux ou du moins l'a mélangée avec celle des autres à tel point qu'il s'est agi de plus en plus de bulles communautaires, celles des groupes humains. Au « familialisme », au corporatisme, au régionalisme, au patriotisme, aurait ainsi dû succéder l'humanisme, pas celui des pages roses du dictionnaire, mais celui de l'humanité au sein de sa niche planétaire. Inversement, avec la promiscuité croissante qui caractérise les grandes cités modernes, la bulle individuelle s'est rétrécie de façon considérable. A l'intérieur des locaux d'habitation même, le surpeuplement, l'envahissement de la bulle acoustique limite considérablement l'espace où peuvent s'effectuer les actes gratifiants. Si la radio, la télévision, la presse, élargissent par ailleurs les bulles visuelles, auditives, cognitives, elles ne *facilitent pas parallèlement l'action,* qui devient au contraire de plus en plus stéréotypée, de moins en moins efficace dans sa finalité qui est de transformer le milieu au mieux de la survie. Pendant des millénaires l'individu s'est représenté sa niche écologique comme un espace très limité mais dans lequel son action pouvait être efficace. Les événements sur lesquels il n'avait pas de « prise » étaient du domaine des dieux. Aujourd'hui il vit dans une niche planétaire, souvent même cosmique, et les dieux sont morts. Mais il se sent garrotté par les automatismes, l'intrication des bulles, l'interdépendance et la soumission intransigeante à un déterminisme social qui ne lui permet pas de se gratifier comme il le voudrait. La machine économique le broie sans qu'il puisse résister, se défendre, tant elle est impersonnelle, protéiforme, abstraite.

On voit que ce que l'on appelle le territoire est bien le morceau d'espace dans lequel un individu peut agir pour se gratifier. Mais que dans cet espace se trouve aussi les autres qui limiteront la diversité de ses actes gratifiants. Un des problèmes posés à l'homme moderne réside dans le fait que cet espace n'est plus pour lui un espace réel, mais le plus souvent une représentation, une image considérablement agrandie, alors que les autres sont toujours là, bien réels et de plus en plus empiétants sur la bulle étroite dans laquelle il peut agir. Il a gagné sans qu'on lui demande son avis, un bulletin de paie et une carte de sécurité sociale, mais il a perdu le chant des oiseaux. L'étendue de son territoire est fonction de sa situation hiérarchique. Celle du leader est beaucoup plus vaste que celle de l'ouvrier spécialisé. L'espace où ce dernier peut se gratifier est éminemment restreint. Si restreint qu'il se limite souvent à celui occupé par deux corps enlacés dans l'amour, seul espace où le déterminisme économique et celui des préjugés sociaux n'ont pas encore réussi dans certains cas à s'infiltrer. On voit quels chemins détournés, pour parvenir au « territoire » dont parlent les éthologistes, Eros et Mars ont dû suivre en se donnant la main.

À la notion de territoire ainsi comprise est liée celle de *propriété*. Dans le territoire d'un individu, dans le morceau d'espace au sein duquel il peut agir pour se gratifier, se trouvent des êtres et des choses. La gratification, nous le savons, aboutit à la répétition de l'acte gratifiant. Il faut donc que demeurent dans l'espace de gratification les objets et les êtres sur lesquels s'effectue l'acte gratifiant. D'où l'apparition dès l'enfance d'un lien étroit entre l'objet et le système nerveux, l'apparition de ce qu'il est convenu d'appeler l' « instinct de propriété ». Il ne s'agit évidemment pas d'un instinct dans le sens où nous avons défini ce mot, mais d'un comportement résultant d'un apprentissage, d'un apprentissage gratifiant. Il nous semble important de préciser cette notion car lorsqu'on l'a comprise, les rapports entre la notion de propriété des êtres et des choses et les systèmes hiérarchiques de dominance s'expliquent simplement, sans invoquer l' « innéité essentielle » des comportements qui en découlent. On ne désire se rendre propriétaire que des objets et des êtres susceptibles de nous permettre des actes gratifiants et surtout le « réenforcement », c'est-à-dire leur répétition. La propriété est comme les drogues, un toxique provoquant l'accoutumance et la dépendance grâce à un mécanisme biochimique cérébral fort proche de la toxicomanie, puisque dans l'un et l'autre cas le processus s'accompagne de la synthèse de protéines cérébrales qui commande à la stabilisation de tout apprentissage.

Ma femme, *mon* appartement, *mes* enfants, *ma* voiture, sont des objets gratifiants en général. Et c'est sans doute la compréhension empirique de ce phénomène linguistique qui, pour provoquer un comportement d'acceptation hiérarchique, a conduit à obliger le militaire à dire *mon* adjudant, *mon* capitaine, *mon* unité, tous objets qui ne sont pas gratifiants *a priori*, mais dont on attend qu'ils le deviennent dès lors qu'ils sont une propriété participant ainsi à la réalisation du plaisir. Bien, mon adjudant[1] !

La notion de propriété résulte bien d'un apprentissage socioculturel, puisque l'on peut se gratifier avec des biens collectifs (la nature, le Parthénon, les Nympheas, la sonate de Lekeu, etc.) sans songer à se les « approprier ». Cependant, la propriété est bien liée à la gratification car, même dans ces cas, on tentera d'acquérir une résidence secondaire à la campagne qu'on entourera de murs, des reproductions en couleur des œuvres architecturales ou picturales que l'on préfère, ou le disque de l'œuvre musicale que l'on aime, afin de réaliser un « réenforcement » gratifiant.

Un enfant en bas âge abandonnera facilement à d'autres le jouet qui ne l'intéresse pas, mais poussera des hurlements si on tente de lui faire donner le jeu avec lequel il s'amuse. L'objet gratifiant qui se trouve immédiatement dans la bulle de l'enfant, avant même l'établissement du schéma corporel, c'est la mère. Quand il s'aperçoit que celle-ci représente aussi l'objet gratifiant du père, ou du

---

1. Il n'est pas « convenable » pour une femme de s'adresser à un monsieur en uniforme en utilisant ce pronom possessif. Sans doute parce qu'il serait à craindre que cet emploi ne la pousse à se gratifier avec ce monsieur. La bonne éducation a tout deviné, tout prévu.

frère ou de la sœur, il a peur de perdre sa gratification et on peut penser qu'il découvre alors sans le savoir l'œdipe, la jalousie et l'amour malheureux.

Enfin, sur ces bases physiologiques fondamentales qui sont adoptées par l'adulte, en pleine inconscience de la trivialité de leur mécanisme, et souvent même élevées, à l'échelon social, au rang « d'éthiques », de droits imprescriptibles de la personne humaine, très tôt un apprentissage de l'enfant par l'adulte va « réenforcer » ce comportement, par sa récompense directe ou indirecte, ou au contraire le punir, suivant les règles morales, éthiques ou légales admises par la société du moment. C'est l'origine de tous les jugements de valeurs et de toutes les frustrations, d'autant plus aliénants qu'ils n'avaient jusqu'ici reçu aucune explication en dehors d'un discours logique à partir de prémisses fausses et qu'ils devaient être acceptés comme des postulats relatifs à la « nature humaine ».

LA FUITE

Quand on compare la vie sociale de l'homme moderne avec celle de ses ancêtres du néolithique, on constate que certains moyens de fuite ou de lutte lui sont interdits. Quand deux animaux de la même espèce ou d'espèce différente entrent en compétition dans un environnement naturel, soit au sujet d'un territoire, soit au sujet d'une femelle, l'un d'eux finalement cède et s'éloigne : il s'agit d'une « entente mutuelle sur une réaction d'évitement » (*mutual avoidance*, Stephen Boyden, 1969)[1]. Le phéno-

1. S. Boyden (1969), The impact civilization on human biology, *Aust. J. Exp. Biol. Med. Sci.*, 47, 3 : 299-304.

mène est courant chez le gorille (G. Schaller, 1963)[1].
Quand les animaux ne peuvent s'éviter, quand ils sont en
cage par exemple, la compétition se termine souvent par la
mort de l'un d'eux ou par la soumission du vaincu. Une
hiérarchie s'établit. Chez l'homme le même phénomène
apparaît. Chez les tribus primitives « l'évitement mutuel »
était encore possible et les allées et venues d'individus ou
de groupes sont toujours observables chez les Boschimans
(E. M. Thomas, 1959)[2]. Il est devenu impossible dans nos
sociétés modernes. Les lieux de travail, la cité et la maison
familiale sont des lieux de réunion entre individus où la
promiscuité est inévitable et où la dépendance économique
crée des liens de soumission qui rendent impraticable la
« réaction d'évitement mutuel ». Il s'agit d'une cage
analogue à celle où l'on peut enfermer deux gorilles. Les
rapports de production ne sont pas les seules bases
antagonistes capables de survenir dans ce cas et les
rapports de dominance peuvent être aussi une raison
d' « évitement mutuel ».

LA DÉPRESSION

Quand il n'existe pas d'échappement possible à l'agression psychosociale, un *état dépressif* est souvent constaté.
On a décrit de multiples formes étiologiques à la dépression. On peut considérer qu'elle résulte avant tout de
l'impossibilité de satisfaire, par l'action gratifiante, la

---

[1]. G. Schaller (1963), *The mountain Gorilla*, University Press, Chicago.
[2]. E. M. Thomas (1959), *The harmless People*, Secker and Warburg (Londres).

recherche du plaisir. Mais ce plaisir peut être instinctuel, hypothalamique ou résulter d'un apprentissage, d'automatismes socioculturels acquis. La perte de l'être cher, cause de la dépression du deuil, appartient à ce dernier type du fait de l'interruption brutale du réenforcement que constituent des relations interindividuelles ritualisées, de la rupture de liens interpersonnels. L'impossibilité de réaliser une mise en jeu du MFB catécholaminergique par l'action gratifiante sur l'environnement par perte de son objet permet d'interpréter la déplétion centrale en catécholamines généralement reconnue dans les états dépressifs, de même que la provocation d'états dépressifs par l'emploi d'agents pharmacologiques inhibant l'activité des neurones catécholaminergiques tels que la réserpine, la 6-hydroxy-dopamine ou l'α-méthyltyrosine. Elle permet d'expliquer aussi l'action antidépressive des amphétamines, des IMAO ou des composés tricycliques antidépressifs. Mais les lésions organiques variées, secondaires aux réactions vasomotrices et endocriniennes qui constituent le domaine de la pathologie *psychosomatique,* sont sans doute un moyen d'expression de la douleur dite « morale », en d'autres termes de l'impossibilité où se trouve un sujet de mettre en jeu par un comportement gratifiant le contrôle de l'activité de son PVS par celle du MFB. Nous devons aussi signaler tous les comportements de *substitution,* hyperphagie par exemple, reportant sur l'alimentation l'interdiction de l'action gratifiante à l'égard d'une pulsion inconsciente ou d'un automatisme acquis.

LA TOXICOMANIE

Un autre moyen d'échapper à l'angoisse serait, dans ce modèle général, la *toxicomanie.* Il est habituel de noter que le toxicomane, en dehors du toxicomane alcoolique, est un sujet non agressif et que les hallucinogènes chez l'animal ont généralement un effet dépresseur de l'agressivité. On sait d'ailleurs, du moins pour certains d'entre eux (amphétamine, morphine et morphinomimétiques), qu'ils libèrent les catécholamines centrales de leurs granules de stockage et doivent donc favoriser l'activité du MFB, et que la morphine inhibe la libération synaptique d'acétylcholine, intermédiaire, chimique du PVS (Jhamandas, Phillis et Pinsky, 1971)[1]. Un autre moyen encore qui va nous retenir plus longtemps est la fuite dans la *psychose*.

LES ÉTATS PSYCHOTIQUES

On sait que les études biochimiques ayant tenté de trouver un métabolisme perturbé des amines biogènes à l'origine du mécanisme des états psychotiques[2] et en particulier de la schizophrénie sont très nombreuses.

Nous sommes conduit à proposer une hypothèse dans laquelle aucune perturbation métabolique essentielle n'est à invoquer. Pour nous, le *psychotique serait un sujet qui, ne pouvant réaliser la satisfaction de ses pulsions par une action gratifiante sur l'environnement*, réaliserait quand même le plus souvent la mise en jeu du MFB et *obtiendrait sa gratification secondaire dans l'imaginaire, en mobilisant son matériel mémorisé*. Dans cette hypothèse, c'est l'inhibition du fonctionnement du MFB que devrait rechercher

---

1. Jhamandas K., Phillis J. W. & Pinsky C. (1971), Effects of narcotic analgesics and antagonists on the in vivo release of acetylcholine from cerebral cortex of the cat, *Brit. J. Pharmacol.*, 43, 1 : 53-66.
2. Voir *Psychoses* dans le lexique en fin d'ouvrage.

l'action thérapeutique et il faut souligner que les antipsychotiques sont des drogues inhibitrices du système catécholaminergique (chlorpromazine, réserpine, butyrophénomes). Dans un tel modèle, l'*organicité* prend un sens bien différent de celui que l'on a voulu lui donner jusqu'ici. En dehors de perturbations innées que nous serons sans doute encore longtemps à ne pouvoir cerner de façon précise, d'un trouble génétique qui n'est peut-être qu'une fragilité du système nerveux, qu'une façon de réagir au milieu, due à un état particulier de certaines activités enzymatiques au sein du SNC, un métabolisme erratique de la synthèse protéique au sein de certains neurones ou de la synthèse de certains neuromodulateurs, toutes perturbations que l'on peut admettre trouver leur origine dans le génome, l'organicité paraît être un processus acquis. Mais elle n'apparaît plus comme une lésion macro- ou microscopique des voies nerveuses ou des relais centraux. Si l'on admet le codage synaptique de ceux-ci par la synthèse protéique ou glycoprotéique, base de l'apprentissage et de la mémoire, aucune lésion organique, même à l'échelon moléculaire, n'est sans doute à rechercher. *L'organicité des maladies mentales ne résiderait en définitive que dans l'établissement de voies synaptiques préférentielles, codées métaboliquement et résultant du perpétuel dynamisme qui s'établit dès la naissance entre les trois étages évolutifs du système nerveux et la niche environnementale*[1]. La chronicité dans cette hypothèse reposerait bien sur la base matérielle et moléculaire de l'apprentissage, du souvenir inconscient du conflit entre automatismes acquis et pulsions instinctuelles, mais aussi sur le fait que la rigidité de l'engrammation de ce conflit ne pourrait plus trouver l'expression d'une activité comportementale gratifiante en accord avec le milieu socioculturel.

---

1. Voir *Environnement* dans le lexique en fin d'ouvrage.

Tant que d'autres structures synaptiques peuvent être utilisées dans la réponse au milieu, l'agressivité, réaction à la douleur mise en jeu par le PVS, ou la répression, épuisement de cette réaction devant le mur des interdits limbiques, ou bien encore le langage comportemental de l'hystérie, ne seraient que passagers. L'utilisation de l'imaginaire créateur permet aussi la fuite de conflit inconscient. Mais si celui-ci envahit tout le système nerveux, aucune référence au contrôle sensoriel ne sera plus possible et la démence s'installera. Dans ce modèle, les neuromodulateurs ne font que moduler l'activité métabolique neuronale. On conçoit difficilement qu'ils puissent intervenir sur les traces synaptiques. Dans ce cas la psychopharmacologie ne serait le plus souvent que palliative, écrêtant les activités neuronales excessives, soit maniaques, soit dépressives.

Cependant, si l'on admet ce schéma, la psychopharmacologie des psychoses doit d'abord rechercher l'inhibition du réenforcement, puisque nous avons admis que celui-ci trouvait la gratification, qui est habituellement obtenue par action sur le milieu, dans la mise en jeu de systèmes associatifs, créateurs de l'imaginaire. C'est sans doute, nous l'avons vu, ce que font les antipsychotiques majeurs. Mais ce faisant ils suppriment aussi la pulsion, orientent vers la dépression, et la thérapeutique oscille alors entre les antipsychotiques et les antidépresseurs. Peut-être la thérapeutique pourrait-elle s'orienter efficacement, non plus seulement vers l'inhibition du MFB et du PVS, mais vers la stimulation du PVS. En d'autres termes, s'orienter vers une stimulation cholinergique, qui obligerait le psychotique à retrouver la dure loi du milieu et ses douleurs. Il est probable que l'agressivité redeviendrait alors temporairement dominante. Mais ne peut-on imaginer qu'une thérapeutique institutionnelle arrive dans ce cas à recréer, au sein de son système nerveux, de nouvelles relations synaptiques, sensibles au réenforcement et au plaisir de vivre ? Faciliter la formation interneuronale du second messager de l'acétylcholine [1], le guanosine monophosphate cyclique (cGMP), est peut-être un moyen d'approche de ce programme thérapeutique. En ce sens il n'est d'ailleurs peut-être pas inutile de rappeler que l'insuline augmente la synthèse cérébrale du cGMP (Illiano, Tell et *al*, 1973)[2] et que l'électrochoc est un stimulant expérimental du PVS cholinergique. Or, ce sont deux thérapeutiques dea psychoses non dénuées d'efficacité.

LE TERRAIN
OU LA PERSONNALITÉ NÉVROTIQUE

C'est peut-être là que la classique discussion entre l'inné et l'acquis se trouve le plus fréquemment posée. Il paraît impossible à l'heure actuelle d'affirmer qu'un terrain, d'origine génétique, ne participe pas à l'apparition des névroses. La combinatoire génétique, liée à la différenciation sexuelle, complique le problème dès son origine. D'autre part, si l'on pense que les gènes ne font que contrôler l'équipement enzymatique et que les « erreurs »

---

1. Second messager : l'acétylcholine serait la première messagère chimique d'une information nerveuse à la cellule. Dans celle-ci elle déclencherait la formation d'un second messager (le cGMP) qui, lui, influencerait directement l'activité métabolique de la cellule. Le second messager des catécholamines serait de même le cAMP, cyclique adénosine monophosphate.
2. Illiano G., Tell G. P. E., Siegel M. I. & Cuatrecasas P. (1973), Guanosine 3', 5'-cyclic monophosphate and the action of insulin and acetylcholine, *Proc. Nat. Acad. Sci.*, USA, 70 8 : 2443-2447.

enzymatiques congénitales actuellement connues donnent lieu à des syndromes précis de déficiences comportementales ; qu'aucune insuffisance enzymatique n'a jusqu'ici été indubitablement mise en évidence à l'origine de « terrains » ou de « personnalités » névrotiques, on est tenté de considérer que ceux-ci sont des processus acquis.

L'engrammation de sa niche environnementale commence, pour le système nerveux, *in utero,* et sa réponse même aux stimuli environnementaux va transformer le milieu, rendre insignifiants certains d'entre eux pour certains individus, qui ne le seront pas pour d'autres. L' « assimilation » et l' « accommodation », suivant le sens que Piaget (1950 [1]) a donné à ces termes, représentent un perpétuel échange en feed-back entre le milieu et le système nerveux, et inversement cet échange suffit à faire comprendre l'exclusivité de chaque personnalité humaine puisque aucun individu n'est situé dans le même espace-temps qu'un autre. Incapables d'inventorier l'ensemble des facteurs environnementaux susceptibles d'avoir influencé un système nerveux humain, incapables de nous mettre à sa place et de reconstituer son histoire, histoire qui n'est signifiante que pour lui-même et pour aucun autre, nous ne pouvons aujourd'hui que constater l'existence de personnalités névrotiques, sans pouvoir en préciser les mécanismes d'établissement. Le rôle des hormones (ACTH et corticoïdes en particulier) sur la transcription et la traduction du génome, soit directement, soit indirectement par l'intermédiaire du cAMP et du cGMP paraît avoir un rôle important à jouer dans la synthèse protéique, et donc enzymatique, sur laquelle repose l'activité nerveuse centrale. La personnalité psychopathique, qui s'établirait en réponse à l'environnement, n'est peut-être pas ainsi sous la

---

1. Piaget J. (1950), *Psychology of intelligence,* Harcourt, Bace & World (New York).

seule dépendance des neuromodulateurs centraux. Les rapports existant entre la synthèse, le stockage, la libération et le métabolisme de ces derniers d'une part et les sécrétions endocrines d'autre part vis-à-vis de l'activité nerveuse centrale demandent encore à être précisés.

CHAPITRE III

Le niveau d'organisation des sociétés humaines Historique de la dominance

L'organisme humain auquel nous sommes parvenus ne peut être conçu isolé de son environnement social. Un enfant abandonné, hors de tout contact humain, ne donnera jamais qu'un enfant sauvage, qui retrouvé après quelques années et replacé en situation sociale, ne deviendra jamais un homme. Ce que nous intériorisons dans notre système nerveux depuis notre naissance, ce sont essentiellement les autres. Mais nous les intériorisons dans une structure nerveuse dont nous venons de schématiser l'organisation par niveaux évolutifs. L'inné persiste qui nous est donné dans nos acides désoxyribonucléiques humains, et la transformation du milieu ne changera pas les mécanismes de fonctionnement des pulsions instinctives qui jusqu'ici ont organisé les rapports socioculturels pour satisfaire les dominances et les hiérarchies comme dans toutes les espèces animales.

C'est par son appartenance au groupe social que l'individu découvre son ouverture informationnelle et ce système régulé devient un servomécanisme par l'information qu'il reçoit de l'extérieur et qui règle son activité comportementale.

Malheureusement les groupes sociaux, familles, classes, ethnies, nations, groupes ou blocs de nations entrent en compétition entre eux pour la recherche de la dominance et le maintien de leur structure socio-économique propre, favorisant certains types de hiérarchies, capitaliste, technocratique, bureaucratique ou autre. En d'autres termes, l'ouverture se ferme à partir d'un certain niveau d'organisation et l'espèce humaine n'est pas encore le plus grand ensemble à la survie duquel chaque cellule, chaque individu, chaque groupe d'individus sont nécessaires, comme il est nécessaire à la survie de chacun d'eux.

C'est peut-être le rôle du dernier niveau d'organisation du système nerveux, les zones associatives du cortex orbito-frontal qui permettront à l'homme d'imaginer la structure socio-économique capable de réaliser ce grand rêve humain, en dehors des dominances et des hiérarchies préhominiennes.

LE RATIONNEL ET L'IRRATIONNEL

Nous voudrions maintenant revenir sur certaines notions abordées dans les pages précédentes et qui exigent un développement plus important. *Il est absolument nécessaire à notre avis de bien comprendre en sciences humaines la différence fondamentale entre la notion d'information et celle de masse et l'énergie. Aucune analyse politico-sociologique, y compris le marxisme orthodoxe ou les différentes formes du marxisme contemporain n'ont réellement exploité cette différence qui éclaire cependant, à notre avis, l'ensemble des rapports sociaux d'une lumière nouvelle.*

La deuxième notion d'importance est qu'il n'existe pas de hiérarchie de valeur entre le rationnel et l'irrationnel. Il ne s'agit pas d'être en faveur de l'un plutôt que de l'autre.

L'irrationnel n'existe qu'en fonction de notre ignorance des structures biochimiques et nerveuses qui contrôlent notre inconscient. L'irrationnel n'est pas la fosse septique où nous enfouissons l'inavouable, toute la pourriture malodorante de notre pensée que nous n'osons pas produire en public. L'inavouable n'est tel qu'en fonction des critères moraux d'une société particulière à une époque particulière. Il s'agit donc de jugements de valeur, alors que les choses se contentent d'être et que notre inconscient fait de même sans être beau, ou laid, bon ou mauvais, utile ou nuisible, si ce n'est en fonction des préjugés d'une époque. On peut aussi bien dire qu'il constitue la source profonde de notre créativité, le trésor caché des intuitions géniales et des motivations qui les engendrent.

Inversement, le rationnel n'existe qu'en fonction des postulats sur lesquels il se fonde et le choix de ceux-ci est le plus souvent l'expression d'un déterminisme irrationnel, parce qu'inconscient. Tout deviendra rationnel si nous parvenons un jour à mettre un peu d'ordre à la source de nos comportements, à préciser les structures de notre inconscient, les lois de sa dynamique. C'est ce que tente aujourd'hui l'approche biologique des comportements.

Mais cela veut dire que puisque nous ne l'avons pas encore fait jusqu'ici, *nous n'avons fait que semblant de rationaliser l'irrationnel, rationaliser notre inconscient dans tout ce qui ne concerne pas la science de la matière inanimée, la physique, c'est-à-dire en particulier dans les sciences dites humaines. C'est ainsi que l'« information », la mise en forme des structures sociales a toujours été dominée par l'instinct de puissance des individus qui en faisaient partie, instinct de puissance non rationalisé parce qu'inconscient mais le plus souvent camouflé sous une phraséologie, paternaliste, socialiste, humaniste, élitiste, etc.*

HISTORIQUE DE LA DOMINANCE

Entre les sociétés de grands anthropoïdes telles que nous les observons encore aujourd'hui et les premières hordes humaines, la différence ne devrait pas être très grande. L'établissement des hiérarchies devrait se réaliser de façon analogue et le fait que ce qu'il est convenu d'appeler un homme, soit la possibilité de manipuler de l'information, n'a pas dû au début intervenir beaucoup dans l'établissement des hiérarchies. Le seul fait pourtant de tailler un silex était déjà caractéristique de l'espèce humaine capable d'ajouter à la matière inanimée une mise en forme particulière assurant une action plus efficace sur l'environnement. Notons que dès cette étape paléolithique la distinction entre thermodynamique et information est déjà évidente. La même dépense énergétique peut aboutir à partir d'un silex quelconque, soit à un petit tas de morceaux plus petits, soit à un silex taillé, mis en forme, informé de telle façon qu'il puisse servir d'outil, d'arme de chasse, coup de poing, hache, etc. Mais il est probable qu'à cette époque chaque individu mâle devait connaître toute la technique de son époque, qu'il n'existait pas encore de spécialisation proprement dite et que les facteurs commandant à la cohésion du groupe consistaient surtout dans la multiplicité des moyens mis en œuvre à la chasse plus que dans leur diversité. Par contre, il est admis qu'une séparation fonctionnelle est apparue dès cette époque entre les sexes. La femme restant autour du foyer pour l'entretenir et s'occuper des enfants, car il est difficile d'imaginer femmes enceintes et enfants participant même de loin à la chasse aux grands fauves. Les rites initiatiques introduisant l'adolescent dans le groupe des mâles adultes a perpétué longtemps et perpétue encore dans certains groupes humains primitifs cette séparation des sexes.

La dominance dut s'établir à cette époque sur la force physique, l'adresse et l'expérience. Cette dernière, notons-le, était déjà l'expression d'une information mémorisée, c'est-à-dire une information professionnelle, la profession humaine pendant des siècles se limitant à un comportement de prédations quotidiennes indispensables pour assurer l'approvisionnement nutritif. Songeons que la conservation de la viande par la salaison remonte au début du néolithique. Jusque-là, pas de réserve carnée possible. La famine devait être la préoccupation dominante de chaque groupe humain dont le champ de conscience fut pendant des millénaires entièrement occupé par la nécessité de se nourrir et de se protéger de l'environnement inanimé comme des autres espèces prédatrices. On peut donc penser qu'au début l'invention de l'outil a répondu essentiellement au désir d'accroître l'efficacité de l'homme dans sa protection à l'égard de l'agressivité de sa niche environnementale et dans l'assouvissement de ses besoins fondamentaux. C'est la motivation des sociétés de pénurie. C'est une motivation de survie immédiate.

L'agriculture et l'élevage, la salaison et l'engrangement lui permirent au début du néolithique de constituer des réserves au lieu de vivre au jour le jour. Le temps libre fut utilisé à établir une spécialisation progressive, et ce début du travail en miettes, qui est alors exprimé dans l'établissement de l'artisanat, fit apparaître une interdépendance de plus en plus grande de chaque individu à l'égard des autres, appartenant à la même communauté. Le rôle des femmes à l'origine de cette étape fondamentale de l'évolution humaine est souvent invoqué. La sédentarité de la femme lui a peut-être permis l'observation de phénomènes naturels que le chasseur n'avait pas le temps d'observer.

Les mythes féminins de la fécondité semblent le confirmer.

Voici donc certains groupes humains fixés au sol dans des régions particulièrement fertiles, les deltas des grands fleuves en particulier, car pendant longtemps encore, l'irrigation des terres cultivables sera ignorée. Les premiers villages néolithiques avec leur communauté humaine professionnellement diversifiée commencent à apparaître. Mais, on peut admettre avec L. Mumford[1] que ces premiers villageois ont désappris très vite le maniement des armes, nécessaire pour se défendre des carnassiers prédateurs et des groupes encore au stade paléolithique, attirés par leurs richesses alimentaires accumulées. Certains de ces groupes ont dû prendre la direction des premières cités. Les hiérarchies s'établirent, l'agressivité fournissant encore les leaders responsables de la sécurité de la communauté, les prêtres manipulant les mythes et assurant à cette communauté la protection des dieux favorables.

Le temps libre qui fut accordé à l'homme du néolithique par la constitution de réserves put être employé à mieux connaître la structure de son environnement physique. C'est ainsi qu'au cours des siècles, il construisit la physique, la thermodynamique parce qu'il était plus facile de regarder en dehors de lui qu'en lui. Mais, depuis plusieurs années, nous insistons sur le fait que la physique ne constitue pas toute la « science ». Nous allons voir que cette science-là débouche sur les techniques, la construction et la commande des machines, l'accroissement de la production, la société industrielle dite « de consommation ». Le refus, voire la haine de la science éprouvés par toute une partie de la jeunesse actuelle, résultent sans

---

1. Lewis Mumford (1964), *La cité à travers l'histoire*, Editions du Seuil.

doute du fait que cette jeunesse réduit le champ d'action
de la science à celui de la matière inanimée. Or, comme il
n'existe qu'un début des sciences des systèmes vivants,
que les sciences dites humaines se sont limitées jusqu'ici
au langage et au niveau d'organisation des rapports
interhumains en ignorant les bases biologiques des comportements, qu'aucun essai de synthèse cohérent n'a
encore été réellement tenté faute de documents expérimentaux recueillis aux niveaux d'organisation qui s'étagent de
la molécule aux comportements individuels en situation
sociale, on comprend cette affection récente des jeunes
générations pour la phraséologie, l'irrationnel, le mythique, pour le globalisant contre l'analyse, suivie de
synthèse évolutive, la destructuration de la logique par les
drogues, on comprend leur révolte contre une génération
qui veut leur imposer un cadre socioculturel soi-disant
fondé sur une prétendue conscience réfléchie, mais en
réalité sur une agressivité nécessaire à l'obtention des
dominances au sein des hiérarchies qu'elles ne comprennent plus, suivant des critères de soumission qu'elles
n'acceptent plus, pour une finalité qu'elles ne conçoivent
plus.

Quand l'attirance des mythes, de l'irrationnel, n'est pas
suffisante à entraîner son adhésion, la jeunesse contemporaine se « satisfait » par l'emploi des grilles connues, la
grille marxiste ou la grille psychanalytique qui lui semblent fournir une réponse cohérente aux interrogations
fondamentales que se pose tout homme conscient en cette
fin de XXe siècle. Ces grilles malheureusement refusent
l'autorisation d'aller chercher en dehors d'elles et plus
loin. Elles sont elles-mêmes en effet à la base de
hiérarchies individuelles et de groupes.

Peut-être serait-il temps de faire prendre conscience à
ces jeunes générations que le langage rationnel en dehors
des lois précises de la matière n'a jamais exprimé autre

chose que notre inconscient, c'est-à-dire nos désirs et nos automatismes socioculturels, que l'introspection n'a jamais observé que la carte sans jamais explorer le territoire et qu'elles ne font elles-mêmes que perpétuer cette insuffisance en se privant de la rigide cohérence des sciences exactes. Peut-être serait-il temps de leur dire qu'entre la magie trompeuse des mots et les sciences de la matière avec leur incidence technique, entièrement utilisées par notre cerveau préhumain, inconscient, mais qui guide le discours, tous les discours, il existe aussi une science naissante dont il est urgent de diffuser les bases, comme on a pu diffuser celles de l'arithmétique, indispensable aux civilisations mercantiles pour assurer leur comptabilité, et que cette science est celle du monde vivant. Nous verrons dans un instant ce que cette science est susceptible de nous apprendre concernant la croissance et ses causes.

Si nous en étions restés au paléolithique, nous ne parlerions sans doute pas de *croissance.* Il y a bien eu progrès dans la façon de tailler les silex, mais les sources de matière première et l'accumulation des déchets n'auraient vraisemblablement pas posé de problèmes fondamentaux à la survie de l'espèce. Cela veut dire que s'il s'en pose un aujourd'hui, il résulte du fait que l'homme transformateur de la matière inerte en produits plus élaborés a trouvé les moyens d'utiliser plus de matière première, de donner naissance à plus de déchets et entretemps de transformer la matière brute en une quantité croissante de produits de son industrie. Pour cela, il lui a fallu interposer entre sa main et la matière des outils de plus en plus complexes et efficaces, qui lui ont permis d'augmenter considérablement le rendement de son travail. En supposant que les hommes aient été hier aussi nombreux sur la planète qu'aujourd'hui, pour une même durée de travail humain, en l'absence de la machine, le problème de la croissance se serait posé tout autrement.

Pourquoi dans ces conditions l'homme a-t-il inventé les machines ? Certes pas pour diminuer la quantité de travail qu'il fournit, car il ne travaille sans doute pas sensiblement moins aujourd'hui qu'hier. On peut penser qu'au début ce fut essentiellement pour mieux se protéger de l'agressivité de sa niche environnementale d'une part et pour mieux assouvir ses besoins fondamentaux d'autre part. Or, ceux-ci sont en réalité assez restreints puisqu'ils sont commandés par les pulsions hypothalamiques les plus primitives, la faim, la soif, l'accouplement, et la nécessité d'assurer la protection contre les intempéries par le vêtement et l'habitation qui sont déjà des besoins socioculturels acquis. Jusqu'à une époque encore récente, il en fut bien ainsi pour la majorité des hommes. Ces pulsions primitives sont satisfaites aujourd'hui pour un grand nombre d'hommes des sociétés industrialisées. Elles ne le sont pas toujours pour un plus grand nombre encore dans les sociétés dites en voie de développement. Il est probable que ce dernier fait résulte en partie de l'appropriation des richesses planétaires par le premier groupe aux dépens du second qui n'intervient pas dans la croissance ou du moins n'en profite pas.

Bien sûr le passage du paléo- au néolithique s'étant effectué grâce à la possibilité d'accumuler des réserves permettant de faire face efficacement à la famine, il est probable que l'épargne dans son ensemble est un facteur de la croissance mais ne peut être qu'un facteur secondaire. Produire plus, pour se réserver une marge de sécurité plus grande en cas de pénurie, constitue chez l'individu comme chez les groupes sociaux, une motivation qui eut sans doute son importance aux débuts du développement industriel. Mais les sociétés d'abondance, *pour lesquelles la croissance est un but en soi, sont non des sociétés d'épargne mais de consommation.* Ce ne peut donc être une recherche de la sécurité qui en constitue le principal facteur motivationnel. La sécurité est d'ailleurs devenue de nos jours beaucoup plus le résultat d'un processus collectif qu'individuel. L'avarice semble un comportement en voie de disparition au niveau d'organisation de l'individu s'il persiste à celui des groupes sociaux, dans l'accumulation du capital. Mais dans ce cas, c'est beaucoup plus pour satisfaire au besoin de domination des groupes sociaux et des structures hiérarchiques qui les animent que pour tempérer l'angoisse de ce que sera demain.

La recherche du *bien-être* peut-elle représenter une cause ? Mais d'abord, qu'est-ce que le « bien-être » ? Notons qu'il s'agit d'un état relatif. Sa base est vraisemblablement physiologique et biologique. Cabanac [1] a montré qu'un stimulus n'est pas plaisant ou déplaisant en lui-même, mais ressenti en fonction de son utilité en relation avec des signaux internes. Par exemple, quand on demande à un sujet placé dans un bain, de caractériser sur une échelle à cinq niveaux (très plaisant, plaisant, neutre, déplaisant, très déplaisant), la sensation qu'il éprouve s'il plonge la main dans un seau d'eau extérieur au bain, on constate qu'il trouve l'eau froide du seau très déplaisante s'il est placé dans un bain froid et très plaisante s'il est placé dans un bain très chaud. Tout se passe, au cours de nombreuses expériences de ce type, comme si la satiété modifiait la sensation de bien-être ou de plaisir jusqu'à l'inverser. C'est ce que Cabanac propose d'appeler l' « alliesthésie [2] ». C'est un problème identique qui est posé par l'insatisfaction qui résulte de tout assouvissement d'un

---

1. M. Cabanac (1971), Physiological role of pleasure, *Science, 173*, 4002 : 1103-1107.
2. M. Cabanac. *op. cit.* 1103-1107.

besoin acquis, socioculturel, par l'appétit jamais comblé de consommation.

Nous devons ajouter que le plaisir ou la souffrance dépendent aussi de l'entraînement, c'est-à-dire des possibilités accrues acquises par un organisme d'osciller autour de valeurs moyennes. L'entraînement permet de mieux supporter les écarts thermiques, les efforts musculaires rapides ou soutenus par exemple, et recule l'apparition du déplaisir ou de la souffrance.

Il y a donc probablement une régulation en « tendance » provoquée par l'action de l'homme sur son milieu, aboutissant à en homéostasier de mieux en mieux les caractéristiques physico-chimiques mais aboutissant à la perte progressive de l'entraînement aux variations de ces caractéristiques, rétrécissant d'autant la marge des écarts supportables entre lesquels le « bien-être » est conservé. Il en est ainsi pour l'air conditionné, l'ascenseur, les différents moyens de locomotion remplaçant la marche, etc. Il faut ajouter à cela le plaisir qui résulte des communications et des échanges d'informations plus rapides, des moyens d'hygiène améliorés. Nous retrouvons là une notion émise au début de ce travail, à savoir que l'invention de la machine, s'interposant entre la main et l'objet désiré pour en faciliter la production, diminue d'autant l'énergie humaine nécessaire à cette production et en conséquence recule la limite où cette dépense énergétique devient désagréable. Mais si elle augmente l'efficacité des actions humaines sur la matière, elle rend aussi l'homme plus dépendant de la machine dans la proportion où son inadaptation au milieu non transformé accroît son désentraînement.

Mais au fond, la question n'est pas là. Si le « bien-être » résulte de la satisfaction des besoins fondamentaux, nous avons déjà signalé que l'industrie moderne n'est pas indispensable à la réalisation de cet assouvissement. Les besoins hypothalamiques n'exigent pas l'industrie moderne ni la croissance pour être satisfaits. Nos grands-parents, même dans la meilleure société bourgeoise, auraient été dans ce cas bien malheureux. Cette constatation implique que le bien-être est surtout fonction de l'apprentissage que l'on peut en faire. Le bien-être devient alors une notion socioculturelle. Si l'on avait demandé à un homme du paléolithique ce dont il avait le plus « besoin » il aurait sans doute répondu : « Un ours à chaque repas et un peu de feu pour le faire cuire. » Il n'aurait pas demandé une R 16. En réalité, la notion de bien-être est intimement liée à la notion de besoins. Mais celle-ci, lorsque les besoins fondamentaux sont assurés, est forcément liée à la connaissance de ce que l'on peut désirer. Toute la publicité est fondée sur cette nécessité de faire connaître pour susciter le besoin. On ne peut désirer ce que l'on ignore. Par contre, on peut désirer ce qu'un autre possède et que l'on ne possède pas. Surtout si la possession de l'objet permet de se situer dans un ordre hiérarchique et participe à l'établissement de la dominance. De sa possession résultent alors deux effets, l'assouvissement d'un besoin non fondamental, d'un désir appris, la réalisation d'un bien-être créé par la société et la facilitation de l'obtention de ce bien-être par la facilitation de la dominance, dont nous allons voir dans un instant la signification biosociologique.

Le problème consiste donc à comprendre comment le mythe de la croissance pour la croissance, et non pas seulement pour la satisfaction des besoins fondamentaux, a pu s'instaurer, en occultant à ce point les motivations, qu'il est pris pour base des comportements sociaux en pays industrialisés, et qu'il peut aujourd'hui être défendu comme une fin en soi, comme la finalité même de l'espèce humaine, en l'enrobant de notions affectivo-mystiques, telles que celles du bonheur, des besoins, du progrès, de

Organisation des sociétés humaines

la domination de l'homme sur la marâtre nature, quand ce n'est pas celle du génie de la race blanche, ou d'un régime idéologique particulier. Tout cela défendu par des discours parfaitement rationnels, à partir d'*a priori*, de jugements de valeur, tels que la promotion sociale, toujours envisagée comme un bien en soi, la libre concurrence, car dans un monde dit « libre », la concurrence l'est forcément aussi, la compétition internationale, le travail comme vertu, les guerres fournissant leur ration journalière de héros courageux, ou la défense des traditions et de la monnaie, etc.

Certains cherchent l'analogie avec la croissance de l'embryon du fœtus et de l'enfant, et se plaisent à constater que celles-ci sont programmées dans les acides désoxyribonucléiques de l'œuf fécondé. Dès qu'on atteint le plan socio-économique, disent-ils, il n'y a plus de programme, l'activité des systèmes complexes ou hypercomplexes ayant des conséquences imprévisibles. Voire! Imprévisibles pour le discours rationnel, mais le seul fait que les processus socio-économiques ne sont point aléatoires laisse prévoir qu'ils sont aussi programmés. Ne le seraient-ils pas avant tout par les bases inconscientes des comportements humains que le discours rationnel n'a pas su jusqu'ici prendre en compte?

En effet, si la machine, issue du développement technique, lui-même conséquence de la connaissance des lois physiques, est un des « moyens » permettant d'assurer la croissance en objets de consommation, comme en biens collectifs, la machine n'est pas la « cause » de la croissance. *La cause ne peut être que le comportement de l'homme le poussant à produire plus.* La machine qui aboutit à l'automation du travail avec l'avènement de l'électronique et de l'informatique n'a ni désirs, ni besoins, ni automatismes socioculturels. Elle ne fait qu'obéir aux désirs, aux besoins, aux automatismes socioculturels de l'homme qui la construit. Par contre, le travail en miettes qui est la conséquence de la généralisation de son emploi, occultant la signification du travail de l'individu, a sans doute une responsabilité dans la recherche par celui-ci d'une compensation dans la possession d'objets de plus en plus nombreux. Indirectement ainsi la machine peut intervenir comme « cause » de la croissance.

Nous avons vu que pour satisfaire les pulsions instinctuelles qui, chez l'animal, se résument avant tout à manger, boire et copuler, en situation sociale la dominance est nécessaire. La dominance est donc nécessaire à l'obtention du bien-être et c'est ainsi que les hiérarchies animales semblent s'établir sur une base d'agressivité, agressivité qui disparaît quand la dominance, donc la pulsion instinctuelle, est satisfaite.

Delgado a montré de son côté, par stimulation amygdalienne [1], que l'agressivité est liée à un état de souffrance, de déplaisir, et qu'elle ne s'exerce dans ce cas que sur le subordonné, non sur le dominant. Le growming (la recherche des puces) du dominant est l'acte général de soumission, et le simulacre de l'acte sexuel sur un animal de même sexe, le geste primitif de la dominance. Notons que curieusement chez l'homme, certains gestes des avant-bras peu utilisés, reconnaissons-le, par l'aristocratie, ou certaines insultes qui ne relèvent pas non plus du répertoire académique permettent d'exprimer à l'égard de son semblable un comportement réalisé réellement par les chimpanzés.

Ainsi, on peut admettre que pour l'homme les phénomènes demeurent fondamentalement les mêmes, mais l'homme utilise un langage qui transmet les informations de génération en génération. Le langage écrit, mieux que le langage gestuel qui disparaît avec l'acteur, lui permet

---

1. *Op. cit.*, p. 73.

d'institutionnaliser les règles de la dominance. C'est ainsi que s'institutionnalisent les règles morales, éthiques, les préjugés, les jugements de valeur et les lois qui régissent le comportement des individus d'une société à une certaine époque. Il est certain que ce ne sont pas les dominés qui vont imposer leurs lois aux dominants. La « culture » d'une époque représente donc bien les règles auxquelles un individu doit se soumettre à cette époque pour s'élever dans les hiérarchies et atteindre la dominance. Sans cette dominance, il ne peut espérer de récompense, il ne peut espérer se faire plaisir, atteindre au « bien-être » biologique. Il ne s'agit donc plus d'assurer ses besoins fondamentaux que les sociétés dites évoluées assurent tant bien que mal à la majorité des individus à l'époque moderne, mais d'assurer sa « liberté d'action » qui est fonction de sa puissance au sein du groupe auquel il appartient. Quand on nous parle du « plein épanouissement » de l'homme, a-t-on songé que cette utopie est irréalisable dans le cadre d'une hiérarchie quelle qu'elle soit ?

D'où l'explosion au sein de nos sociétés hautement hiérarchisées des maladies dites « psychosomatiques » qui ne sont que l'expression somatique de conflits au sein du système nerveux central entre pulsions instinctuelles et interdits socioculturels, *conflits qui ne peuvent se résoudre dans une action efficace, « assouvissante », sur le milieu, du fait de l'institutionnalisation par les dominants des règles de la dominance ?*

Ce sont ces règles qui nous semblent être le facteur fondamental de l'apparition des sociétés industrielles et du mythe de la croissance, comme nous allons tenter de le montrer.

Aussi longtemps que la dominance s'est établie sur des critères tels que la force physique, ou que la sélection des chefs s'est réalisée sur certaines qualités guerrières, à des époques où le groupe social nécessitait, pour survivre à l'activité prédatrice d'autres groupes sociaux, un leader dans la personnalité duquel chacun pouvait s'identifier, la croissance avait peu de raisons de devenir galopante. Mais ce système hiérarchique de la dominance et de ses privilèges se révéla insuffisant lorsque le développement du commerce concentra les richesses entre les mains de ce que l'on peut appeler la bourgeoisie, c'est-à-dire d'une classe ne possédant point les attributs de la classe aristocratique précédente, mais possédant une puissance devenue plus grande, celle du capital et de la propriété privée des moyens de production. Il devenait insupportable, « déplaisant », à cette classe nouvelle de rester « soumise » à la dominance d'une classe qui ne paraissait plus indispensable à l'équilibre social.

La révolution française constitue à n'en pas douter l'expression de l'agressivité de cette classe soumise à une dominance devenue insupportable, parce qu'inutile. Dominance devenue insupportable aussi parce qu'elle limitait l'action gratifiante de ceux qui n'y accédaient pas. Nous savons que l'agressivité est un des moyens les plus primitifs de résoudre l'impossibilité d'agir résultant du conflit entre pulsions de dominance et interdits socioculturels. Les immortels principes de 1789, les droits de l'homme et du citoyen institutionnalisèrent les règles de la nouvelle dominance, les règles nécessaires à respecter pour devenir bourgeois. Tout petit Français, peut, nous dit-on, espérer un jour devenir président de la République. Mais on oublie d'ajouter : s'il respecte les règles du jeu, les jugements de valeur institutionnalisés par la bourgeoisie, en particulier la propriété privée, dont celle des moyens de production. Dès lors, toutes les hiérarchies, bureaucratiques, militaires, académiques, professorales ou autres, n'existent qu'en fonction de la hiérarchie centrale, celle de l'argent. C'est lui qui donne la plus grande puissance et avant tout *la seule puissance transmissible héréditairement par héritage.* Bien sûr, les automatismes socioculturels de la bourgeoisie, les signes de reconnaissance innombrables qui constituent la « bonne éducation » se transmettent plus facilement dès la naissance à celui qui naît en milieu bourgeois. Mais ces signes peuvent s'apprendre, même lorsqu'on vient d'un autre milieu. La seule chose qui puisse se transmettre directement et permettre sans effort la domination par héritage, c'est la propriété. Dès lors tout l'édifice social se soumet à elle. Toutes les hiérarchies s'inclinent devant celle-là, dont elles ne sont plus que les instruments. Or, dans un tel système pour accroître ses richesses, donc pour protéger sa puissance et sa domination, il faut vendre. Il faut s'approprier le travail des dominés, et grâce à la plus-value, accroître ce capital qui assure la dominance. Or, pour accroître ce capital il faut que les dominés produisent des richesses et que ces richesses soient consommables ». En effet, les dominants par le capital ne sont pas assez nombreux aujourd'hui pour consommer suffisamment de richesses à eux seuls, il est nécessaire que l'ensemble de la population consomme, de façon que le profit augmente et en fonction du profit, la puissance.

C'est là selon nous que s'articule enfin le fond du problème de la croissance. On voit en effet comment progressivement, de la notion instinctuelle de satisfaction biologique qui en milieu social exige la dominance pour se réaliser, on passe de l'individu à la classe sociale, institutionnalisant les règles de la dominance et des hiérarchies. On voit comment à partir du moment où la dominance exige la possession d'un capital, celui-ci ne peut s'obtenir que par l'accaparement de la plus-value, mais que son accroissement nécessite une production croissante de biens consommables et la participation à la consommation croissante des producteurs eux-mêmes. Comment dans ces conditions on focalise les désirs des dominés, des masses, sur la satisfaction par les biens et la propriété des objets, comme l'on tente d'apaiser leur agressivité (agressivité qui résulte de l'absence totale de pouvoir) par les hochets que sont les biens consommables. *Nous sommes ainsi parvenus au type des sociétés contemporaines qui ayant complètement et lentement occulté leurs motivations initiales, à savoir la recherche du plaisir individuel par la dominance, se sont aliénées entièrement au moyen utilisé pour l'obtenir, à savoir la production pour la production au point de la considérer comme une finalité en soi et la seule façon de satisfaire aux besoins.* Mais le seul besoin essentiel et qui, lui, n'est pas satisfait de façon générale, ce n'est pas la consommation, mais le pouvoir, car seul le pouvoir permet la satisfaction des besoins, sans cesse accrus, par la connaissance que diffuse la publicité des moyens de les satisfaire.

Ce que nous venons d'avancer nous semble trouver des preuves nombreuses dans l'évolution même des sociétés contemporaines. Alors que jusqu'ici c'était la possession du capital qui permettait d'assurer la dominance, du fait même de l'occultation de ce facteur causal et de l'importance prise par le moyen d'y parvenir, à savoir la production, une nouvelle classe sociale tend à prendre le pouvoir aux capitalistes, ce sont les technocrates de toutes sortes. Indispensables à la production des marchandises, ils ont pris récemment conscience de leur puissance et acceptent de moins en moins la domination du « capitaliste » qui paraît devenir inutile. En réalité, les grandes familles capitalistes sont de moins en moins nombreuses et c'est la gestion du capital, de plus en plus internationalisé, de plus en plus dispersé entre les mains de propriétaires plus nombreux, plus que sa possession qui devient le moyen d'accéder à la dominance. La preuve est là que la recherche de la dominance, du « pouvoir » est bien la motivation fondamentale de l'homme puisque dès lors qu'il n'est plus besoin pour l'assurer de posséder un capital, lorsque le bien-être « matériel » se révèle suffisant, c'est la gestion du capital, la décision concernant l'orientation de son emploi, des investissements, la connaissance des techniques de fabrication des objets permettant l'accroissement du capital que tente de s'approprier le dominant contemporain.

Ce nouveau moyen d'établir la dominance change sans doute assez profondément les règles de son obtention et les systèmes hiérarchiques. Mais il ne change en rien ce autour de quoi il tourne : la production de biens consommables. Si cette dernière cessait d'être la finalité de toute activité humaine pour notre civilisation contemporaine, toutes les hiérarchies existantes s'évanouiraient. Même les hommes politiques, qui conservent sans doute encore l'illusion de détenir un certain pouvoir, ne sont que des marionnettes entre les mains d'un monstre sans visage : la production pour la production, certains diront : le capital. Mais celui-ci n'est plus qu'un outil de moins en moins personnel pour assurer la dominance.

Il faut cependant reconnaître qu'aujourd'hui encore, la possession du capital permet de « se payer » des technocrates en l'absence parfois de toute qualification professionnelle.

Si l'on a bien voulu suivre notre raisonnement, on conçoit la difficulté qu'il y a apparemment à ordonner autour d'un axe biologique commun, qui est la recherche de la dominance, la multitude des processus secondaires, amélioration des conditions de vie des dominés, participation de plus en plus grande de ceux-ci au produit matériel de leur travail, impersonnalisation progressive du capital, importance croissante de l'emprise de la technocratie aveugle et de la bureaucratie, puisque cet axe commun n'est jamais invoqué. Il est même, consciemment ou inconsciemment, camouflé sous une phraséologie trompeuse : plein épanouissement des personnalités humaines, participation aux bénéfices (non au pouvoir), liberté, égalité des chances... à devenir bourgeois, c'est-à-dire participant à la propriété du capital, alors même que le plaisir et la récompense tendent à passer de la possession à la décision.

Mais — comme nous l'avons invoqué déjà dans *L'Homme imaginant* — *quelle est donc cette décision, quel est ce pouvoir qui ne peuvent décider autre chose que du meilleur moyen de faire un peu plus de marchandises, pour faire un peu plus de profit, de façon à accroître les investissements qui permettront d'accroître la production de marchandises, donc le profit*, etc.

Le drame enfin résulte de ce que ce comportement humain, animé par ce que nous n'aurons plus aucune hésitation à dénommer un « mythe », la production, ne règle pas seulement les rapports interindividuels mais aussi ceux des groupes sociaux, les plus forts, les plus productifs en biens de consommation engloutissant les plus faibles, et à un échelon d'organisation supérieur les nations, et même les groupes de nations, les « blocs » qui entrent en compétition sur leur productivité.

On sait que les écologistes ont, depuis quelque temps, attiré l'attention sur la destruction accélérée par l'homme de la biosphère. Nous pensons qu'il est possible de résumer tout le problème écologique dans son infinie complexité de la manière suivante : la biosphère est la conséquence de la transformation par les systèmes vivants de l'énergie photonique solaire. Sur le plan énergétique toute l'évolution des espèces résulte de la transformation de cette énergie photonique en énergie chimique dans des systèmes de plus en plus complexes jusqu'à l'homme. Celui-ci ne peut, en ouvrant la bouche, se nourrir de photons solaires. Il a besoin de toutes les formes vivantes pour y parvenir, depuis les plantes photosynthétiques et le plancton marin, en passant par les bactéries qui recyclent les matières organiques, de nombreux insectes, des oiseaux et des mammifères. Les rapports de ces multiples formes vivantes entre elles constituent les *écosystèmes* dont les équilibres fragiles commencent à peine à être entrevus. Le bénéfice d'une production industrielle accrue n'est souvent ainsi qu'un bénéfice à court terme et un drame à longue échéance, si cette production détruit maladroitement ces équilibres et perturbe une étape de la transformation, indispensable à l'homme, de l'énergie photonique solaire en énergie chimique qu'il doit utiliser pour s'alimenter.

D'autres conséquences de la croissance ont été également invoquées : épuisement des ressources énergétiques, accumulation accélérée de déchets non recyclables dans les grands cycles de la matière.

C'est ainsi que la recherche de la dominance à travers le mythe de la production de biens consommables, exigeant aussi de fortes concentrations humaines au sein des mégalopoles modernes, polluant au profit surtout des dominants (puisque c'est la recherche de la dominance qui en est la motivation) des biens collectifs, comme l'air, l'eau, l'espace bâti et l'espace sonore, de même que les rapports interhumains sous toutes leurs formes arrivent aujourd'hui à constituer une réelle menace pour l'espèce humaine tout entière.

CHAPITRE IV

Hiérarchies de valeur et hiérarchies de fonction

Il y a déjà un certain temps que nous insistons sur la différence entre ce que nous avons appelé hiérarchie de valeur et hiérarchie de fonction ou de complexité. Les systèmes vivants nous permettent d'observer dans leur organisation des hiérarchies de fonction et de complexité, mais non de valeur. C'est l'homme qui parle d'organes nobles et de ceux qui ne le sont pas. Un organisme peut vivre sans cortex cérébral, organe dit noble, mais pas sans foie, organe que l'on a tendance à considérer comme roturier. Les structures d'un organisme se contentent d'être et d'agir efficacement. Elles ignorent le bien, le mal, le beau, le laid, jugements de valeur qui n'ont de valeur que pour la survie de groupes sociaux particuliers à une époque particulière, mais généralement pas pour l'individu ou pour l'espèce. Un système nerveux est en effet situé au faîte des hiérarchies de complexité, mais il ne « commande » pas : il se contente d'être un lieu de passage entre le milieu et la réaction d'un organisme à ce milieu, entre le « stimulus » et la « réponse ». *Rien ne naît en lui, ex nihilo.* Tout lui vient de l'extérieur de lui-même, excepté sa structure génétique qu'il ne lui appartient pas de composer. La recherche de l'équilibre biologique, de la satisfaction, de la récompense, de ce que l'on peut appeler le plaisir, reste toujours la finalité fondamentale d'un organisme qui l'assure par son action sur l'environnement. Ainsi, il assure en réalité sa survie dans un environnement aux caractéristiques physico-chimiques moins bien régulées que les siennes. Ce qui donne l'impression qu'une source intérieure de décision existe, c'est en réalité le processus de mémoire. Mais il suffit de penser qu'un nouveau-né, sans expérience, ne peut décider de rien. Il ne peut que souffrir des agressions du milieu soit directes, soit indirectes par manque, et enregistrer dans sa mémoire toute neuve l'état de bien-être qui résulte de l'assouvissement du besoin, du comblement du manque ou de mal-être qui résulte du non-assouvissement, de la perpétuation du déséquilibre interne. Avec la mémoire des actes gratifiants ou punitifs, des pulsions assouvies et des interdits, parentaux, puis socioculturels, une structure nerveuse interne va s'établir progressivement, résultant du codage des voies nerveuses utilisées au cours de ces expériences multiples. Mais comme cette activité du système nerveux demeure inconsciente et que seul le discours logique qui la recouvrira petit à petit deviendra en partie conscient, il en résultera l'impression d'une « commande » autonome des actes de l'individu par son système nerveux, comme si un petit dieu intérieur décidait « librement de nos comportements », de nos choix, alors qu'ils ne sont que le résultat inconscient de nos pulsions et de nos apprentissages. Même lorsque notre cerveau orbito-frontal, notre cerveau proprement humain, nous permet de nous échapper de ces automatismes, en fournissant à notre action une solution neuve, un schéma, un « pattern » comportemental original, celui-ci n'est « choisi » qu'en fonction de la motivation fondamentale de la recherche du plaisir, donc de la dominance, modifié par l'apprentissage des règles socioculturelles à suivre pour être récompensé. Ces jugements innombrables qui gouvernent nos actions et commandent à nos attitudes à l'égard de l'action des autres sont des « jugements de valeur » parce qu'il faut bien dans ce cas que nous ayons une « échelle de valeurs » pour classer nos actions et celles des autres dans des rubriques aussi dangereuses que : bonnes ou mauvaises, belles ou laides, justes ou injustes, etc. *Or, les choses et les êtres se contentent d'être et c'est nous qui jugeons qu'ils sont bons ou mauvais*, etc., non par rapport à des critères absolus qui n'existent pas, si ce n'est peut-être à la limite de l'ensemble spécifique, l'espèce (au cas où lui appartenant nous jugeons utile de protéger son existence et son évolution), mais par rapport à notre structure mentale. Or celle-ci, nous venons de voir de quoi elle est constituée : recherche du plaisir, évitement du déplaisir, obéissance aux automatismes que le groupe social auquel nous appartenons a introduits dans notre mémoire par apprentissage en vue du maintien de sa structure. *Ces jugements de valeur ne sont donc tels que parce qu'ils expriment des règles du maintien d'une structure fermée, d'un sous-ensemble non intégré à l'ensemble humain.* Comment pourrait-on expliquer sans cela que l'on puisse être bien souvent à la fois contre l'avortement et pour la guerre... juste bien entendu.

Dans le système fermé sur le plan de l'information-structure que représente un individu, tous les organes, tous les systèmes, toutes les cellules, toutes les molécules, concourent au maintien de la structure. Le système nerveux ne fait qu'exprimer leur volonté commune de ne pas souffrir, en assurant la motricité de l'organisme à l'égard de l'environnement, en permettant à l'organisme d'agir sur ce dernier de telle façon que cet équilibre biologique soit conservé. Le système nerveux n'est que l'exécutant des décisions anti-entropiques de l'ensemble de l'organisme.

Cette simple notion, difficile à accepter pour beaucoup, nous conduit loin du libre arbitre. Elle nous montre que les systèmes vivants au sein de la biosphère ont su réaliser des structures *autogérées*, et *l'on peut s'étonner de ce que, si le déterminisme aveugle de l'évolution biologique a su réaliser de tels systèmes, l'homme, dans ses sociétés, n'ait pas encore pu en faire autant.* Nous tenterons de comprendre pourquoi.

Ainsi, dans un organisme vivant, chaque cellule, chaque organe, chaque système ne commande à rien. Il se contente d'informer et d'être informé. Il n'existe pas de hiérarchies de pouvoir, mais d'organisation.

Le terme de hiérarchie devrait même, dans ce cas, être abandonné, car difficile à débarrasser de tout jugement de valeur, et être remplacé par celui que nous utilisons depuis de nombreuses années de *niveaux d'organisation*, c'est-à-dire niveaux de complexité : niveau moléculaire (à rapprocher du niveau individuel), niveau cellulaire (à rapprocher du niveau du groupe social), niveau des organes (à rapprocher du niveau des ensembles humains assumant une certaine fonction sociale), niveau des systèmes (nations), niveau de l'organisme entier (espèces). Chaque niveau n'a pas à détenir un « pouvoir » sur l'autre, mais à s'associer à lui pour que fonctionne harmonieusement l'ensemble par rapport à l'environnement. Mais pour que chaque niveau d'organisation puisse s'intégrer fonctionnellement à l'ensemble, *il faut qu'il soit informé de la finalité de l'ensemble et qui plus est,* nous l'avons vu, *qu'il puisse participer au choix de cette finalité.* Quand nous parlons de choix, il ne s'agit pas de l'expression d'un libre arbitre. Il s'agit, pour un organisme, de l'action spécifique en réponse à un stimulus donné, capable de maintenir l'équilibre homéostasique par rapport à l'environnement, c'est-à-dire sa structure organique dont le maintien s'exprime par le plaisir, la récompense. Pour un organisme social, il s'agit donc de diffuser l'information à tous les membres qui le constituent, quelles que soient leurs fonctions.

Mais quand nous parlons de *société informationnelles*[1] il ne s'agit pas de l'information spécialisée permettant à l'individu de transformer efficacement la matière inanimée, il ne s'agit pas de l'information fournie par l'apprentissage manuel ou conceptuel, *mais bien d'une information beaucoup plus vaste, concernant la signification d'un individu en tant qu'individu au sein de la collectivité humaine. La première ne peut lui fournir qu'un pouvoir spécialisé au sein d'une hiérarchie, mais lui interdit de participer au pouvoir « politique ».* La seconde au contraire lui permet de s'inscrire dans une classe fonctionnelle et de prendre part aux décisions de l'ensemble organique car « *pouvoir c'est savoir* ». Sur le plan politique, c'est-à-dire sur celui de la signification du travail de chacun intégré dans un ensemble et sur la finalité de cet ensemble dans les ensembles de complexité supérieure qui l'englobent, un ingénieur hautement spécialisé n'a souvent pas plus de connaissances qu'un O.S., bien qu'elles soient différentes car dictées par des jugements de valeurs et des préjugés nécessaires au maintien de sa dominance hiérarchique. Ainsi, malheureusement l'information spécialisée paraît être à la base du pouvoir politique, car elle est d'abord à la base des hiérarchies, alors qu'elle est incapable du fait de sa spécialisation d'éclairer le pouvoir politique. Mais nous verrons plus tard que cela même n'est qu'une apparence.

Dans mon organisme, il est certain que mon gros orteil ne peut pas remplir les « fonctions » assurées par mon foie, que ma rate ne peut assurer le travail de mon cœur. Cela signifie-t-il que mon foie est « mieux » que mon cœur ou que ma rate et leur commande ? Il assure simplement une fonction différente du fait de sa spécialisation professionnelle. Bien mieux, dans chaque cellule de

---

1. H. Laborit (1973), *Société informationnelle. Idées pour l'autogestion,* coll. « Objectifs », éditions du Cerf, Paris.

chaque organe, le noyau contient l'ensemble du capital génomique, ce qui veut dire qu'il pourrait donner naissance à une cellule remplissant n'importe quelle fonction. S'il ne le fait pas, c'est que ses potentialités fonctionnelles sont « réprimées » par certaines molécules qui lui interdisent de remplir une autre fonction que celle dévolue à l'organe dans lequel la cellule qui le contient se trouve située. Mais on a pu, sur la grenouille par exemple, enlever par microdissection le noyau d'un œuf fécondé avant toute division cellulaire et le remplacer par le noyau d'une cellule quelconque d'une grenouille. On utilise en fait le noyau d'un neurone ou celui d'une cellule épithéliale de l'intestin. L'absence de répresseurs dans l'œuf fécondé dont le noyau avait ainsi été remplacé par celui d'une cellule quelconque permet à ce dernier de donner naissance à une grenouille, strictement identique à celle dont provenait le noyau greffé. Cela veut dire que si le même procédé avait été réalisé sur un œuf humain, et si celui-ci, réimplanté dans l'utérus, avait pu continuer sa croissance, en supposant que le noyau greffé ait été pris à une cellule d'Einstein par exemple, le produit eût été un être strictement identique à Einstein du point de vue génétique. Il y a fort à penser que, du fait que l'évolution de cet individu se serait réalisée en d'autres temps et d'autres lieux, dans un espace-temps forcément différent de celui où avait vécu Einstein, il aurait donné un tout autre être qu'Einstein. Nous abordons là le problème de l'inné et de l'acquis, qui ne nous intéresse pas immédiatement. Cet exemple ne m'a servi que pour montrer que dans un organisme vivant, *la spécialisation fonctionnelle,* qui équivaut dans un organisme social à la *spécialisation professionnelle,* ne s'accompagne d'aucune *valeur* particulière et qu'elle ne procure d'autre part aucune possibilité d'agir séparée de l'ensemble organique. Celui-ci doit sans cesse l'informer des nécessités requises par cet ensemble organique pour sa survie en tant qu'ensemble, de même qu'en sens inverse elle doit informer l'ensemble de l'organisme de ce qui lui est nécessaire pour assurer sa fonction. Cette double circulation de l'information de la cellule à l'organisme et de l'organisme à la cellule est une notion fondamentale à comprendre. Elle se réalise en particulier par l'intermédiaire du système nerveux et du système endocrinien et résulte du fait que l'ensemble des cellules de l'organisme baigne dans une même matrice liquidienne, le *milieu intérieur,* qui véhicule une grande partie de ces informations. Ce milieu intérieur peut d'ailleurs, et sa constitution chimique nous y autorise, être considéré comme le morceau d'océan primitif dans lequel les premiers êtres unicellulaires sont apparus, qu'ils ont emprisonné en se réunissant en organismes pluricellulaires et qu'ils ont entraîné avec eux en passant de la vie aquatique à la vie aérienne.

Ainsi, dans ce type de société autogérée que représente tout organisme pluricellulaire, on peut observer une nette distinction entre l'*information spécialisée* d'une part, qui n'est en réalité, pour une cellule, un organe ou un système, qu'une fraction minuscule de l'ensemble de l'information génétique globale que contient son noyau et qui résulte de la place qui lui a été réservée par l'évolution ontogénique, et d'autre part *l'information généralisée.* Celle-ci lui vient de l'ensemble des autres cellules de l'organisme et la tient au courant à chaque instant de l'état de bien-être ou de souffrance de l'ensemble de ces cellules, de façon qu'elle puisse adapter sa propre fonction spécialisée à la recherche de l'équilibre global perdu ou à son maintien dans un environnement donné. Il ne s'agit pas d'étendre ses connaissances fonctionnelles (j'allais dire professionnelles), mais bien celles qui résultent du fonctionnement de l'ensemble organique. Aucun supérieur hiérarchique ne lui donne d'ordres mais elle est sans cesse informée de ce qu'elle doit faire, suivant sa place et son rôle, pour concourir au bon fonctionnement de l'ensemble. De même, inversement, elle informe sans cesse cet ensemble de ses besoins fondamentaux, ceux qui lui sont nécessaires pour assurer correctement sa fonction.

Que l'on ne croie pas qu'il s'agisse là d'une simple analogie entre un organisme vivant et un organisme social. En réalité, l'organisme social est lui-même un organisme vivant d'un niveau d'organisation supérieur, et dans ce cas l'organisme vivant constitue bel et bien un « modèle ». Bien plus, il s'agit d'un modèle de même nature puisqu'il appartient au même règne. On ne peut nier qu'un organisme constitue une « société » cellulaire dont l'élément est la cellule au même titre que pour une « société » humaine l'élément est représenté par l'individu. Puisque la société cellulaire nous montre le fonctionnement harmonieux d'un modèle social non mécanique, il peut être intéressant de comprendre quels sont les principes dynamiques de cette harmonie, pour essayer de voir s'ils sont utilisables dans les sociétés humaines. Il ne s'agit pas, comme au cours de toute expérimentation biologique, de transposer simplement ce qui est découvert à un niveau d'organisation au niveau d'organisation sus-jacent (voir p. 43), mais d'abord de comprendre en quoi et pourquoi le niveau sus-jacent, le niveau social, ne se comporte pas aujourd'hui de la même manière que le niveau biologique.

Quelles sont les propriétés nouvelles qui apparaissent au niveau d'organisation des sociétés ? Sont-elles indispensables, liées aux structures même du niveau biologique ? Nous avons parlé précédemment (voir p. 46-45) de la symbiose probable qui a dû se faire à une étape ancienne de l'évolution biologique entre des formes nouvelles aérobiotiques, de type bactérien, et des formes anciennes anaérobiotiques. Les formes aérobiotiques auraient donné naissance aux mitochondries. Celles-ci n'ont pas conservé toutes les propriétés originelles : elles se sont adaptées à leur nouvelle situation biologique, mais cette adaptation a sans doute exigé des millénaires. L'individu en est-il encore au stade des mitochondries primitives, doit-il se transformer profondément et en quoi, pour s'intégrer dans des sociétés humaines plus efficaces ? Que doit-il faire pour réaliser cet organisme planétaire que pourrait être l'espèce humaine ?

J'irai plus loin encore. J'accepte volontiers que l'on me refuse actuellement toute recherche d'analogie structurale. Par contre, ce que la biologie m'a fait connaître et qui, je le prétends, ne peut plus être ignoré des sciences humaines, ce sont la notion d'information distincte de la thermodynamique et celle de système ouvert et fermé du point de vue thermodynamique et informationnel. Ce sont là des lois structurales qu'aucune discipline ne peut plus se permettre d'ignorer.

CHAPITRE V

Thermodynamique et information en sociologie

C'est pourquoi nous avons proposé d'appeler les sociétés modernes, quelle qu'en soit la dénomination politique, « sociétés thermodynamiques », pour les opposer à ce que pourrait être une « société informationnelle ». Nous avons pris comme exemple (voir p. 29), pour mieux faire comprendre la différence entre information et thermodynamique, celui d'un message télégraphique destiné à être adressé de la part d'un expéditeur situé à Paris à un destinataire situé dans une autre ville. Si les lettres qui composent le message télégraphique sont réunies séparément dans un chapeau, secouées et adressées au hasard de leur tirage du chapeau, il y aura peu de chance qu'elles constituent une *information* pour le destinataire. Cependant, sur le plan *thermodynamique,* c'est-à-dire celui de *l'énergie* nécessaire pour transmettre par télégraphe un nombre de lettres donné, aucune différence n'existe entre le message télégraphique informatif, mis en forme, support d'information, du premier cas, et la suite de lettres en désordre du second cas, dont toute « *information* » est absente. L'information exige un support énergétique et matériel pour être transmise, mais elle n'est qu'information, elle n'est ni masse ni énergie. Elle représente la

« structure », c'est-à-dire l'ensemble des relations existant entre les éléments d'un ensemble, qui peuvent être, ces éléments, masse ou énergie. Quand un homme transforme la matière inanimée en un produit de son industrie, à côté de la dépense énergétique que doit fournir la force de travail qu'il représente, il y a l'information qu'il apporte en établissant de nouveaux rapports entre les éléments de la matière inanimée qu'il manipule et dont il fera outils, machines ou produits consommables de son travail, en leur donnant une « forme ». Là réside sans doute la difficulté fréquente qu'a rencontrée le marxisme à réunir les travailleurs « intellectuels » et « manuels ». Elle réside dans le rapport variable existant dans le travail humain entre information et thermodynamique et dans la difficulté qu'il y avait à mesurer l'information, car la théorie de l'information date du mémoire de Shannon en 1948 alors que l'énergie libérée peut être mesurée précisément. Le travail de l'âne tournant autour d'une noria pour élever l'eau d'un puits par exemple se fait et se mesure du point de vue thermodynamique par la quantité d'avoine nécessaire à sa nourriture équilibrée pour qu'il ne maigrisse pas, compte tenu du travail fourni. Mais le génie du premier homme imaginant le système permettant d'utiliser par la noria l'énergie de l'âne ne se mesure pas. Son appréciation par un groupe humain dépendra toujours d'ailleurs des jugements de valeur, des besoins, des préjugés d'une époque, et trouvera son expression la plus complexe dans l'œuvre d'art ou la création scientifique fondamentale et non appliquée.

Comme l'a fort justement dit Marx, l'homme est un animal qui fabrique des outils, mais l'important dans la fabrication de l'outil, ce n'est pas tant le travail, la force mécanique nécessaire, que l'information fournie par l'homme à la matière inanimée. Et dès les premiers âges de l'homme il en fut ainsi. Or, *toute l'évolution de l'espèce humaine s'est réalisée depuis ces premiers âges, grâce à un accroissement constant de l'information, autorisé par la transmission de l'expérience acquise, par les langages.*

Cependant, la part de l'information, son rôle, sa nécessité, sa signification n'ont été compris que récemment. Cela résulte sans doute du fait que pendant des siècles l'homme a surtout manipulé la masse, mais peu l'énergie. En effet, pour transformer la matière inanimée (la masse), il a d'abord utilisé sa force musculaire (son énergie). L'un de mes amis, Grenié, professeur d'histoire, m'a signalé que les Romains, ayant de nombreux esclaves, avaient abandonné la moissonneuse inventée par les Gaulois Trévires, habitants de la Lorraine belge, qui, ignorant l'esclavage, s'étaient trouvés devant un problème de main-d'œuvre. C'est sans doute ce problème qui les avait poussés à inventer leur moissonneuse. C'est l'exemple de ce que nous disions plus haut : l'information n'est utilisée qu'en fonction des besoins, des préjugés, des jugements de valeur d'une époque.

Rapidement cependant, l'homme fit appel à la force musculaire des animaux domestiques, le cheval, le bœuf. Il utilisa l'information pendant des siècles pour manipuler la masse et non pour se rendre maître de l'énergie. Il faut dire à sa décharge que la découverte de l'agriculture et de l'élevage était un progrès informationnel considérable, qui en lui permettant de façon très indirecte sans doute, d'utiliser à son avantage l'énergie photonique solaire, le fit passer d'un bond du paléolithique au néolithique. Il s'agissait bien là de la première utilisation de *l'énergie*, mais d'une utilisation empirique. Il est probable que ce retard s'explique par le fait que l'énergie est plus *abstraite* que la masse, l'espace et le temps, qu'il était plus facile de mesurer, et qui donnèrent lieu aux premiers rudiments des mathématiques. Celles-ci furent essentiellement, au départ, le langage de la physique primitive. C'est en mesurant les champs recouverts chaque année par les crues du Nil, que Thalès initia la géométrie.

Quand au milieu du XIXᵉ siècle, l'homme prit conscience de l'importance que pouvait représenter pour lui la possibilité de se rendre maître de l'énergie sous ses formes variées, ce qui le conduisit à comprendre, avec la connaissance de l'atome, que masse et énergie n'étaient que deux états différents d'une même chose, ce que l'équation d'Einstein vint formuler, il pénétra dans la civilisation industrielle.

Il y pénétra sans plus comprendre encore la signification de l'information, perpétuant jusqu'à nos jours l'ère de la thermodynamique, contrôlant l'énergie comme il avait contrôlé la masse et voulant résoudre avec ce bagage ses problèmes psychologiques et sociaux.

Pendant longtemps on a jugé l'homme social sur sa productivité en marchandises. On a considéré que ce qui le caractérisait c'était la transformation par sa main, puis avec l'aide des outils, de la matière en produits manufacturés, puis industrialisés. Sa force de travail a été achetée ou vendue sur le plan strictement thermodynamique. Le problème de la valeur par le travail est devenu plus difficile à résoudre lorsque la machine a fait l'effort énergétique longtemps dévolu à l'homme. L'épuisement nerveux qui résulte des cadences actuellement imposées à l'ouvrier est difficile à évaluer qualitativement *et c'est la « qualification » qui se paie. C'est au fond la quantité et la qualité de l'information déposée dans son système nerveux par l'apprentissage qui sont rémunérées.* La machine fait de plus en plus la partie énergétique de la production et l'homme, de plus en plus, se réserve la part informationnelle. On peut même imaginer un avenir où tout le travail sera réservé aux machines grâce à l'automation et l'information à l'homme, tant pour la construction des machines et leur contrôle que pour les progrès scientifiques fonda-

Thermodynamique 129

mentaux qui seront à l'origine de leur constante amélioration. Il est probable qu'au sein d'une telle évolution dans le cadre hiérarchique existant actuellement, le « pouvoir » et la dominance seraient toujours répartis suivant la quantité d'information *fournie* par l'individu grâce à son imagination créatrice, ou *restituée* par lui du fait de l'apprentissage. Il vaut mieux, du point de vue hiérarchique, sortir de Polytechnique que des Arts et Métiers, être ingénieur que technicien. *A supposer qu'une telle structure sociale puisse répartir équitablement la production industrielle, à supposer même qu'elle puisse le faire sans distinction hiérarchique, la répartition du pouvoir et la dominance n'en seront pas transformées pour autant.* Or il est bon, encore une fois, de rappeler que dans un organisme existe une hiérarchie de fonctions et de complexité, mais pas de valeur.

Nous venons de distinguer l'information *fournie* par l'individu grâce à son imagination créatrice, et celle *restituée* par lui à la suite de l'apprentissage. Nous reviendrons sur cette notion à la fin de cet ouvrage en abordant la question de la créativité. Dès maintenant cependant, notons que dans la *restitution* par un individu de l'information qui lui a été fournie par l'apprentissage, apprentissage contrôlé à tous les niveaux d'abstraction, de l'atelier aux grandes écoles, par les examens et les concours, il n'y a rien de personnel. Il y a simplement l'utilisation par le cerveau humain *de ses possibilités plus ou moins grandes d'abstraction*. Il dépend généralement de la niche environnementale où il a grandi, en d'autres termes de son environnement socioculturel et familial, qu'un individu soit plus ou moins apte, plus ou moins motivé, à traiter l'information de façon plus ou moins abstraite. Généralement, le degré d'abstraction qu'il atteint dans le traitement de l'information est en fonction inverse de sa participation thermodynamique au travail de l'ensemble social. Mais même ce traitement abstrait de l'information, les ordinateurs ont de plus en plus de possibilités de le réaliser. A tel point qu'il est devenu banal de poser la question de savoir si l'homme ne va pas être un jour dominé par ses robots.

Notons au passage que les ordinateurs ont été inventés par l'homme et qu'en cela celui-ci n'a pas fait seulement que restituer l'information qui lui avait été fournie par l'apprentissage. Il a *fourni* une information nouvelle, il a organisé de façon originale les éléments mis à sa disposition par les générations précédentes. Il a *imaginé*. Mais cette imagination, il est tout à fait vraisemblable qu'elle n'est pas au-dessus des possibilités, au-dessus des performances de la machine. Et cependant, cela ne suffira pas à lui fournir un comportement humain. Il lui manquera en effet la motivation. Elle peut être douée de mémoire, et d'un système associatif fort efficace. Mais la collecte des faits mémorisés ne se fait pas au hasard chez l'homme. Elle se fait avec la motivation de protéger sa structure, ce que nous avons appelé la recherche de l'équilibre biologique, du plaisir. Le jour où l'homme sera capable de créer des machines dont la finalité sera de se conserver en tant que machines et de se reproduire comme telles, dont la finalité ne se situera pas en dehors d'elles-mêmes, dont la collecte des informations ne sera pas dictée par l'homme, mais par le « désir » propre de la machine, il aura sans doute alors réalisé un modèle de son comportement. Encore ce modèle ne le sera-t-il qu'à partir d'un niveau d'organisation déjà fort élevé, et pas dès le niveau moléculaire. Pour partir de ce niveau moléculaire en vue de construire un modèle humain, le meilleur moyen restera encore longtemps de faire l'amour, avant que nous puissions diriger une fécondation, un développement embryonnaire et fœtal artificiel en bocal, à partir d'un ensemble génétique artificiel.

En parlant d'information nous avons parlé du mémoire célèbre de Shannon. Cependant, si nous nous reportons au chapitre I de cet ouvrage, nous constatons que l'emploi que nous avons fait de la notion d'information, emploi qui nous a été dicté par l'observation des systèmes vivants et l'essai de compréhension de la façon dont ils sont organisés, n'a pas tout à fait la même signification que la notion d'information telle qu'elle est résumée dans la formule de Shannon. Cela résulte de ce que la théorie de Shannon est une théorie des communications qui permet à l'ingénieur d'éviter que le bruit fasse perdre une partie de l'information transmise dans un message, alors que ce qui intéresse le biologiste c'est la structure même du message. Le biologiste s'intéresse à la structure dynamique du signifiant, l'informaticien à la protection du signifiant à l'égard du brouillage. Si nous reprenons l'exemple déjà invoqué plus haut du télégramme, le biologiste s'intéresse aux rapports entre les lettres, à la constitution des phonèmes et des monèmes des systèmes vivants, à leurs articulations, à leurs structures. Il n'a pas à chercher un émetteur et un récepteur car il n'y a pas de message à transmettre et à protéger du brouillage, il n'y a qu'une forme à observer. Seules la transcription, la traduction du message génétique présentent une certaine analogie avec l'information des informaticiens.

Du moins en est-il ainsi jusqu'à l'homme. Mais un glissement s'opère avec celui-ci dans le contenu sémantique du terme d'information. En effet, le système nerveux humain, qui permet à l'individu son comportement en société, est bien organisé d'une certaine manière, propre à l'espèce. Il est bien en cela programmé génétiquement, et en ce sens porteur d'une information que résume sa structure, et qui sous-tend ses fonctions. Mais de plus, cette structure est programmée de telle sorte qu'elle s'autotransforme, s'autoprogramme, peut-on dire, au contact de son environnement animé et inanimé. Son information s'accroît avec l'expérience. Son codage neuronique s'enrichit et ses processus associatifs, autorisant l'imaginaire, lui permettent d'accroître ses structures mémorisées des produits de son imagination. Ce système nerveux peut être ainsi, à condition qu'il ne soit pas enfermé dans ses automatismes, en d'autres termes à condition de rester un système ouvert du point de vue de l'information circulante, en remodelage et en enrichissement structural constant. Et cette nouvelle mise en forme du système nerveux résulte d' « informations » qui lui viennent du monde extérieur, enrichies des structures neuves résultant du fonctionnement de ses systèmes associatifs. Il s'agit bien là *d'informations significantes,* qui n'ont plus le sens étroit de l'information génétique ou du programme lié à la structure. Mais le problème se complique encore du fait que ces informations ne sont signifiantes que parce que perceptibles aux organes des sens (nous n'entendons pas les ultra-sons) et parce que structurées par le système nerveux, qui introduit l'ordre informatif dans le monde qui l'entoure. Sans cet ordre l'action sur l'environnement ne serait pas efficace. Elle serait inapte à assurer la survie, l'équilibre biologique, le plaisir.

Pourquoi ces informations sont-elles signifiantes ? Elles ne sont signifiantes que du fait que l'expérience antérieure et le souvenir qui en est resté leur ont donné une signification pour la survie, le maintien de l'équilibre biologique. Le signifié, la sémantique, se sont ajoutés au signifiant. *Ces informations sont devenues signifiantes parce que le système nerveux a établi des relations entre des variations énergétiques survenant dans le milieu et la structure biologique, physico-chimique de l'organisme où il se trouve.* Le système nerveux de l'animal peut capter ces variations énergétiques aussi bien que le système nerveux humain souvent. Il peut les mémoriser comme lui. Il peut établir certaines relations spatiales et temporelles entre elles et la réalisation de sa récompense ou de sa punition. Il peut en d'autres termes élaborer des réflexes conditionnés. Mais ce qu'il ne peut pas faire c'est, à partir de l'expérience, imaginer des structures matérielles, situationnelles ou conceptuelles, lui permettant une projection sur l'environnement telle que ces structures imaginaires se réalisent et telle que son action lui fasse alors découvrir de nouvelles structures. L'animal est peu capable d'hypothèses de travail et d'expérimentations de contrôle. Du moins, en l'absence des langages et de l'abstraction mathématique en particulier, il n'est pas capable d'atteindre au concept et à la généralisation dans l'emploi des structures imposées par le milieu.

On voit ainsi où siège le glissement sémantique dans l'emploi du terme « information ». De l'information biologique liée à la structure des formes vivantes, on passe progressivement avec l'homme aux structures qu'il impose au monde qui l'entoure grâce à son action sur l'environnement à partir de l'imaginaire. L'organisme humain devient ainsi source d'information, générateur de structures. Mais pour cela il doit abstraire des informations de l'environnement en découvrant les lois qui régissent le chaos apparent du monde. Or, si son système nerveux se nourrit d'informations, de structures, dans son contact avec le milieu, c'est par son action sur ce dernier qu'il peut en contrôler l'efficacité. De l'ensemble des relations qui constituent la structure du monde qui l'entoure et qui représentent ce que l'on peut admettre être le réel, il n'isole qu'un sous-ensemble, mais qu'il enrichit au fil de son histoire, grâce aux langages, permettant la transmission à travers les générations de l'expérience acquise. Et ce sous-ensemble lui permet d'agir, en d'autres termes de mettre en forme, de transformer le monde où il vit. Avec la transmission par les langages de l'expérience acquise, nous retrouvons la notion d'information-message, celle des ingénieurs des télécommunications.

Ainsi, quand nous passons des structures individuelles aux structures sociales, du seul fait de l'existence de la mémoire nerveuse et de l'abstraction des langages, nous passons de l' « information-structure » génétique, invariante, à l'information relationnelle, cybernétique, c'est-à-dire rétroactive, avec le milieu. Mais il paraît logique de décrire également à ce nouveau niveau d'organisation une *information-structure* des sociétés, comparable à celle des organismes, et une *information circulante* comparable aux messages nerveux et endocriniens qui permettent de réaliser la finalité de l'ensemble organique. Or, on comprend maintenant qu'une telle société n'existe pas encore. L'information professionnelle, la seule apparemment diffusée car elle permet l'établissement des nouvelles hiérarchies et des dominances, interdit la cohésion des groupes sociaux fonctionnels. Elle ne permet que la production de marchandises, car c'est par l'intermédiaire de cette production que s'établissent, grâce au profit, les dominances.

En d'autres termes, l'homme s'est trouvé depuis les origines en perpétuel « feed-back » avec son environnement. Grâce à son système nerveux, grâce en particulier à ses lobes orbito-frontaux capables d'imaginer de nouvelles structures à partir des faits mémorisés dans son contact avec cet environnement, il a pu non seulement découvrir progressivement l' « information-structure » contenue dans ce dernier, mais encore ajouter de l'information à celui-ci. Il a structuré la matière inanimée, la masse, d'autant plus efficacement qu'il a mieux utilisé l'énergie. Cette activité à double sens, de l'environnement vers son système nerveux et de son système nerveux vers l'environnement, peut être considérée comme le résultat presque exclusif de la possibilité pour ce système nerveux de traiter l'information. C'est en effet par une connaissance croissante des structures du monde qui l'entoure qu'il a pu en retour structurer celui-ci au mieux de sa survie. Du moins jusqu'à une époque récente. Mais l'ignorance où il est encore de la structure fonctionnelle de son système nerveux lui a interdit une action efficace sur lui-même et sur ses rapports avec ses contemporains. Ainsi il a utilisé l'information spécialisée, productrice de marchandises, transformatrice de la biosphère, pour assurer la pérennité de structures sociales hiérarchiques qu'il tenait des espèces qui l'ont précédé. Il lui reste aujourd'hui à découvrir l'information généralisée « circulante » et à la diffuser aux membres de ses collectivités. Peut-être pourra-t-il ainsi passer au niveau d'organisation sus-jacent aux groupes sociaux compétitifs et agressifs, en réalisant l'organisme planétaire d'une société humaine *(fig. 8)*.

En distinguant une nouvelle fois l'information-structure et l'information circulante, nous aboutissons à une autre évidence qui nous paraît être d'une importance fondamentale en sociologie : tout d'abord il faut noter que l'information-structure, conséquence du programme génétique, « circule » aussi, mais à une échelle-temps bien différente puisqu'elle se transmet de génération en génération, enrichie d'ailleurs par la combinatoire génétique autorisée par la sexualité.

Nous avons vu qu'au contraire dans l'individu elle est relativement stable, et *il en résulte qu'elle est relativement « fermée »*. Son ouverture sur le milieu ne fait que la transformer de façon très limitée par ce que peut apporter

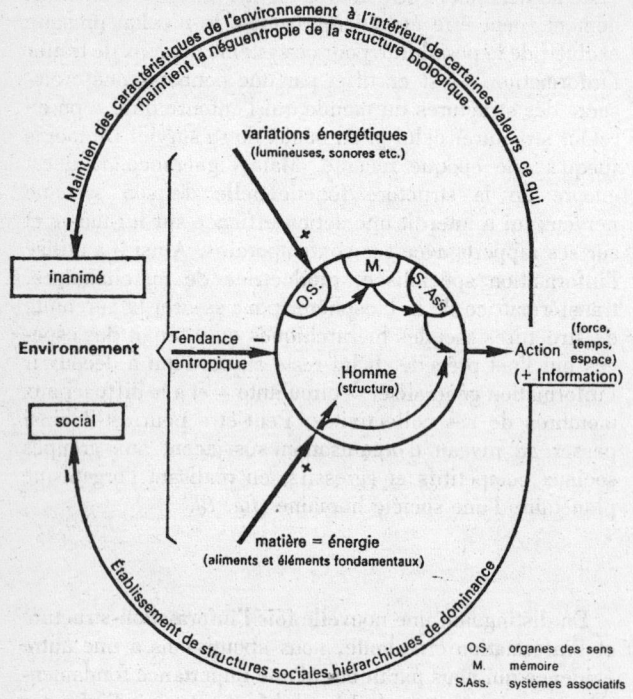

Figure 8

la mémoire et l'expérience. L'information-structure « spécifique », celle qui permet de dire qu'un individu appartient à telle espèce par contre demeure. Ainsi, de la molécule à l'entité organique, la structure est ouverte de niveau d'organisation en niveau d'organisation. *Mais à la limite de l'individu elle se ferme.* Si l'individu est bien ouvert sur le milieu dont il enregistre les variations et sur lequel il agit, s'il existe bien entre lui et le milieu une « information circulante », par contre il est à peu près fermé du point de vue de l' « information-structure ». *Or, dès qu'une structure se ferme, on peut affirmer que si elle continue d'exister elle ne peut le faire qu'en prenant comme finalité, comme raison d'être peut-on dire, le maintien de sa structure : si l'individu arrive encore à s'inclure dans un groupe humain, c'est-à-dire à réaliser son ouverture structurale par inclusion dans un sous-ensemble, les sous-ensembles humains n'ont pas encore réussi leur ouverture par inclusion dans l'espèce. Et l'absence de structure homogène de l'espèce interdit la circulation entre les groupes humains d'une information circulante valable pour l'ensemble humain et non pour des sous-groupes dominants ou dominés.*

Il faut aussi bien comprendre que ce que nous appelons conscience n'est pas le propre d'un organe, du cerveau en particulier. L'enfant nouveau-né n'a pas encore conscience d'être parce qu'il n'a pas encore réalisé son schéma corporel, et pourtant il possède déjà un cerveau. A cet état de conscience qui règle nos comportements efficaces et non plus réflexes, participe l'ensemble de l'organisme, le cerveau y compris. Si nous supprimons expérimentalement les afférences sensorielles, la stimulation de nos organes des sens, au cours d'un protocole consistant à placer l'organisme en état d'apesanteur dans un bain à la température exacte du corps, dans une pièce obscure et totalement insonorisée, malgré l'existence de son acquis mémorisé il perdra conscience. Il est nécessaire aussi de supprimer les signaux internes en partant d'un équilibre biochimique stable du milieu intérieur. La conscience nécessite donc une parfaite organisation de la circulation de l'information à travers un ensemble ayant réalisé son schéma corporel, c'est-à-dire ayant réalisé son unité autonome au sein d'un environnement. Dans un tel ensemble chaque élément doit réaliser pour lui-même le maintien de sa structure et ne peut le faire que par le maintien de celle de l'ensemble. Celle-ci n'est possible que grâce à l'intégration des différentes *fonctions* assurées par chaque élément qui se présente donc à nous à la fois comme une *structure* à maintenir et une *fonction* à favoriser. La structure, nous le savons, se maintient grâce à son appartenance à un système ouvert sur le plan *énergétique*. La fonction liée à la structure ne se réalise que grâce à la libre circulation de l'information concernant la finalité de l'ensemble organique. Si le repas remonte à plusieurs heures, le glucose sanguin qui a alimenté l'activité fonctionnelle de toutes les activités de l'organisme va baisser. Un système complexe de circulation de cette information va prévenir le foie qui libère du glucose à partir de son glycogène de réserve et alerter le cerveau vers la recherche de l'existence d'une proie possible dans l'environnement pour remplacer ces réserves. Le foie, les muscles, le cerveau n'ont en cela aucun objectif expansionniste, ils ne cherchent pas à accumuler le plus de réserves possible, à produire le plus de sucre possible pour le foie, le plus de travail mécanique pour le muscle, le plus d'influx nerveux pour le cerveau. Ils ne sont pas programmés pour acquérir le maximum de puissance les uns par rapport aux autres mais pour agir de telle façon que l'ensemble des éléments qui constituent l'organisme puissent maintenir leur rapport d'ensemble, leur structure dans un environnement donné.

L'information circulante est donc bien liée à la finalité qui doit être réalisée par l'information-structure.

CHAPITRE VI

Information,
hiérarchies de valeur
et classes sociales.
Malaise et crises sociales

En schématisant au chapitre III l'évolution historique de l'établissement des dominances au sein des sociétés humaines, nous avons déjà signalé que ces sociétés étaient en cela strictement identiques aux sociétés animales. Dans tous les cas l'établissement des hiérarchies résulte de la recherche par l'individu de son équilibre biologique, de sa satisfaction. Pour les trouver il doit dominer les autres individus du groupe. Mais à son tour le groupe, pour survivre, doit dominer les autres groupes et pour ce faire s'approprier l'environnement et l'exploiter au mieux pour en tirer la masse et l'énergie qu'il utilisera de façon à accroître sa puissance.

C'est en cela que très tôt les sociétés humaines se sont distinguées des sociétés animales. En effet, comme nous l'avons vu, cette exploitation de l'environnement s'est faite en fonction de la quantité d'informations que les individus étaient capables d'ajouter à la masse et à l'énergie. Un homme capable de tirer à l'arc était sans doute moins vulnérable que celui qui n'était encore capable que de tailler des silex pour en faire un coup-de-poing. Le premier était capable de dominer le second à distance, sans en venir au corps à corps.

C'est grâce à une information de plus en plus abstraite,

qu'avec la révolution industrielle l'homme a pu se rendre maître de l'énergie et traiter la matière de façon à fabriquer des quantités considérables d'objets, grâce à l'invention des machines. Ce ne fut d'abord que pour accroître le capital par la vente de ces objets, le capital restant jusqu'à nos jours le moyen le plus efficace de domination des hommes et des groupes humains entre eux.

Aussi longtemps que ces objets ont été réalisés essentiellement par le travail manuel de l'ouvrier, c'est par l'intermédiaire de la plus-value, comme Marx l'a montré, celle de la retenue par le possesseur du capital d'une partie du produit du travail humain non restitué à celui qui l'a fourni, que fut constituée l'accumulation du capital. A mesure que les machines prirent de l'importance dans la production des marchandises, inversement le travail manuel de l'ouvrier prit relativement moins d'importance au sein du processus de production. Le capitaliste utilisa la plus-value pour s'approprier aussi des moyens de production de masse, les machines, en investissant. Il augmentait ainsi son pouvoir puisque, sans machines, l'ouvrier devenait inefficace et que ces machines ne lui appartenant pas il devenait possible de l'obliger à accepter tous les désirs du patron. C'est en cela que la disparition de la propriété privée des moyens de production est un élément indispensable bien qu'insuffisant à la disparition de la dominance.

Mais ces machines, capables de fournir une quantité considérable de marchandises dans un minimum de temps, d'augmenter considérablement la productivité des entreprises, *étaient filles de l'invention*[1], dans le domaine des sciences fondamentales d'abord, puis de leur application

---

1. Voir la notion de « découvreur » et sa place en sociologie dans H. Laborit, *L'Homme imaginant*, 1971, coll. 10-18, Union Générale d'Editions.

au domaine industriel, celui de la production de biens consommables. Elles étaient donc *filles de l'abstraction*. Elles étaient « programmées » par l'homme, ce qui veut dire que l'homme, en établissant leur « structure », les rendait dépositaires d'une information. De même que l'apprentissage de l'ouvrier avait pour but de rendre son système nerveux dépositaire d'une information professionnelle qui se trouvait alors à l'origine d'un comportement, d'une action de cet ouvrier sur l'environnement assurant à ses gestes l'efficacité, la précision, la rapidité d'exécution dans la production des marchandises, la machine devenait dépositaire d'une information aboutissant à la production massive d'objets. Son efficacité était immédiatement beaucoup plus grande que celle de l'homme car non limitée dans sa puissance énergétique, à peine dans sa vitesse d'exécution, moins sujette à erreurs, et si elle exigeait un entretien elle n'émettait pas de revendications : l'ouvrier pouvait refuser de restituer, pour le profit et la dominance de quelques-uns, l'information stockée dans son système nerveux par l'apprentissage, alors que la machine n'attendait que son alimentation énergétique pour obéir. L'ouvrier n'était plus là que pour la « servir », et non pas pour la commander.

Ainsi, le capitaliste dut-il commencer à compter, non avec les machines, *mais avec ceux qui fournissaient l'information nécessaire à leur invention, à leur construction et à leur utilisation : avec le technocrate.* Parmi ces derniers et du fait même de l'abondance de plus en plus considérable de la production, certains se spécialisèrent dans l'administration du processus de production, d'autres dans l'écoulement des produits. De toute façon, avec l'avènement des machines l'information devient l'élément important du processus de production aux dépens de la force de travail de l'ouvrier. Notons que cette force de travail avait elle-même un aspect énergétique, thermodynamique, intimement lié dans l'organisme humain avec l'aspect informationnel acquis par l'apprentissage. Avec l'industrialisation, l'aspect énergétique, fut en grande partie pris par la machine. L'aspect informationnel aussi, mais en tirant sa source du système nerveux humain. En résumé, la part humaine la plus importante dans le processus de production est devenue informationnelle. C'est l'homme qui est à la source de l'information stockée dans les machines. Or, comment ce sont les machines qui permettent une production de masse et en conséquence des profits massifs, le donneur d'information devient de plus en plus nécessaire à l'expansion de la production.

En retour, bien entendu, ce qui est rétribué en pouvoir économique et hiérarchique, c'est bien principalement la part informationnelle contenue dans le produit du travail humain. Il s'ensuit logiquement que la « plus-value », ce qu'abandonne le « travailleur » à quelque niveau hiérarchique où il se situe, *c'est surtout de l'information.* Plus son travail est riche en information spécialisée, plus le degré d'abstraction atteint par son apprentissage est élevé, plus la part informative qu'il abandonne au monstre qu'on appelle le patron est grande et plus sa spoliation est grande aussi. *En ce sens, plus un travail est « intellectualisé », plus le travailleur est exploité, puisque nous sommes bien forcés d'admettre que l'importance de la plus-value, de nos jours, est fonction du degré d'abstraction de l'information spécialisée qu'est capable de restituer un individu.*

C'est sans doute pourquoi de grandes firmes internationales ont créé leurs propres écoles techniques ou offrent des bourses d'études à des étudiants dont elles s'approprient ensuite par contrat la plus-value informationnelle qu'elles ont payée d'avance. Les Etats font d'ailleurs la même chose avec leurs fonctionnaires et leurs grandes écoles. C'est déjà plus difficile avec les universités. Encore que dans ce cas, il est bon d'observer que ce que fournissent les grandes écoles, à côté d'un bagage à haut degré d'abstraction, c'est aussi une « culture », c'est-à-dire une façon d'envisager la vie humaine conforme aux institutions des dominants de façon que ceux qui bientôt obtiendront le pouvoir économique et politique ne puissent pas remettre ce pouvoir en cause. L'information fournie dans ces moules à cerveaux est donc spécialisée dans ses deux orientations, professionnelle et culturelle, et la compétition s'engage sur la base de la conformité au schéma culturel des groupes dominants. L'ascension hiérarchique est à ce prix, compte tenu d'une utilisation efficace des informations techniques pour le maintien et le développement du système. On verra donc des sujets particulièrement efficaces souvent sur le plan technique et parfaitement obtus sur le plan politique, puisque suffisamment satisfaits de leur dominance pour ne pas aller chercher à en voir lucidement les causes, la signification, ni surtout la remettre en question. S'ils ont « réussi », comme on dit, c'est simplement parce qu'ils sont doués, et la société est juste et équitable qui a su reconnaître leurs mérites et leur donner un pouvoir. L'individu dans tous les cas n'est qu'un récipient, un réceptacle informationnel, capable secondairement de restituer à celui qui s'en est rendu acquéreur, non plus une force de travail, comme l'âne de la noria, mais une matrice d'informations, utilisable pour produire des objets à de nombreux exemplaires. La part d'information contenue dans un objet « mécanofacturé » et non plus manufacturé est de plus en plus considérable et la part thermodynamique humaine de moins en moins importante puisque les machines font de plus en plus le travail « machinal » et pauvre en information. Celle-ci d'autre part est nécessaire à l'invention et à la construction des machines programmées qui font le travail thermodynamique à la place de l'homme. Enfin, le programme automatisé dans le système nerveux de l'homme gagne en abstraction ce qu'il perd sur le plan thermodynamique.

On peut objecter que ce n'est là qu'une restitution d'une donation d'information consentie par la société à un individu. Mais, quel que soit le niveau d'abstraction de l'information professionnelle stockée dans le système nerveux d'un homme, elle vient toujours dans tous les cas de la niche socioculturelle. Dans tous les cas, quel que soit le type d'apprentissage, manuel ou conceptuel, il ne s'agit donc que d'une restitution. *Il n'y a que le « découvreur » qui rend plus que ce qui lui fut donné, qui fournit plus d'information qu'il ne lui en a été confié par l'apprentissage.* On est bien obligé de constater que jusqu'ici et quels que soient les régimes, c'est l'information non restructurée par l'imaginaire, c'est-à-dire essentiellement les *automatismes* qui sont rétribués, *et que les hiérarchies se sont constituées sur le degré d'abstraction auquel se situent ces automatismes.* Plus son degré d'abstraction est élevé, mieux l'automatisme est rétribué. *On n'a pas encore rétribué hiérarchiquement l'imagination créatrice.* Il est d'ailleurs facile de comprendre pourquoi. Si cette imagination créatrice s'exerce dans le champ des structures et non de l'innovation en matières consommables, elle constitue un danger pour les structures hiérarchiques, socio-économiques et de dominance existantes. Elle ne peut donc être envisagée par celles-ci, dont la finalité fondamentale est de se conserver telles quelles. Mais agir ainsi, c'est stopper toute évolution et favoriser la sclérose structurelle, tout en favorisant la productivité en matières consommables, base des structures actuelles. Nous reviendrons sur ce sujet en parlant de la méthodologie de la découverte.

Puisque nous en sommes maintenant persuadés, la source la plus abondante de plus-value n'est pas le travail manuel, la force de travail, l'activité thermodynamique de l'ouvrier, mais l'utilisation de l'information sous une forme de plus en plus abstraite, parce qu'elle est capable de façonner la matière, de la « transformer » en machines, de l' « informer », et que ces machines permettront d'accroître considérablement la production, donc le profit et en conséquence la dominance, on peut se poser la question de savoir pourquoi les technocrates ne sont pas à la tête du mouvement révolutionnaire contre le pouvoir des détenteurs du capital.

Il y a à cela plusieurs raisons évidentes. La plus immédiate certainement, c'est que la domination n'est plus liée au seul pouvoir du capital. Rappelons que la finalité fondamentale d'un organisme vivant est la recherche du plaisir qui s'obtient par la dominance. Aussi longtemps que celle-ci aboutit à deux types d'individus, le maître et l'esclave, l'oppresseur et l'opprimé, le dominant et le dominé, la distinction hiérarchique est simple, l'antagonisme facile. Dès qu'un système hiérarchique complexe apparaît il n'en est plus de même. *Ce qui fait la solidité d'un système hiérarchique complexe, c'est qu'on y trouve à chaque niveau de l'échelle des dominants et des dominés.* Dans un tel système, tout individu est dominé par d'autres mais domine un plus « petit » que lui-même ; le manœuvre le plus défavorisé, dans notre système social, en rentrant chez lui frappera du poing sur la table, s'écriera : « Femme, apporte-moi la soupe » et, si un enfant est un peu turbulent, il lui donnera une claque. Il aura l'impression d'être le maître chez lui, celui auquel on obéit, celui qu'on respecte et qu'on admire, tout enfant prenant son père comme idéal du moi dans sa tendre enfance. Cette domination familiale lui suffira souvent à combler son désir de se satisfaire. Par contre, dès qu'il sort de chez lui il trouvera des dominants, ceux situés à l'échelon immédiatement supérieur dans la hiérarchie du degré d'abstraction de l'information professionnelle. Et, comme le chimpanzé soumis à l'égard du chimpanzé dominant, tout son système nerveux sera en remue-ménage, en activité sécrétoire désordonnée, car dans nos sociétés modernes il lui est impossible de fuir. Il doit se soumettre. Il ne peut plus combattre sous peine de voir sa subsistance lui échapper. Il en résulte une souffrance biologique journalière, un malaise, un mal-être. Cependant, cette soumission n'a pas que des inconvénients. Le travail en « miettes » qui institue une dépendance étroite de chaque individu à l'égard des autres, n'est plus ressenti seulement comme une aliénation. Alors que l'homme du paléolithique était un vétirable polytechnicien à l'égard de la technique du moment, l'homme moderne est incapable, quel que soit son niveau technique, de subvenir seul à ses besoins fondamentaux. Ce que l'homme moderne ressent comme une aliénation, c'est de ne pouvoir décider de son propre destin, de ne pouvoir agir sur l'environnement, dans tous les cas par un acte gratifiant pour lui-même. Mais d'un autre côté, cette absence de pouvoir de décision, sur lequel nous aurons à revenir en discutant sa réalité, le *sécurise.* Il sait qu'il a peu de chances de mourir de faim et que certaines responsabilités lui sont épargnées. Son déficit informationnel, source d'angoisse, est considérable et cependant il fait confiance à ceux qui sont prétendus savoir et agir à sa place. Cette confiance le sécurise.

Il existe donc, dans le comportement de l'homme de nos sociétés évoluées, un curieux mélange de désirs inassouvis, du fait d'une possibilité extrêmement réduite d'actions gratifiantes dans l'environnement, et de sécurisation, du fait qu'il fait partie d'un ensemble social qui décide pour lui et assouvit ses besoins fondamentaux. Nous aurons à discuter longuement de la question du pouvoir et de la démocratie. Mais notons déjà que ce mélange d'assouvi et d'inassouvi est pour nous l'origine du « malaise » social.

D'autre part, plus le niveau de décision s'éloigne de lui, plus il devient abstrait, plus il a tendance à l'occulter, à l'ignorer. En réalité, sa gratification, comme sa souffrance d'aliénation, se situent dans son entourage immédiat, dans la partie de sa niche environnementale qu'il peut toucher chaque jour de la main, celle dont il peut découvrir simplement la structure et la causalité. Qu'il en retire gratification ou souffrance, il aura tendance alors à rendre responsable de son état les niveaux d'organisation dont il ne possède qu'une idée abstraite ; il retrouve en quelque sorte, de nos jours, la tendance mythique des premiers hommes à l'égard des dieux. Les dieux modernes ont nom Liberté, Egalité, Démocratie, Etat, Classes sociales, Pouvoir, Justice, Partis, etc., et leurs prêtres efficaces ou maladroits, despotes ou bienveillants, s'appellent gouvernants, présidents-directeurs généraux, bourgeois, technocrates et bureaucrates, patrons, cadres, permanents, etc.

Déçu par certains intermédiaires et certains dieux, l'homme moderne souhaite parfois améliorer son sort en changeant de religion. Mais il ne remet jamais en question le système hiérarchique, ses causes (nous dirions ses facteurs comportementaux) et n'a pas encore compris qu'en déplaçant simplement les pièces sur l'échiquier, il n'en fera pas pour autant disparaître le quadrillage, c'est-à-dire la structure de base, celle des comportements.

Nous commençons à comprendre ainsi pourquoi le technocrate est assez rarement révolutionnaire et ne cherche pas à faire disparaître non pas le pouvoir établi, mais beaucoup plus précisément la structure hiérarchique. *C'est que cette structure hiérarchique lui permet de se gratifier.*

L'activité de l'ensemble social étant fondamentalement orientée vers la production de marchandises, cette production étant fonction de l'invention, de la création et de l'emploi des machines, celles-ci étant elles-mêmes fonction du degré d'abstraction de l'information professionnelle, on comprend qu'une place hiérarchique de choix soit réservée dans ce système au technicien. Une place hiérarchique d'autant plus élevée qu'il se montre capable de traiter les informations d'une façon plus abstraite et moins thermodynamique puisque plus l'abstraction sera grande, plus la généralisation de son emploi sera forte et plus son efficacité productrice sera appréciée. *Mais il est essentiel de comprendre que le « pouvoir » qu'il conquiert ainsi est strictement limité au processus de production, et nous verrons qu'il n'a aucune raison, en principe, d'être lié à un pouvoir politique puisqu'il n'est pas fondé sur un savoir politique.* Politique, encore un mot qu'il nous faudra définir.

Mais nous avons déjà insisté sur le fait que le traitement de l'information était une particularité de l'espèce humaine et que l'homme du paléolithique en cela s'est distingué tout de suite des espèces animales qui l'avaient précédé en « informant » la matière inanimée par la confection des premiers outils. Cette particularité en elle-même n'est donc pas suffisante pour donner naissance aux hiérarchies. C'est pourquoi nous avons mis en évidence à plusieurs reprises que c'est sur le degré d'abstraction de l'information professionnelle traitée que s'établissaient les échelles hiérarchiques. Or il existe tous les niveaux de passage de l'information encore très liée au concret, celle du manœuvre, à celle déjà plus élaborée de l'artisan, à celle enfin de plus en plus abstraite, de l'ingénieur, du technocrate ou du bureaucrate en général. Il en résulte l'existence d'un nombre infini de niveaux hiérarchiques qui, insensiblement, permettent de passer du manœuvre à l'intellectuel.

Dans cette échelle hiérarchique, où finit le prolétaire et où commence le bourgeois ? Marx a défini la bourgeoisie par la propriété privée des moyens de production. Les bourgeois modernes vous diront que le capital et les moyens de production sont de moins en moins la propriété de quelques-uns mais celle d'un grand nombre. Dans les pays socialistes contemporains, ils sont même devenus la propriété de l'Etat, c'est-à-dire en principe de la collectivité. Les systèmes hiérarchiques et l'aliénation qui en résulte ont-ils disparu pour autant ?

Or, aussi longtemps que subsisteront des systèmes hiérarchiques de valeur, le plein « épanouissement de l'individu », comme il est dit dans les discours électoraux, ne sera qu'un mythe. Dans un système hiérarchique de valeur, nous l'avons vu, tout individu est dominateur de quelques-uns, et le dominé de quelques autres. Son « épanouissement » est donc impossible. La transformation qui sera sans doute la dernière a être réalisée est, à tous les niveaux de cette organisation hiérarchique, l'abandon par chaque individu, du paternalisme de type psychofamilial à l'égard de ceux appartenant à une « classe » qu'il considère comme inférieure, et de l'infantilisme à l'égard de ceux, chefs ou institution, qu'il considère comme supérieurs à lui et qui le sécurisent tout en empêchant qu'il se gratifie pleinement. Il me semble que ce qui constitue la solidité particulière de certains systèmes hiérarchiques fortement structurés comme l'armée, la magistrature ou certaines organisations comme les hiérarchies hospitalières par exemple, ne tient pas tellement à leur structure hiérarchique elle-même, terriblement contraignante, comme on a tendance à le faire croire. Elle tient au fait que l'on inculque à tout élément du système et quel que soit son niveau dans la hiérarchie, la notion qu'il fait partie d'une élite, différente et supérieure par ses « idéaux » à toutes les autres ; au fait qu'on élève des jugements de valeur d'une pauvreté désespérante au rang d'éthique et que *par cela même l'individu est gratifié.* L'uniforme, l'esprit de corps, l'esprit de « boutons » ou de casquette ou de béret, fait participer l'individu à une prétendue race des seigneurs et lui fait accepter par ailleurs son aliénation totale à la hiérarchie sans même se poser la question de savoir ce qu'est cet ensemble hiérarchisé auquel il appartient. C'est ce déterminisme faisant appel aux fonctions dominatrices les plus primitives du cerveau reptilien, au narcissisme congénital, aux débauches colorées des plumages des oiseaux mâles au cours des danses nuptiales, aux automatismes sous-culturels les moins élaborés, c'est ce déterminisme inconscient que l'on dénomme « discipline librement consentie ». Bien mieux, ces systèmes paraissent généreusement désintéressés. Dans un monde dominé par le profit et la marchandise, les individus qui leur appartiennent marchent au pas, la tête haute, sans baisser les yeux vers la bourse tendue, relativement pauvres mais dignes. Cependant, demandez au lieutenant si son idéal est de terminer sa carrière comme capitaine et si son ascension hiérarchique n'est pas le facteur motivationnel dominant de son comportement. Vous les entendrez dire d'ailleurs, sans rire ou sans pleurer de tristesse, qu'ils ont vocation au « commandement ». La vocation à la découverte, ou au moins à l'imagination, semble ne jamais leur être venue à l'idée, et comme l'improvisation est généralement peu appréciée des hiérarchies, leur idéal se limite à faire appliquer le règlement de manœuvre. Leur avancement dans la hiérarchie est d'ailleurs fonction de leur soumission à celui-ci.

Or, le règlement de manœuvre n'a qu'un but : protéger le système socio-économique, mais en réalité hiérarchique, qui les paie. On discute souvent de l'armée de métier, ou de l'armée de la nation. Peu importe car il semble bien s'agir d'un faux problème. Dans les deux cas son action ne peut aboutir qu'à la protection ou à la défense d'une structure sociale. Or, toute structure sociale jusqu'à maintenant est une structure hiérarchique de valeur.

Ce n'est que lorsque les échelles hiérarchiques n'offrent plus suffisamment d'échelons intermédiaires, que les classes fonctionnelles dans le corps social sont peu nombreuses et soumises à une véritable ségrégation, que les risques d'explosion de la violence ont de fortes chances de survenir. Dans ce cas, la gratification par la promotion sociale au sein des processus de production étant difficile sinon impossible, même en se soumettant aux règles d'établissement de la dominance institutionnalisée (examens, concours, etc.), les réactions d'agressivité sont probables. Elles sont rapidement contrôlées, le plus souvent par l'emploi de la force armée qui se place généralement du côté des dominants, lesquels défendent évidemment les structures sociales en place. De telles structures hiérarchiques interdisent toute circulation de l'information, donc toute cohésion du groupe humain, et pérennisent les dominances. Il en résultera tôt ou tard une « crise », un éclatement, qu'il est intéressant d'opposer au malaise résultant de l'établissement des échelles hiérarchiques, mêlant adroitement l'assouvi et l'inassouvi. La crise apparaît ainsi comme l'antagonisme violent entre structures fermées. Il en est de même de la guerre.

Nous voyons ainsi comment l'on passe de l'angoisse au malaise ou de l'angoisse à la crise. Nous ne devons jamais oublier que la satisfaction s'obtient *fondamentalement* par l'action gratifiante sur le milieu. Si celle-ci est *impossible*, une crise est possible ; on l'appelle chez l'individu *agressivité*, chez la population, *révolution* quand le conflit survient à l'intérieur de l'organisme social entre deux sous-ensembles nationaux, *guerre* quand il survient entre deux structures nationales. Mais l'acte peut n'être ni pleinement gratifiant, ni pleinement irréalisable, ce qui survient nous venons de le voir dans les sociétés hiérarchiques à multiples niveaux, et dont la finalité (l'expansion) ne coïncide pas totalement avec celle de l'individu. Dans les sociétés, si l'on ne parvient pas à automatiser suffisamment l'individu par l'intermédiaire des mass media pour le motiver complètement à trouver sa gratification dans un but à atteindre extérieur à lui-même (la production par exemple) bien qu'il en bénéficie, alors on voit naître le malaise. Et l'on comprend que dans tous les cas, angoisse, malaise social, crise, ou guerre, la source doit être recherchée dans la « fermeture » de l'information-structure à partir d'un certain niveau d'organisation.

Le déséquilibre biologique par exemple, qui provoque la sensation de faim, peut, à partir d'une certaine intensité, être vécu comme un malaise ; si l'obtention de la nourriture est possible il disparaîtra. Si un autre ensemble fermé, un individu, un groupe d'individus assurant l'application des lois, interdit ou retarde l'assouvissement de la faim par la création d'automatismes, un malaise en résultera. Ce malaise pourra cependant constituer une gratification si les automatismes sont assez forts pour faire admettre qu'il entre dans une finalité gratifiante à long terme pour celui qui l'éprouve. Ce sera alors un sacrifice joyeusement consenti pour le temps à venir, dans ce monde ou dans l'autre. Mais chez l'homme, pulsions et automatismes sont encore compliqués par l'imaginaire. Le malaise peut provenir de ce dernier, de l'avenir imaginé et non exaucé, ou au contraire de l'avenir douloureux imaginé comme possible, même s'il ne survient jamais. Nous retrouvons à chaque niveau les principaux mécanismes que nous avons décrits pour l'angoisse. Là encore, comme pour celle-ci (voir p. 75), le *déficit informationnel joue un rôle important.*

Avons-nous le droit de parler de structures des classes ?
Il est difficile de comprendre, semble-t-il, la phrase si

souvent répétée : « Le pouvoir aux travailleurs. » Il faut reconnaître que dans la société actuelle, bien heureux est celui qui peut vivre sans travailler. Bien heureux et bien rare. Le travail peut être plus ou moins bien rémunéré, mais n'existe-t-il alors de travail que mal rémunéré ? En d'autres termes, à partir du moment où un travail est bien rémunéré, devient-il un plaisir ? Et que dire de celui dont le plaisir est de travailler, quelle que soit la rémunération ? Les cas sont rares mais ils existent. J'en sais quelque chose. *En définitive, ne serait-il pas plus exact de revendiquer le pouvoir pour ceux qui ne l'ont pas ? Mais alors, ceux qui le possèdent doivent-ils en conséquence le perdre ?* Qui ne voit que le problème est mal posé ? Donner le pouvoir à ceux qui ne l'ont pas, n'exige pas de l'enlever à ceux qui l'ont. Généraliser le pouvoir est l'objectif souhaitable car dès lors il n'y aura plus de pouvoir. L'erreur précédente vient sans doute de la conception trop étroite qui est généralement propagée de « classes sociales », de l'opposition classique entre capital et travail.

Dans une organisation quelle qu'elle soit, *les individus sont groupés en réalité par une analogie de fonction. Or, on les associe généralement sur une analogie hiérarchique, le patronat, les cadres, les ouvriers, hiérarchie dont le pouvoir est régressif en ce qui concerne les décisions à prendre pour la bonne marche de l'entreprise.* En réalité, à côté de cette hiérarchie de valeur qui satisfait l'instinct de puissance, existe fondamentalement, nous l'avons dit, une hiérarchie de fonction que nous avons préféré dénommer « niveaux d'organisation » fonctionnels, pour la débarrasser de tout jugement de valeur.

A tel point que si nous avons parlé jusqu'ici de hiérarchies de valeur et de fonction, c'était pour faciliter la compréhension, car en réalité toute hiérarchie est de valeur. L'organisation d'un corps individuel ou social nous montre au contraire des niveaux dans cette organisation.

Chaque niveau supérieur englobant le niveau de complexité qui le précède, ne le commande pas : il l'informe grâce à cette « information circulante » dont nous avons parlé et que nous avons distinguée de l' « information-structure ».

Dans un tel organisme individuel, où sont les « classes » d'éléments ? Nous savons qu'il existe des fonctions différentes, toutes informées de la finalité de l'ensemble dont dépend leur activité métabolique commandant leur travail « professionnel ». Il existe donc des *classes fonctionnelles* multiples, chacune concourant à l'activité d'un grand système (nerveux, endocrinien, cardio-vasculaire, respiratoire, locomoteur, digestif, etc.), chacun de ces systèmes concourant à l'activité de l'ensemble organique au sein de l'environnement. Ces classes fonctionnelles n'ont donc rien à voir avec les classes hiérarchiques de la « lutte des classes ». Mais comme d'autre part nous avons vu que, en introduisant la notion d'information en sociologie humaine, les échelles hiérarchiques sont à ce point progressives qu'il est impossible de savoir à quel moment on quitte le prolétariat pour entrer dans la bourgeoisie, impossible de savoir sur quels critères on peut classer un individu dans une classe ou dans une autre, sinon sur un état d'esprit ou l'appartenance à un parti, on peut se demander si la notion de classe telle qu'elle était comprise et vécue au début du siècle a encore une réalité autre qu'affective.

Par contre, la notion de *hiérarchie* telle que nous l'avons définie répond à notre avis à une réalité. Elle répond aussi à une caractéristique fonctionnelle du cerveau des mammifères en général : la recherche de la dominance. Elle répond enfin dans l'espèce humaine à la notion d'information et de son degré d'abstraction introduite dans le travail humain.

En conséquence, quand nous parlerons de classes sociales

ce sera de classes fonctionnelles, c'est-à-dire de l'ensemble des individus qui dans un organisme social remplissent la même fonction ou une fonction analogue. Seule la conscience de classe et donc l'indispensabilité de cette classe, mais aussi de *l'indispensabilité des autres classes fonctionnelles,* permet d'atteindre à cette « dignité de la personne humaine » dont on remplit abondamment les discours électoraux, parce que chacun met dans ce mot ce que bon lui semble. On n'est pas plus « digne » quand on est riche que lorsqu'on est pauvre, lorsqu'on tient une place élevée dans les hiérarchies que lorsqu'on y tient une place plus modeste. Par contre, quand on est riche ou que l'on détient une place élevée dans les hiérarchies on croit posséder plus de « pouvoir ». On assure plus facilement son plaisir par la dominance. Autant dire que les dominants chercheront toujours à conserver le pouvoir en laissant aux dominés « la dignité » dont ils n'ont rien à faire. Et ce que les dominés chercheront à obtenir, ce n'est pas une dignité dont ils ne voient pas à juste titre à quoi elle peut leur servir, mais bien le pouvoir. Or, aussi longtemps que celui-ci sera lié à l'information spécialisée permettant de s'élever dans les hiérarchies de salaire et de valeur, les sociétés humaines ne pourront sortir du stade thermodynamique de la productivité, puisque de près ou de loin ces hiérarchies ne s'établissent que sur la quantification de la participation informative spécialisée de l'individu à la production des marchandises.

Ainsi, il nous semble que nombreux sont ceux qui se sont laissé prendre à certains automatismes stéréotypés de la pensée, liés aux expressions de « lutte de classes », « société sans classes », à la définition de la bourgeoisie comme classe détenant la propriété privée des moyens de production, et du prolétariat caractérisé par sa seule « force de travail ». Qui ne voit qu'il ne suffit pas de supprimer la propriété privée des moyens de production pour parvenir à une société sans classes et faire disparaître la lutte de classes ? Ce qui veut dire que les hiérarchies de valeur ne sont pas liées à la seule possession du capital et des moyens de production. Le pouvoir aujourd'hui est fonction de l'information spécialisée et c'est elle surtout qui permet l'établissement des dominances. Aussi longtemps que les hiérarchies de valeurs fondées sur l'information spécialisée ne seront pas supprimées, il existera des dominants et des dominés. Par contre, si une hiérarchie de fonction s'installe, les classes sociales deviendront aussi nombreuses que les fonctions assurées et un même individu pourra fort bien appartenir à plusieurs classes sociales à la fois, dans plusieurs institutions différentes, suivant ses différentes activités. C'est ainsi qu'une classe nouvelle paraît prendre naissance avec les associations de consommateurs.

Aussi longtemps que les hiérarchies de valeur subsisteront et qu'elles s'établiront sur la propriété par l'intermédiaire de la possession de l'information spécialisée acquise par l'apprentissage manuel ou conceptuel, les dominés chercheront à conquérir un faux pouvoir qui est celui de consommer. Or, la consommation n'a pas de fin, et jamais une égalité réelle des chances et du pouvoir ne pourra s'établir sur la consommation. Le pouvoir réel qu'exige le dominé, c'est moins celui de consommer que celui de participer à la décision. Or, pour cela c'est une information généralisée et non pas seulement spécialisée qu'il doit acquérir.

La réussite du marxisme résulte à n'en pas douter du fait qu'il fournit une grille générale permettant d'interpréter les rapports de production. C'est en quelque sorte déjà une information généralisée, mais malheureusement établie au siècle dernier, dans l'ignorance de la notion d'information et de biologie des comportements. C'est donc une information partiellement généralisée, une étape de la connaissance, de même d'ailleurs que les idées que nous tentons de diffuser en sont une autre, plus « générale » sans doute, car enrichie des connaissances acquises depuis, mais forcément encore très incomplète. Le danger d'une grille, quelle que soit son efficacité temporaire, est de faciliter la sclérose conceptuelle, comme celle d'Aristote avant celle de Marx ou celle de Freud, a figé des millions d'hommes dans une conception incomplète des faits. La sécurisation, l'occultation de l'anxiété pour qui possède enfin, du moins le croit-il, la chef des plus beaux songes humains, empêchent la remise en route vers l'inconnu, vers l'angoisse, l'incertitude, le chaos, étapes dangereuses et nécessaires avant la création des structures nouvelles.

Comme on n'a jamais dit aux hommes des sociétés industrielles qu'il existe une autre formation que la formation professionnelle, d'autres informations que les informations professionnelles, ils acceptent comme inéluctables les hiérarchies professionnelles, car la finalité de ces sociétés est uniquement professionnelle, axée sur la production des marchandises. Enfermés dans ces hiérarchies, on s'étonne ensuite de ce que, comblés d'objets consommables, ils soient malgré tout atteints d'un certain malaise.

CHAPITRE VII

Conscience, connaissance, imagination

Nous avons autrefois[1] opposé ces trois mots à trois autres mots aussi dangereux qu'irréalisables : « Liberté, Egalité, Fraternité ».

« Liberté. » C'est quand on l'a perdue qu'on l'apprécie le plus, dit-on. Voire ! On pense à la perte de la liberté d'expression, à la perte de la liberté de déplacement hors des frontières, à la perte des libertés confessionnelles, d'appartenance politique, etc., qui règne dans les pays socialistes contemporains, et l'on oublie dans ce cas de parler de ce qui se passe au Chili, au Brésil, en Grèce, etc. Mais dans nos sociétés libérales l'aristochat, entièrement confiné dans ses coussins moelleux et les caresses de ses maîtres, entièrement automatisé dans ses comportements d'alimentation, d'excrétion, de jeu, est-il plus libre que le chat de gouttière ? Ou bien, en inversant la proposition, le chat de gouttière qui doit à chaque instant assurer sa survie, rechercher son alimentation, son refuge, entièrement dépendant des variations du milieu, est-il plus libre que l'aristochat ? L'homme du paléolithique était-il plus libre ou plus aliéné que l'homme moderne ? Nous n'avons

1. H. Laborit, *L'agressivité détournée,* coll. 10-18, Union Générale d'Editions, 1970.

pas l'intention de développer ici ce que nous avons fait ailleurs, cette notion de la liberté. Nous voudrions simplement souligner une fois de plus qu'à côté des déterminismes plus ou moins aliénants du milieu, il y a aussi tous les déterminismes, rarement conçus comme tels, de nos mécanismes nerveux centraux, beaucoup plus aliénants encore. Un prisonnier à l'intérieur des murs de sa prison est libre de rêver, et un P.-D.G., libre apparemment de se déplacer, ne le fera qu'en obéissant au mythe aliénant de la propriété, de la rentabilité et de la production. La recherche de la dominance nous entraîne aux mécanismes les plus primitifs de notre système nerveux central aussi inéluctablement que les menottes des policiers.

Ce que nous appelons liberté, c'est la possibilité de réaliser les actes gratifiants, de réaliser notre projet, sans nous heurter au projet de l'autre. Mais l'acte gratifiant n'est pas libre. Il est même entièrement déterminé. L'absence de liberté résulte donc de l'antagonisme de deux déterminismes comportementaux et de la domination de l'un sur l'autre. Dans cette optique, la liberté consisterait à créer des automatismes culturels tels que le déterminisme comportemental de chaque individu aurait la même finalité, mais située en dehors de lui-même. Or, on conçoit que ceci est impossible en dehors des périodes de crise, quel que soit le régime socio-économique, dans un système hiérarchique de dominance.

Ce que nous appelons liberté consiste en général dans la possibilité de répondre à nos pulsions primitives, lesquelles sont déjà fortement aliénées par les automatismes socioculturels, les préjugés et les jugements de valeur du groupe social et de l'époque dans lesquels nous sommes insérés. Les sociétés libérales ont réussi ainsi à convaincre l'individu que la liberté se trouvait dans l'obéissance et la soumission aux règles des hiérarchies du moment et à l'institutionnalisation des règles nécessaires à observer pour s'élever dans ces hiérarchies. D'ailleurs, on parle rarement du manque de liberté de l'ouvrier, des populations du crabe au Brésil ou dans les pays sous-développés, de celle enfin de tous les hommes enchaînés aux lois de la production. Pauvre liberté qui se satisfait de l'inconscience où nous sommes des déterminismes qui commandent à nos comportement sociaux. *La liberté commence où finit la connaissance.* Avant, elle n'existe pas, car la connaissance des lois nous oblige à leur obéir. Après elle n'existe que par l'ignorance des lois à venir et la croyance que nous avons de ne pas être commandés par elles puisque nous les ignorons. En réalité, ce que l'on peut appeler « liberté », si vraiment nous tenons à conserver ce terme, c'est l'indépendance très relative que l'homme peut acquérir en découvrant, partiellement et progressivement, les lois du déterminisme universel. Il est alors capable, mais seulement alors, d'imaginer un moyen d'utiliser ces lois au mieux de sa survie, ce qui le fait pénétrer dans un autre déterminisme, d'un autre niveau d'organisation qu'il ignorait encore. Le rôle de la science est de pénétrer sans cesse dans un nouveau niveau d'organisation des lois universelles. Tant que l'on a ignoré les lois de la gravitation, l'homme a cru qu'il pouvait être libre de voler. Mais comme Icare il s'est écrasé au sol. Ou bien encore, ignorant qu'il avait la possibilité de voler, il ne savait être privé d'une liberté qui n'existait pas pour lui. Lorsque les lois de la gravitation ont été connues, l'homme a pu aller sur la lune. Ce faisant, il ne s'est pas libéré des lois de la gravitation mais il a pu les utiliser à son avantage. Comment être libre quand une grille explicative implacable nous interdit de concevoir le monde d'une façon différente de celle imposée par les automatismes socioculturels qu'elle commande? Quand le prétendu choix de l'un ou de l'autre résulte de nos pulsions instinctives, de notre recherche du plaisir par la dominance et de nos automatismes socioculturels déterminés par notre niche environnementale ? Comment être libre aussi quand on sait que ce que nous possédons dans notre système nerveux, ce ne sont que nos relations intériorisées avec les autres ? Quand on sait qu'un élément n'est jamais séparé d'un ensemble. Qu'un individu séparé de tout environnement social devient un enfant sauvage qui ne sera jamais un homme ? Que l'individu n'existe pas en dehors de sa niche environnementale à nulle autre pareille qui le conditionne entièrement à être ce qu'il est ? Comment être libre quand on sait que cet individu, élément d'un ensemble, est également dépendant des ensembles plus complexes qui englobent l'ensemble auquel il appartient ? Quand on sait que l'organisation des sociétés humaines jusqu'au plus grand ensemble que constitue l'espèce, se fait par niveaux d'organisation qui chacun représente la commande du servomécanisme contrôlant la régulation du niveau sous-jacent ? La liberté ou du moins l'imagination créatrice ne se trouve qu'au niveau de la finalité du plus grand ensemble et encore obéit-elle sans doute, même à ce niveau, à un déterminisme cosmique qui nous est caché, car nous n'en connaissons pas les lois.

Ainsi, le terme de liberté ne s'oppose pas comme on pourrait le croire à celui de déterminisme. Ce dernier, est-il besoin maintenant de le rappeler, ne peut plus être conçu comme il le fut à la fin du XIXe siècle comme un déterminisme de causalité linéaire, une cause produisant un effet. C'est encore ce type de déterminisme enfantin qu'utilisent souvent les « analyses » sociopolitiques langagières. Or des effecteurs dont nous ne connaissons pas souvent la structure fournissent des effets multiples à la suite de l'action de non moins multiples facteurs, loin d'être tous identifiés et mesurés, eux-mêmes contrôlés par les feed-backs émanant des effets. Ils constituent des systèmes fort complexes, mais cette complexité, du fait que nous ne la connaissons pas, ne nous permet pas de parler de liberté ou d'aléatoire, mais de notre ignorance.

L'égalité ? Concept vide qui a motivé les hommes depuis des siècles pourtant. L'égalité conçue comme identité est contraire au bon sens, même le plus commun. Mais dès lors que l'on admet, ne pouvant faire autrement, la « différence », comment retenir encore le concept d'égalité ? On voit cependant les pulsions qui ont motivé sa naissance : la recherche du plaisir, de l'équilibre biologique de chaque individu en situation sociale, c'est-à-dire en situation qui toujours, jusqu'ici, fut hiérarchique. Comment les idéologies peuvent-elles encore mobiliser les masses par le concept d'égalité, tout en s'accrochant désespérément aux hiérarchies de pouvoir, de salaire, de connaissances, etc. L'égalité des chances ? Mais des chances à quoi ? A l'instruction ? Cette instruction technique et professionnelle plus ou moins abstraite, qui permet la dominance dans un univers rempli de marchandises ? Cette instruction qui permet aussi l'accès à la consommation et à la respectabilité ? Dans un tel système pourquoi pas ? Mais alors, c'est aussi le système familial qu'il faut remettre en jeu, l'œdipe bourgeois, la niche environnementale. Et à supposer même que l'on puisse uniformiser cette niche environnementale, que restera-t-il ? Le mérite, le mérite d'un homme à s'élever dans les hiérarchies, techniques, consommatrices et de notabilité. Mais ce mérite, d'où vient-il s'il ne vient pas de la niche environnementale, de l'acquis ? Ne viendrait-il pas alors de l'inné, de la rencontre fortuite d'un ovule et d'un spermatozoïde, de ce qu'on peut appeler le hasard, car la combinatoire génétique est soumise à un tel nombre de facteurs qu'on s'y perd vite. On ne peut sortir de ce dilemme : si l'on uniformise les chances sociologiques de l'accession à l'information technique et professionnelle, ou l'on retombe sur une injustice fondamentale, celle du don inné, ou l'on obtient des individus tous semblables dans leur comportement, leurs motivations, leurs automatismes socioculturels, leur imaginaire même. Ainsi, l'égalité des chances, que l'on peut souhaiter, c'est simplement celle de pouvoir être heureux dans sa peau. Or, être heureux dans sa peau n'est possible qu'en dehors de tout système hiérarchique, puisque c'est ce système qui institue les inégalités économiques, de dominance et de gratification.

Mais si l'égalité ne peut exister dans le monde vivant, cela ne veut pas dire que le pouvoir doit être réparti hiérarchiquement. L'égalité n'existe que dans l'indispensabilité des classes fonctionnelles, car l'indispensabilité est un critère absolu, seule base efficace d'égalité agissante. Mais il s'agit alors d'égalité de pouvoir politique et rien d'autre, et de celle d'une classe fonctionnelle et non d'un individu par rapport aux autres individus.

Dans un organisme vivant, aucune cellule, aucun organe ne sont libres ou égaux. L'un travaille plus ou moins que l'autre, et a besoin de consommer plus ou moins que l'autre. Leur liberté et leur égalité aboutissent à une anarchie cellulaire (cancer) ou à un dysfonctionnement des systèmes incompatibles avec la survie de l'ensemble. Ils n'ont d'ailleurs que faire de cette liberté individuelle puisqu'ils réalisent leurs « désirs », le maintien de leur structure, par l'intermédiaire de la cohérence de toutes leurs finalités partielles avec celles de l'ensemble. La finalité de celui-ci ne peut donc être que la leur. Aucun individu, aucune cellule n'est indispensable à la bonne marche de l'ensemble. Par contre, la réunion de plusieurs individus assurant la même fonction, en organes, la réunion de certains organes en systèmes, est *indispensable* au fonctionnement de l'ensemble organique. Ainsi, quand on passe d'un niveau d'organisation à un autre, quand on opère l'inclusion d'un ensemble dans un plus grand ensemble, la liberté et l'égalité des éléments de cet ensemble n'ont plus de sens, mais l'indispensabilité des sous-ensembles en acquiert. C'est parce que l'information-structure fermée de l'individu, est inconsciente des relations qui l'unissent à sa niche environnementale, et que l'information-structure fermée des groupes et des sociétés humaines l'est aussi, que nous traînons encore avec nous ces concepts vides. La liberté ne commencera qu'à partir du jour où chaque individu sera totalement aliéné à la finalité de l'espèce, celle-ci ne trouvant plus alors d'organisations antagonistes dans la biosphère capables de lui faire désirer une non-aliénation.

Quant à la fraternité, nous n'osons même pas en entreprendre une critique rationnelle, la simple observation des faits montrant combien l'abstraction arrive par moments à abuser l'homme. De toute façon, il ne s'agit pas de la prôner idéologiquement suivant un humanisme paternaliste, tant il est vrai que les hommes ne sont frères depuis le néolithique que dans le cadre du triangle œdipien étendu à l'ensemble des sociétés : papa, maman, la bonne et moi. La fraternité ne peut pas être qu'un beau sentiment. Aussi longtemps qu'elle en restera là, elle demeurera parfaitement inefficace, tant sont forts les déterminismes inconscients qui président aux dominances, aux exploitations de l'homme par l'homme qui trouve toujours dans le discours rationnel des alibis convaincants. La fraternité ne peut être conçue que dans la connaissance des mécanismes qui président à l'établissement de ce qu'il est convenu d'appeler une personnalité humaine et du déterminisme inconscient des comportements. Elle exige la suppression des hiérarchies, sans quoi elle ne sera jamais plus qu'un paternalisme décevant.

On comprend pourquoi, à la place de ces trois mots placés au fronton des bâtiments publics par une bourgeoisie, une dominance mercantile, pour qui la liberté, l'égalité et la fraternité ne s'inscrivent que dans les hiérarchies d'un peuple de boutiquiers ou d'industriels, les sociétés futures auront avantage à inscrire ces mots : « *Conscience, Connaissance, Imagination.* »

Conscience des déterminismes, connaissance de leurs mécanismes, imagination permettant de les utiliser au mieux de la survie de l'ensemble des hommes vivant sur la planète. Conscience et connaissance sont déjà les fondements de la tolérance, et celle-ci est bien proche de la fraternité.

De l'effort imaginatif, peut-être un jour surgira-t-il le terme infiniment plus riche en possibilités évolutives de « complémentarité ». Car un ensemble « complémentaire » n'a nul besoin d'égalité ou de liberté, puisqu'il est *indispensable* à la réalisation d'un plus grand ensemble dans lequel les antagonismes et les dominances disparaissent.

L'homme et la femme, au lieu de revendiquer chacun pour son sexe une prétendue « égalité » que la nature n'a pu résoudre puisqu'elle est tout simplement incompréhensible au niveau du spermatozoïde et de l'ovule, pourraient peut-être chercher dès maintenant cette complémentarité fondée elle aussi sur l'indispensabilité des deux ensembles qu'ils représentent ?

Et c'est au niveau de la famille bourgeoise, adoptée universellement par les régimes les plus résolument socialistes, que la réforme la plus fondamentale est peut-être la plus nécessaire. A quand l'autogestion dans le groupe familial, si celui-ci doit subsister encore, sans hiérarchie, sans dominance, en pleine connaissance des pulsions primitives et des automatismes socioculturels ? En pleine conscience des ouvertures possibles, seules capables de transformer un système inexorablement fermé en un système largement ouvert sur le monde.

Cette critique des concepts de liberté, d'égalité et de fraternité n'est pas seulement un exercice de style. Il s'agit en réalité de mots qui recouvrent un contenu sémantique si imprécis que chacun le remplit avec son expérience qui n'est jamais celle du voisin. Il en résulte que peu de mots sont aussi capables que ceux-là de mobiliser l'affectivité élémentaire des foules et d'assurer la pérennité des systèmes hiérarchiques existants.

Au terme de liberté s'accroche celui de *décision*. Celui-ci est indispensable pour maintenir les dominances. Il faut laisser croire qu'une décision est prise en connaissance des causes, qu'elle est donc liée au *savoir*. Il s'agit bien entendu uniquement d'un savoir technique qui a fait la fortune du technicien, savoir séparé généralement de façon complète des ensembles conceptuels dans lesquels cette technique se trouve incluse. L'acquisition de ce savoir technique permet d'acquérir une *position hiérarchique* favorable. Dès lors la décision n'ira jamais à l'encontre du maintien du système hiérarchique qui gratifie celui qui la prend. Ce qui veut dire que la décision n'est pas prise, mais *que dans un système socio-économique et hiérarchique donné, la décision ne fait qu'obéir au système.* Elle n'est donc pas libre mais déterminée.

Au terme de liberté s'accroche aussi celui de *responsabilité*, cette part très lourde qui revient aux cadres paraît-il, et aux patrons. Responsabilité qui constitue la base de la contrepartie de dominance qui est accordée à ceux auxquels elle échoit.

Mais s'il n'existe pas de liberté de la décision, il ne peut exister de responsabilité. Tout au plus peut-on dire que l'accomplissement d'une certaine fonction exige un certain niveau d'abstraction des connaissances techniques et une certaine quantité d'informations professionnelles qui permettent d'assurer efficacement ou non cette fonction. En possession de cet acquis, la décision est obligatoire, s'inscrit dans une nécessité. Ou bien si plusieurs choix sont possibles, la solution adoptée en définitive appartient au domaine de l'inconscient pulsionnel ou de l'acquis socioculturel.

Il est exceptionnel qu'une solution imaginaire qui serait elle-même d'ailleurs motivée par les facteurs précédents apporte quelque chose de neuf aux automatismes antérieurement expérimentés. L'exprimer serait le rôle du « découvreur », mais celui-ci se heurte alors aux systèmes hiérarchiques qui ne peuvent admettre la nouveauté si elle ne se vend pas. Il a donc peu de chances de s'élever dans les hiérarchies. D'où la rareté des motivations amenant à la découverte car celle-ci est rarement gratifiante dans un système hiérarchique établi.

Il semble que reconnaître l'inexistence de la liberté, de la décision, de la responsabilité, conduit à la disparition de toute motivation gratifiante. Plus de raisons de chercher à s'élever dans les hiérarchies. Plus de récompense pour des valeurs qui n'existeraient pas. Plus de hiérarchies non plus. Le monde de la production pour la production, c'est-à-dire pour l'obtention de la dominance, s'écroule. N'y aurait-il donc pas d'autre motivation humaine que celle de s'élever dans les hiérarchies ?

On voit comme toute une conception du comportement humain qui a fait jusqu'ici le bonheur des dominants s'évanouit avec la démythification de ces concepts éculés. De même, où siège cette *volonté* qui fait les hommes forts ? Représente-t-elle autre chose que la puissance de la motivation et dans ce cas ne résulte-t-elle pas essentiellement de la fonction hypothalamique ? Plus l'assouvissement du besoin est ressenti comme indispensable à la survie, à l'équilibre biologique, au « bonheur », plus la motivation, c'est-à-dire la volonté, sera forte de l'assouvir.

Quelle est ensuite la part de l'apprentissage socioculturel qui depuis l'enfance, de génération en génération, signale aux petits des hommes que l'effort, le travail, la volonté, sont à la base de la réussite sociale, de l'élévation dans les hiérarchies ? L'idéal du moi ne peut s'établir dans ce contexte sans favoriser la « volonté ». Et finalement, quand cette volonté se heurte au mur des interdits sociaux, quand cette volonté d'aboutir à l'acte gratifiant s'effondre, il est rare que l'on valorise autant *l'imagination* qui détourne du conflit, lui trouve une solution imprévue. Les groupes sociaux n'ont que faire de l'imagination qui dérange, alors que la volonté dans un cadre hiérarchique déterminé ne peut que renforcer la structure hiérarchique du groupe. Mais cette volonté est à la merci d'une petite déficience passagère en corticoïdes surrénaux, d'une dépression en synthèse de cathécholamines cérébrales, et la dépression qui résulte de l'insuffisante réaction organique devant l'interdit opposé à l'acte gratifiant, voit disparaître pour des causes bassement (?) biologiques tout l'édifice volontariste.

Nous pourrions en dire tout autant du courage ainsi que de la plupart de ces qualités tellement appréciées des nations guerrières, car elles automatisent les individus à leur avantage ou du moins à l'avantage de la structure de dominance qui les caractérise.

J'hésite à écrire qu'il n'y a pas de courage en soi, de volonté en soi. l'important n'est-il pas de découvrir une motivation dont la finalité soit la même pour l'individu et pour l'espèce, suffisamment ouverte entre ces deux pôles, et suffisamment intégrée sur le plan de la conscience pour que la vie de soit plus supportable si elle n'est pas assouvie ? La volonté et le courage vous seront alors donnés par surcroît, surtout si vous avez de bonnes glandes surrénales.

Pourquoi enfin émettre un jugement de valeur quand certains hommes se font une image d'eux-mêmes et tentent de la réaliser, de la faire partager aux autres ? N'est-ce pas une façon aussi de se faire plaisir ? Ne préférons-nous pas, le matin en nous rasant, voir dans la glace la tête d'un homme plutôt que celle d'un chimpanzé ? Mais en réalité nous connaissons mal les hommes et encore plus mal les chimpanzés.

CHAPITRE VIII

La démocratie
et la notion de pouvoir

La démocratie est un mot dangereux, car on l'utilise sans préciser le contenu sémantique variable qu'il recouvre. Le gouvernement par le peuple. Qu'est-ce que le peuple ? Est-ce l'ensemble des hommes qui habitent un même pays ? Est-ce le plus grand nombre ? L'ensemble des individus gouvernés par une oligarchie ? La partie la moins aisée, la moins instruite d'une nation, et la moins instruite de quoi ? Admettons que ce soit un peu tout cela à la fois, mais surtout le gouvernement par le plus grand nombre se dégageant des oligarchies. Il serait bien étonnant que les oligarchies gouvernent pour le peuple et non pour leur bien-être personnel d'abord. Mais quand bien même elles le feraient, c'est justement ce gouvernement, même pour son bien, que le peuple refuse aujourd'hui. Il ne veut déléguer son pouvoir à personne pour agir en sa faveur, ce en quoi on ne peut que le féliciter car l'histoire nous apprend que même dans les pays où la propriété privée des moyens de production a été supprimée, l'ignorance des bases biophysiologiques des comportements fait que tout bienfaiteur du peuple, s'il fait autre chose que de parler en son nom et se mêle d'agir, agira rapidement pour lui-même ou pour les concepts qu'il manipule et qui ne sont pas généralement ceux du commun, ceux du peuple. Fusion encore du législatif (informatif) et de l'exécutif. Le peuple se trouve ainsi rapidement exploité par ceux qui possèdent « l'information » et qui s'en servent pour assurer leur « pouvoir ».

Mais puisque l'information est nécessaire à l'action efficace, comment le peuple peut-il agir puisqu'il est ou bien non informé, ou plus gravement encore, informé de façon unidimensionnelle, orientée de manière à maintenir les structures hiérarchiques et de domination, cela aussi bien en régimes capitalistes que socialistes existants. Tant que les informations seront entre les mains de quelques-uns, que leur diffusion se fera de haut en bas, après filtrage, et qu'elles seront reçues à travers la grille imposée par ceux qui ne désirent pas, pour la satisfaction de leur dominance, que cette grille soit contestée ou qu'elle se transforme, la démocratie est un vain mot, la fausse monnaie du socialisme.

Or, pour que les informations puissent sourdre de partout et non pas sortir toujours du même robinet, une totale liberté d'expression (nous ne disons pas d'action) et de diffusion de l'expression est évidemment indispensable. Une idée neuve a déjà bien du mal à se faire entendre en dehors de tout musellement de l'expression, du seul fait qu'elle ne s'est pas inscrite dans les schémas nerveux antérieurs. Elle est génératrice d'angoisse du fait du déficit informationnel. *Il ne suffit pas seulement d'émettre une information, il faut encore un système sensible pour la recevoir* et la plupart du temps cette information ressemble à une chaîne nouvelle de télévision pour laquelle aucun appareil de réception ne posséderait de structure d'accueil. Elle passe dans l'air sans se transformer, se traduire dans une image. Mais surtout, même si elle peut être accrochée et traduite en langage clair, il faut aussi des spectateurs pour l'enregistrer, pour la fixer dans leur mémoire, pour qu'elle constitue pour eux une expérience supplémentaire, un enrichissement du matériel sur lequel pourront travailler les systèmes associatifs individuels. Il faut donc du temps libre pour la recevoir et la traiter. Ce temps libre sera pris sur le temps consacré au travail productif et en conséquence la production en pâtira.

On peut ainsi exprimer cette notion fondamentale que l'existence du socialisme est fonction du temps qui sera accordé au peuple (au plus grand nombre), et quel que soit le degré de la formation technique des individus qui le composent, pour s'informer, la production et la croissance dussent-elles en souffrir, ce qui est probable.

Nous avons déjà eu l'occasion de dire qu'à notre avis il n'existe pas un nombre restreint de classes, bourgeoisie, prolétariat, secteur tertiaire, fondées sur la propriété ou non des moyens de production, mais une infinité de classes sociales que nous avons appelées « fonctionnelles ». La distinction précédente de classes en nombre restreint résultait, semble-t-il encore, de l'établissement de concepts économiques, sociologiques et politiques, sans distinction entre informations et thermodynamique.

Dans un tel schéma simpliste, il est déjà fort difficile de faire cohabiter les « travailleurs manuels et intellectuels ». *Il en résulte que l'on voit naître des hiérarchies, donc des inégalités de pouvoir, fondées sur une notion ignorée, qui n'est pas prise en compte, à savoir la quantité d'information spécialisée manipulée par un individu. Et parallèlement à cette ignorance des hiérarchies informationnelles et techniques, on veut égaliser sur le plan thermodynamique de la consommation, mais égaliser seulement en intention, puisque l'on conserve en les ignorant les hiérarchies informationnelles, qui demeurent ce qu'elles sont déjà, des hiérarchies de salaires et de pouvoir professionnel.*

Répétons-le, il est parfaitement évident que ce que l'on rétribue par un gain de salaire et de puissance dans tous les régimes connus, ce n'est que l'information introduite dans le système nerveux d'un individu et qu'il restitue à la société sous des formes thermodynamiques variées.

Tout cela permet de comprendre que de la définition du « peuple » découlera la notion de « démocratie ». *Les sociétés modernes étant de plus en plus avides et consommatrices d'informations spécialisées et de moins en moins de force de travail mécanique humain, la loi de l'offre et de la demande aboutit à l'établissement de hiérarchies économiques et de pouvoir professionnel fondées sur l'information spécialisée beaucoup plus que sur le travail mécanique humain, peu chargé en information.* La durée de la scolarité augmente et, qui plus est, on parle de recyclage professionnel, c'est-à-dire de réenrichissement informatif au cours même de la vie professionnelle. Si le « peuple » représente la masse la moins informée professionnellement d'une nation, dans un tel système il est certain qu'il ne pourra conquérir un pouvoir politique. En poussant jusqu'à la caricature on pourrait même imaginer des sociétés futures dans lesquelles on paierait à ne rien faire, le travail étant presque totalement automatisé, des masses humaines non informées professionnellement et devenues en conséquence inutiles. On leur assurerait donc un *pouvoir économique* moyen pour les dédommager de l'abandon total qu'elles feraient de leur *pouvoir politique* aux individus mieux informés *professionnellement,* donc plus utilisables, dans la création, la programmation et le contrôle des machines et la production des marchandises.

Mais on peut imaginer, à l'opposé, des sociétés futures dans lesquelles « le peuple » serait très généralement informé professionnellement, dans lesquelles l'effort principal serait orienté vers l'apprentissage, vers un apprentissage de plus en plus précoce, de plus en plus conceptuel, de plus en plus abstrait. Si les hiérarchies sont encore et toujours établies selon la quantité et le degré d'abstraction des informations professionnelles, ce qui est probable, si la finalité des ensembles sociaux demeure la production de marchandises, il est certain que la démocratie restera toujours un espoir mythique, un mot, et non une réalité pratique.

Comme l'information en général « n'est qu'information et n'est ni masse, ni énergie » (Wiener), *l'information professionnelle n'est que l'information professionnelle. Il n'y a aucune raison qu'elle assure à elle seule le pouvoir politique, si la politique a un jour l'espoir de servir à autre chose qu'au contrôle de la production.* Elle se targue bien souvent de vouloir assurer le bonheur des hommes. Or l'homme est ainsi fait que, bourgeon terminal actuel d'une longue évolution complexifiante dont il assume à lui seul toutes les intégrations séculaires, il ne peut trouver un bonheur général au sein des hiérarchies, puisque toutes les hiérarchies ne sont toujours que l'expression des dominances. Si la finalité de l'espèce humaine demeure le travail productif des objets de consommation, on peut affirmer qu'après la domination des hiérarchies fondées sur la possession du capital, à laquelle a succédé ici ou là, la domination des hiérarchies bureaucratiques, organisant la production et gardienne des structures sociales, apparaîtra une domination technocratique, fondée sur le degré d'abstraction des connaissances professionnelles. Hiérarchies pour hiérarchies, tout ne sera toujours que hiérarchies, le seul changement provenant de la part progressivement croissante de l'information spécialisée prise dans leur établissement.

Après ce que nous venons d'écrire il apparaît, semble-t-il, nécessaire de séparer le pouvoir politique du pouvoir professionnel. Mais si le pouvoir professionnel s'entend à l'intérieur d'une institution restreinte, comme pouvoir de domination (conquis par l'information spécialisée, sur la thermodynamique), par contre au niveau supérieur d'organisation, au niveau d'intégration des entreprises en industries et de celles-ci au niveau national pris comme unité organique de départ, *on constate qu'apparaissent des « classes de pouvoir politique » qui sont nées de l'établissement aux niveaux d'organisation sous-jacents des classes de pouvoir professionnel. Les hiérarchies professionnelles, liées à l'information spécialisée, s'étendent ainsi à des hiérarchies de pouvoir politique, et l'on est bien alors obligé de constater que le pouvoir professionnel lié à l'information spécialisée s'étend et se confond avec le pouvoir politique, le pouvoir des « notables », quand celui-ci ne s'appuie pas plus simplement sur la simple possession du capital.*

Un premier problème se pose donc de savoir si, compte tenu du fait des différences en informations professionnelles plus ou moins abstraites que contiennent les systèmes nerveux individuels, et des hiérarchies « fonctionnelles » qui en résultent au sein d'une entreprise quelconque, la maintenance d'un « pouvoir » de domination hiérarchique professionnel est indispensable. Il est vrai que l'individu, du fait qu'il ignore la somme d'informations acquises par l'autre, somme d'informations qui ne s'exprime peut-être pas journellement dans son action professionnelle, a tendance à la minimiser. Il en est de même entre les disciplines scientifiques elles-mêmes, chaque individu appartenant à l'une d'elles ayant tendance à sous-estimer le savoir de celui qui appartient à une autre discipline que la sienne, du fait qu'il ne la connaît pas et que sa « grille » personnelle lui semble pouvoir répondre à l'explication complète du monde qui l'environne. L'ignorance a toujours pour conséquence un jugement de valeur concernant l'effort nécessaire à l'acquisition d'une somme d'informations et à la contestation de son efficacité opérationnelle. Cette contestation est d'autant plus généralisée chez les individus que le système, nous l'avons vu, lie le pouvoir et le savoir professionnel et que la façon la plus simple de contester un pouvoir oppressant du fait qu'il s'oppose à l'expression du désir individuel de dominer et au plaisir, accessible grâce à la domination, c'est d'en contester les sources : le savoir. La contestation du pouvoir conduit ainsi à la contestation de la valeur de l'information professionnelle, *car tout paraît simple aux simples.*

Nous retrouvons ainsi cette notion plusieurs fois exprimée déjà : aussi longtemps que l'on considérera l'homme uniquement comme un faiseur d'outils, donc comme un producteur de marchandises, et que l'on se contentera de mettre en balance cet aspect professionnel de ses activités avec ces mots creux de la « qualité de la vie », de « sa dignité », etc., le pouvoir continuera à s'établir sur une hiérarchie professionnelle, fonction elle-même du degré d'abstraction de l'information professionnelle.

Or il est bon de rappeler une fois encore que le pouvoir est fonction d'abord de l'indispensabilité de la fonction, pour l'ensemble humain considéré. Tout individu ou tout groupe d'individus non indispensables à la structure d'un ensemble n'ont pas de raison de détenir un « pouvoir » puisque cet ensemble peut assurer sa fonction sans eux. Il faut donc, maintenant, envisager si l'indispensabilité est fonction de l'abstraction de l'information professionnelle détenue par un individu ou par un groupe, par ce que nous avons défini précédemment comme étant une « classe fonctionnelle ». Puis nous devrons préciser ensuite de quel pouvoir il s'agit dans ce cas, pouvoir politique ou pouvoir hiérarchique.

Dans un exemple que nous emprunterons à Gérard

Mendel [1], celui des enseignés par rapport aux enseignants, il semble évident que ce n'est pas l'information professionnelle qui donne ou devrait donner aux enseignés leur pouvoir de classe fonctionnelle. Ils sont cependant aussi indispensables à la collectivité que les enseignants et de ce fait doivent détenir ou conquérir un pouvoir. On peut admettre également que la somme des informations accumulées par un enseignant dans sa discipline est bien souvent plus importante que celle des bureaucrates ou du ministre sous la dépendance, le pouvoir desquels il se trouve placé. On voit donc que contrairement à la formule générale que nous avons développée jusqu'ici, le pouvoir politique n'est pas toujours fonction du pouvoir professionnel, ni du degré d'abstraction de celui-ci. C'est ainsi que si l'on peut dire que l'indispensabilité d'un groupe social dans les sociétés actuelles est souvent fonction du degré d'abstraction des connaissances techniques des individus qui le composent, notion qui se trouve à la base du pouvoir grandissant des technocrates, les grèves sont là pour nous montrer que l'indispensabilité existe en dehors de tout degré d'abstraction des connaissances techniques du personnel en grève. Notons cependant que la force de ces grèves est aussi fonction du nombre des grévistes et que ce nombre est généralement inversement proportionnel au degré d'abstraction et de spécialisation des connaissances professionnelles.

Mais quand les boueux de New York,, qui sont situés tout à fait en bas de l'échelle hiérarchique dans le degré d'abstraction de l'information professionnelle, se mettent en grève, la vie de toute la cité devient impossible. La *grève* nous permet, semble-t-il, d'approcher certaines notions intéressantes. Il est manifeste que par l'intermé-

---

1. G. Mendel (1972), *Sociopsychanalyse II. La plus-value de pouvoir*, Paris, éd. Payot.

diaire d'une mise en évidence de l'indispensabilité d'un groupe humain à la vie d'une entreprise, d'une industrie, de la cité, de la nation tout entière, la grève permet d'exercer de façon exceptionnelle un certain pouvoir. C'est grâce à elle et grâce aux syndicats qui les orchestrent, que les dominés ont pu acquérir les avantages, surtout économiques, que les dominants ne leur auraient jamais accordés spontanément. Mais, répétons-le, ce pouvoir est avant tout économique et fort peu politique. Il ne s'agit pas d'un pouvoir de décision ni dans les entreprises, ni dans les industries, ni dans la nation. *En d'autres termes, c'est encore sur le plan thermodynamique essentiellement et fort peu sur le plan informationnel que ces avantages ont été acquis.* Et l'on devine pourquoi. *C'est essentiellement parce que les dominés ne le sont que par déficit informationnel.* Même si la grève est celle de groupes hautement spécialisés, comme celle du personnel volant de l'aéronautique par exemple, l'information qu'ils possèdent et dont ils se servent pour faire valoir leurs revendications économiques ou de travail n'est pas une information généralisée, celle concernant le rôle de leur classe fonctionnelle dans l'entreprise, celle de l'entreprise dans l'industrie, de l'industrie dans l'ensemble national et de la finalité générale de ce dernier sur la planète. C'est une action fondée sur le corporatisme. Ce corporatisme ne peut s'étendre que par ouverture horizontale et non verticale. C'est ainsi que l'on peut assister à la grève de tout le personnel navigant de toutes les compagnies internationales, mais qu'il est exceptionnel de voir une grève affecter tous les échelons hiérarchiques d'une entreprise, d'une industrie, d'une nation, car c'est alors la finalité même du plus grand ensemble qui serait mise en question. Quel que soit le régime, elle l'est rarement. Il est probable que la raison en est que pour qu'elle le soit il faudrait que chaque niveau des hiérarchies professionnelles soit prêt à accepter la perte de sa dominance. Or, quelles que soient par ailleurs les insatisfactions économiques, elles sont relativement peu de chose en comparaison des satisfactions apportées par la dominance : *la gratification résultant du pouvoir hiérarchique très étalé compense l'absence de gratification résultant d'un pouvoir politique nul.* C'est une des raisons pour lesquelles sans doute les grèves sont généralement le fait des couches les plus défavorisées, car ces couches sont aussi celles qui sont restées au plus faible degré d'abstraction dans l'information professionnelle, celles pour lesquelles le facteur thermodynamique reste encore prépondérant dans l'exécution de leur travail et dont la gratification hiérarchique est la plus faible.

Cette conclusion semblerait devoir contredire celle antérieurement exprimée, à savoir que le *pouvoir professionnel lié à l'information spécialisée s'étend à et se confond avec le pouvoir politique, le pouvoir des « notables ».* Nous allons voir pourquoi ces deux affirmations ne se contredisent pas mais au contraire se complètent à notre avis.

La démocratie semble devoir généraliser le pouvoir politique puisque la voix d'un P.-D.G. ne vaut pas plus dans l'urne que celle d'un manœuvre.

Cependant, il faut tout d'abord noter que, du fait de l'importance croissante de l'information spécialisée par rapport à la thermodynamique humaine, une masse croissante de la population participe plus ou moins à la satisfaction hiérarchique, et se trouve ainsi moins tentée de s'unir aux plus défavorisés, inconsciente qu'elle est de sa privation totale d'un pouvoir politique, qu'elle ne cherche même pas à revendiquer. « Vous savez, je ne fais pas de politique. » On vous dit cela comme on vous préviendrait que l'on n'est pas atteint de maladie contagieuse, sans réaliser que cela signifie à peu près que l'on est aveugle, sourd, muet et impuissant. Il est vrai que faire de la politique comme on en fait généralement, comme en font d'ailleurs la majorité des politiciens, ce n'est pas tellement différent. Mais surtout, les notions d'information et de structure nous permettent maintenant de comprendre que l'élément P.-D.G. ou manœuvre a relativement peu d'importance en comparaison des rapports, des relations qu'ils entretiennent dans l'ensemble social. En d'autres termes, *c'est la structure sociale, l'ensemble des relations entre les éléments de l'ensemble social, qui revêt de l'importance et non le nombre absolu de P.-D.G. ou de manœuvres.* On peut imaginer des déplacements importants du nombre de ces éléments sans pour autant que la structure générale de l'ensemble soit profondément transformée. Dans une structure hiérarchique, il importe peu au fond que les dominants soient des capitalistes, des bourgeois, des technocrates ou des bureaucrates, qu'elle possède moins de manœuvres et plus de techniciens. *L'étiquette accrochée aux éléments peut changer, la structure verticale hiérarchique reste la même.*

On conçoit dans ces conditions, comme nous l'avons déjà laissé entendre, que la démocratie est un jeu de dupes, dès qu'un pouvoir politique est délégué au sein d'une structure hiérarchique. C'est la raison sans doute du fait que malgré la disparition de la propriété privée des moyens de production, le pouvoir politique individuel ne s'est pas accru dans les régimes dits socialistes contemporains, c'est le moins que l'on puisse dire.

Il résulte de tout cela que ce qu'exprime un bulletin de vote, ce n'est pas un pouvoir politique réel, informé de façon généralisée, un pouvoir fondé sur un savoir ou une indispensabilité, mais bien l'acceptation ou le refus d'un système hiérarchique qui prolonge sur le plan politique une hiérarchie professionnelle, suivant que l'individu se sent suffisamment ou non gratifié par sa situation hiérarchique professionnelle.

On ne vote pas pour une remise en cause fondamentale de la finalité globale de l'Etat, si ce n'est dans les phrases stéréotypées qui se déchaînent contre « le profit capitaliste », sans remettre en cause l'expansion, pour la « qualité de la vie », sans remettre en cause les hiérarchies ou la société industrielle, pour les petits commerçants, les petits agriculteurs, les petits artisans, etc., sans remettre en cause l'indispensabilité des classes fonctionnelles. Car pour exercer réellement un pouvoir politique, il faut être informé des problèmes posés aux structures générales de l'ensemble national au sein des ensembles internationaux et informé de façon non orientée, informé suivant le sens que nous donnerons plus loin à l'information généralisée. Nous n'en sommes point encore là. Les « nouvelles sociétés » ici ou là n'ont jamais envisagé, ni le temps nécessaire à chaque individu, ni le polymorphisme de l'information, ni les structures scientifiques, sociobiologiques en particulier, dans lesquelles cette information généralisée doit s'inscrire. Ces nouvelles sociétés ne sont que des sociétés de satisfactions économiques croissantes, liées à l'expansion, mais la satisfaction d'un besoin de pouvoir politique, impossible à réaliser sans information généralisée, n'est jamais envisagé. Et nous retrouvons la notion de « malaise social » telle que nous avons tenté de la définir précédemment. Le système étant fondé sur une hiérarchie de pouvoir professionnel à spectre extrêmement large, chaque individu trouve toujours un « inférieur » à paterniser pour se gratifier et un « supérieur » pour l'empêcher de se gratifier, pour l'aliéner, mais aussi une institution qui le sécurise sur l'avenir réservé à l'assouvissement de ses besoins fondamentaux. Ni heureux ni malheureux, l'individu est automatisé par les mass media de telle façon que ses motivations sont entièrement orientées vers la consommation des marchandises et la promotion sociale qui perpétuent les hiérarchies de valeur et de salaires puisque celles-ci sont entièrement organisées par la production de marchandises. La *démocratie* des pays « libres » (terme destiné sans doute à créer un mouvement d'opinion) montre que la plupart des individus votent, en pleine ignorance de ces problèmes fondamentaux, pour ceux qui leur promettent d'acquérir plus d'aisance ou ceux qui leur promettent de conserver celle qu'ils possèdent déjà. *On vote suivant la conscience qu'on a de sa propre gratification dans un système donné, suivant que l'on est satisfait ou non de son statut de dominance.* Et lorsque l'on est insatisfait on vote contre le système, pour un autre système qui ne remet jamais fondamentalement en cause les hiérarchies de dominance professionnelles non plus que l'expansion. On vote pour un système qui reproduira intégralement en changeant les étiquettes, les hiérarchies professionnelles, source fondamentale des aliénations.

Or, il ne faut pas croire que les dominants possèdent un réel pouvoir politique en dehors de celui exigé pour le maintien de leur dominance. Bien sû, ils possèdent « le » pouvoir politique, en ce sens que ce qu'il est convenu d'appeler l'information et les moyens de la diffuser, les mass media, sont à leur disposition entière. Ils peuvent ainsi orienter l'opinion, les besoins, et donner avec le suffrage universel l'impression de réaliser la démocratie. Bien sûr, ils possèdent la direction des grandes entreprises, des banques, les appuis des hommes politiques qui entérinent leurs décisions. Mais là encore ce ne sont pas les « capitalistes » qui importent, mais la « structure » dans laquelle ils agissent. Si ces capitalistes, qui n'agissent que pour conserver leur dominance hiérarchique, disparaissent, la structure hiérarchique persistant ils seront remplacés par les technocrates ou les bureaucrates, dont les motivations restent identiques, même si les moyens utilisés ne sont pas toujours identiques. Le profit n'est qu'un moyen d'assurer la dominance ; la police, l'internement en hôpitaux psychiatriques ou en camps de concentration en sont d'autres, de même que l'espionnage, les tables d'écoute et les micros clandestins. Mais l'automatisation de la pensée, la création de réflexes conditionnés et de jugements de valeur restent sans doute les plus efficaces et les plus généralement utilisés. L'enseignement et les mass media aux mains des pouvoirs, c'est-à-dire du système hiérarchique, n'ont pas d'autres fonctions

On voit par là que *l'institutionnalisation des règles d'obtention de la dominance, dont nous avons déjà parlé, constitue bien la structure hiérarchique professionnelle qui permet l'acquisition du pouvoir politique, mais que ce pouvoir politique est un faux pouvoir politique puisque sa seule raison d'être est le maintien de la dominance des dominants et de la soumission des dominés dans un processus de production de marchandises.*

Pour nous, l'écueil fondamental rencontré dans la réalisation d'une société socialiste est avant tout constitué par les *hiérarchies*, par la distribution du pouvoir économique et politique suivant une échelle de valeur, elle-même établie en fonction de la productivité en marchandises. Quand une structure sociale n'est pas impliquée directement dans le système de production, elle l'est dans la protection de ce système et la protection de ses hiérarchies, comme c'est le cas pour l'armée, la justice, la police, la bureaucratie, l'art et ce qu'il est convenu d'appeler la culture.

En résumé, où situer la classe des « travailleurs » et leurs intérêts de classe ? Il est probable qu'un cadre supérieur ou un O.S. pourront avoir conscience d'appartenir, ou de ne pas appartenir, au prolétariat, à la classe des « travailleurs », suivant les satisfactions de domination hiérarchique, ou les insatisfactions qu'ils éprouvent. Il existe dans la classe ouvrière de parfaits bourgeois et heureux de l'être, bien qu'exploités et dépouillés de leur plus-value, de même qu'il existe dans la bourgeoisie d'authentiques prolétaires, et fiers de l'être, bien que profitant pleinement par ailleurs de leur pouvoir économique et politique dont ils admettent l'équité puisqu'ils ne discutent pas l'existence du pouvoir hiérarchique, mais plutôt son mode de distribution. *La notion de classe a été jusqu'ici fondée uniquement sur la possession ou non d'un pouvoir économique et politique. Ce pouvoir économique et politique est lui-même fondé sur un système hiérarchique, lequel est fonction de l'information professionnelle. Aussi longtemps que les partis dits de « gauche » ne remettront pas en cause ces bases mêmes du système hiérarchique, la lutte de classes n'aura qu'un sens tronqué et renaîtra toujours de ses cendres, puisque le système qui lui donne naissance n'aura pas été aboli.*

Dans ce cadre il existe évidemment des dominants et des dominés, que nous pouvons bien appeler si bon nous semble bourgeois et prolétaires. Nous pouvons désigner chaque ensemble par le terme de « classe sociale ». Nous admettrons sans aucun doute que l'effort des dominants pour maintenir leur dominance et celui des dominés pour atteindre la dominance constitue la « lutte des classes ». Cependant, il semble aussi certain que nous nous limiterons à une phraséologie révolutionnaire, si nous n'inscrivons pas dans ce cadre l'ensemble des notions que nous avons abordées concernant l'information et la thermodynamique, les hiérarchies professionnelles et le pouvoir politique. Or, ces notions rendent beaucoup plus difficile la délimitation des classes sociales que nous pouvons appeler « classiques ». Nous savons maintenant que ces classes sont caractérisées par le rapport : abstraction de l'information/travail mécanique dans l'activité des individus, la classe étant d'autant plus élevée que le rapport l'est aussi. C'est ce rapport qui donne le « pouvoir » d'agir, puisque l'action est d'autant plus efficace que mieux informée. Nous savons que ce pouvoir s'inscrit dans les hiérarchies professionnelles et devient un pouvoir politique du fait que la « politique » n'a jamais fait autre chose jusqu'ici que d'assurer le maintien du pouvoir des dominants (conservatisme) ou de chercher à leur prendre (progressisme, révolutionnarisme, gauchisme) en restant dans le cadre actuel de l'expansion économique. La *structure* même de la société, structure hiérarchique, n'a jamais été remise fondamentalement en cause, ce qui n'a pour conséquence que le remplacement de certains *éléments* (les capitalistes) par d'autres (les technocrates ou les bureaucrates), mais qu'on ne s'est jamais posé la question de savoir quelles étaient les bases des hiérarchies, leur signification. On aurait en effet abouti à la finalité globale de l'espèce humaine et c'est elle qu'il aurait fallu remettre en question. L'homme, en définitive, est-il un animal programmé par l'évolution pour faire essentiellement des marchandises ?

Il faut enfin préciser un malentendu concernant la notion de pouvoir. Celui qu'il est convenu d'appeler l'intellectuel, surtout spécialisé dans une certaine technique, bénéficierait, pour certains, d'un pouvoir. On peut admettre en effet que s'il se révèle un propagandiste efficace des jugements de valeur qui constituent l'armature de la société où il vit, il sera gratifié en conséquence : les moyens de travail, l'accès aux moyens de diffusion des lieux communs qu'il exprime, les « honneurs », les satisfactions académiques lui seront accordés pour avoir joué ce rôle d' « honnête homme », de véritable humaniste qui a fait preuve de tant d'élévation d'esprit. En effet, l'élévation de l'esprit n'est réalisable on le sait que dans le sein de l'idéologie dominante, celle qui assure la solidité des structures hiérarchiques en place. Grâce à un glissement parfaitement injustifié, mais cohérent avec le système, on utilise le crédit spécialisé qu'il a acquis dans sa discipline, pour valider dans le public ses jugements de valeur conformistes sur des problèmes très généraux. En quoi consiste d'ailleurs le pouvoir d'un individu, qui n'a jamais fait que reproduire ? Il faut en effet qu'un pouvoir s'accompagne aussi de la possibilité d'utiliser des moyens de coercition. Un pouvoir réel s'accompagne des moyens de faire respecter son expression soit par l'argent, soit par la presse, soit par la police, soit par l'élimination hors de l'échelle hiérarchique des concurrents ou des contestataires.

Peut-on reprocher alors à celui qui émet des idées neuves de posséder et de rechercher un pouvoir s'il n'a aucun moyen coercitif de faire adopter ses idées en dehors du consensus afférent à toute découverte lorsqu'elle est confirmée par des expérimentations multiples faites par d'autres ? Peut-on dire que Galilée en disant en aparté « et pourtant elle tourne », possédait un pouvoir ? Le pouvoir n'était-il pas entre les mains du tribunal qui venait de l'obliger sous la menace d'émettre une opinion plus conforme aux préjugés du moment ? Le pouvoir qui serait attaché à l'opinion d'un spécialiste dans le domaine de sa discipline n'est-il pas confiné à l'expression de cette opinion dans le conformisme idéologique de la société où il vit ? Le créateur peut-il réellement bénéficier d'un pouvoir, puisque transformant les structures sociales ou conceptuelles, il ne pourra jamais bénéficier des moyens de coercition dont bénéficiera l'individu conforme, inscrit dans un système hiérarchique qu'il a respecté et qui le gratifie en lui permettant par exemple de décider, en jugeant de leur conformisme, de l'évolution hiérarchique de ceux qui vont lui succéder à l'intérieur de sa discipline ? Le créateur ne fait que fournir des informations nouvelles, il n'a pas de moyens de coercition pour les faire accepter. C'est pourquoi d'ailleurs elles sont généralement si lentes à se généraliser et si difficiles à imposer. C'est pourquoi aussi elles sont si rares, car très peu gratifiantes dans un système hiérarchique solidement structuré. Il est vrai que le biologiste rencontre, surtout parmi les protagonistes des sciences dites humaines, de plus en plus souvent, des individus qui s'insurgent contre un « pouvoir » qu'il voudrait acquérir et imposer, et qui s'insurgent contre un prétendu « impérialisme » de la biologie. Il suffit de constater qu'il s'agit toujours d'individus dont le système de connaissance est fermé, et qui refusant de s'inclure dans un système plus vaste où ils pourraient jouer le « rôle » dévolu à leur discipline, sous-ensemble des connaissances humaines, ont peur de voir leur dominance s'incliner devant un nouvel ensemble de connaissances. Au lieu de fournir l'effort nécessaire pour s'informer, sortir de leur système clos, établir les relations interdisciplinaires, ils attribuent à un ensemble nouveau de connaissances qui se contente d'être, un comportement qui est le leur grâce à leur discipline qu'ils utilisent dans un but de satisfaction hiérarchique. En effet, ce n'est pas la « biologie » qui fait preuve *comme ils le disent d'impérialisme. Ce qui le gêne, c'est que la biologie, discipline interdisciplinaire par définition, ne peut se passer des biologistes* alors qu'eux en sont encore à verser de l'huile bouillante sur ceux qui voudraient visiter leur citadelle sans parchemin pour y pénétrer.

Il est vrai aussi que l'agressivité naissante contre la biologie, née de l'angoisse qu'elle provoque chez certains parce qu'elle véhicule un inconnu complexe, s'explique aussi par le fait que son champ d'action aboutit au comportement conscient et inconscient des hommes.

Comme nous avons eu déjà l'occasion de l'écrire, jusqu'ici entre la physique, rigoureuse et mathématique et le langage, il n'y avait rien. Ce qui laissait le champ libre aux discours par lesquels s'exprime l'inconscient dominateur. Or, on commence avec elle à s'apercevoir que les dés utilisés par les sciences humaines étaient pipés; que la rigueur des sciences physiques doit s'étendre peu à peu aux sciences du monde vivant. Les transcendances, les essences si faciles à utiliser quand elles cachaient la misère de notre ignorance, commencent à perdre de leur puissance incantatoire.

Après avoir beaucoup parlé de pouvoir, nous en sommes arrivés à mettre son existence même en discussion au profit de celle de la rigidité d'un système. Ne serait-ce pas parce que là encore on a confondu information, finalité, fonction et structure? La fonction d'un maître est de transmettre certaines informations pour éviter à l'enseigné de parcourir seul à nouveau le chemin cahoteux des connaissances humaines depuis la préhistoire. Sa fonction n'est pas d'imposer cette information et pour l'imposer il doit utiliser des moyens de coercition. S'il en arrive là, c'est que la finalité de l'enseigné n'est pas la sienne et que dans l'ensemble structuré que représente une classe, chacun des éléments ne concourt pas à la même finalité. Il faut donc chercher à fournir à tous les éléments une même finalité à leurs motivations fondamentales. Mais la motivation de l'enseignant est-elle toujours de transmettre une information ou n'est-elle pas plus souvent de se soumettre à un certain programme imposé pour faciliter, par sa soumission à ce programme, son avancement hiérarchique? La motivation de l'enseigné est-elle celle qu'attend de lui la structure socio-économique, à savoir de s'inscrire le plus vite et le plus efficacement dans un processus de production en acquérant une formation professionnelle ? D'un autre côté, l'enseigné ne recherche-t-il pas aussi la sécurisation paternalisante de celui qui sait, l'enseignant ? Et celui qui sait, l'enseignant, n'est-il pas suffisamment gratifié par la soumission infantile de l'enseigné ? Autrement dit, la « fonction » qui pour le premier serait essentiellement de recevoir une information correspondant à sa motivation, n'est-elle pas plus souvent transformée en une aliénation sécurisante à un « pouvoir » qui n'a pas de raison d'être. De même pour le second, l'enseignant, la « fonction » de transmettre une information répondant à la motivation des enseignés n'est-elle pas transformée en un paternalisme gratifiant, issu de la recherche d'une dominance, d'un « pouvoir », qui n'a pas de justification fonctionnelle ? Ce qui est valable pour l'enseignement l'est pour tout l'ensemble social, structure fermée, composée elle-même de structures fermées individuelles dont les motivations diffèrent.

CHAPITRE IX

La notion de système ouvert ou fermé en sociologie et en économie

Puisqu'un pouvoir politique généralisé semble impossible à établir en conservant les hiérarchies professionnelles comme critère de pouvoir, puisque par contre un pouvoir, qui jusqu'ici n'a pas été réellement politique mais revendicatif, alimentaire, surgit dès qu'une classe fonctionnelle fait sentir (par la grève, par exemple) à l'ensemble dans lequel elle est située son indispensabilité, *il paraît évident qu'un pouvoir politique généralisé doit pouvoir s'appuyer sur l'indispensabilité des classes fonctionnelles.* Ceci nous conduit à préciser comment le concept de système ouvert ou fermé peut s'appliquer aux structures économiques et sociales.

Nous avons développé précédemment (voir p. 34) la notion d'information-structure en montrant que tous les niveaux d'organisation étaient des systèmes fermés dont l'ouverture ne devient possible que par leur inclusion dans un plus grand ensemble, d'un niveau supérieur d'organisation, à condition qu'une information circulante permette cette intégration en transformant le système fermé, ce régulateur, en servomécanisme. Nous avons constaté qu'une telle structure se ferme à l'échelon de l'organisme individuel et que si nous voulions réaliser son ouverture, nous devions l'inclure dans des groupes sociaux qui malheureusement représentent eux aussi des structures fermées, donc antagonistes. Par contre, nous savons que toute information-structure fermée à un niveau d'organisation :

1) ne peut avoir qu'une seule finalité à savoir la conservation de cette information-structure. Toutes les fonctions globales ou partielles ne sont que les *moyens* d'y parvenir. Un cœur, par exemple, est bien une pompe biologique dont la fonction consiste à mobiliser la masse sanguine. Mais il ne faut pas faire l'erreur de croire que c'est là sa finalité. Ce n'est que le moyen de maintenir sa structure organisée en participant au maintien de celle de l'organisme entier. Si cette dernière disparaît, la structure et la fonction cardiaque disparaissent également, comme elles disparaissent aussi avec celles de l'organisme entier si la fonction cardiaque n'est plus assurée. Un cœur continue à battre dans un liquide de survie car l'expérimentateur qui l'a isolé, séparé des informations et de la structure dans laquelle il se trouve habituellement, qui en d'autres termes a transformé le servomécanisme en régulateur, se charge, lui, de son approvisionnement énergétique. Il peut ainsi observer la réaction du régulateur à l'addition au liquide de survie, de molécules « informatives-circulantes » qui sont capables d'en moduler la fonction à l'état normal. Ce sont les hormones, les médiateurs chimiques du système nerveux, les ions minéraux, la pression osmotique ou hydrodynamique, le pH, la concentration en différents métabolites, CO_2, acides organiques, ou produits chimiques variés, etc. ;

2) nous savons aussi que cette information-structure, système fermé, est un système ouvert sur le plan thermodynamique, c'est-à-dire énergétique, et sur celui de l'information circulante. Mais, en ce qui concerne ce deuxième type d'ouverture, certaines notions sont à rappeler. Nous savons en effet qu'un organisme capte des informations

dans le milieu, les transforme grâce à ses systèmes sensoriels en signaux codés, qu'il dispense à travers tous les nivaux d'organisation qui participent à la constitution de son information-structure. Mais ces informations ne ressortent de cette dernière que sous la forme d'un mouvement, d'un acte, d'un comportement qu'elles orientent. Or, elles ne sont pas seules à orienter ce comportement. Participent aussi à ce comportement toutes les informations circulantes internes résultant de l'état de bien-être de chaque élément de l'organisme, état de bien-être nécessaire à l'accomplissement efficace de sa fonction. Si bien que l'information circulante qui résulte de l'ouverture du système sur le milieu, se referme sur celui-ci pour le transformer suivant les indications fournies par les signaux internes *(fig. 8)*. Et la finalité de ceux-ci, nous le répétons est le maintien de l'information-structure de l'organisme entier, système qui restera fermé, s'il ne s'ouvre pas par inclusion dans un plus grand ensemble, l'ensemble social.

On s'aperçoit ainsi que la notion, devenue banale, qui consiste à dire que *les systèmes vivants sont des systèmes ouverts, est imparfaite, si l'on ne distingue pas les différents types d'ouverture, les différents types d'information, et si l'on n'ajoute pas que ces ouvertures n'ont qu'un but, celui de maintenir la fermeture de l'information-structure à un certain niveau d'organisation, celui de l'individu.* C'est ce but unique qui est réalisé par l'ouverture énergétique continue qui transforme l'énergie prise à l'environnement. C'est encore lui qui est réalisé par l'ouverture informationnelle qui permet un comportement opérant sur le milieu. *Le problème sociologique revient donc à définir l'information-structure sociale permettant de progresser dans l'organisation du monde vivant au stade de complexité auquel est parvenue l'espèce humaine — en d'autres termes, à définir l'information-structure permettant l'ouverture de ce système*

fermé, l'individu, dans un ensemble plus ou moins complexe
d'individus, réalisant le niveau d'organisation supérieur. Le
problème économique consistera à préciser comment la
masse et l'énergie prises à l'environnement devront circuler
dans une telle structure pour assurer le maintien de son
organisation globale en assurant celui de tous les éléments
individuels la constituant.

LA SOCIÉTÉ PLANÉTAIRE

Sur le plan *sociologique*, il paraît évident que la finalité
de l'ensemble doit être aussi celle de chacun des éléments
qui le constituent. Cette finalité sera celle du maintien de
la structure. Si cette structure, cette information-structure
de l'organisme social est une structure hiérarchique il est
évidemment difficile de convaincre chaque élément au
sein de cette échelle hiérarchique qu'il doit œuvrer au
maintien de son aliénation. On y parvient en lui faisant
espérer qu'il peut s'élever dans le système hiérarchique en
lui prônant la promotion sociale, en lui proposant par sa
soumission au système la possibilité d'aliéner un jour les
aliénés auxquels il appartient aujourd'hui. Nous retrouvons ici l'intérêt de l'étalement du système hiérarchique, la
notion de malaise qui en résulte, mais aussi la rareté des
crises explosives (voir p. 144-145). Nous retrouvons aussi
le processus d'établissement des systèmes hiérarchiques
contemporains sur le degré d'abstraction dans l'information strictement professionnelle, nécessaire à la production
de marchandises par l'intermédiaire desquelles s'établissent les dominances. On y parvient encore en faisant croire
à chaque élément du système que tout est joué dès le
départ par la structure innée de l'organisme individuel

résultant elle-même du hasard de la combinatoire génétique. Il y a les êtres doués et ceux qui ne le sont pas, ceux qui s'élèvent dans la hiérarchie par leur seul mérite, à qui les honneurs, les pouvoirs (quels pouvoirs en dehors de consommer ?), la richesse sont dus, parce qu'ils sont plus « intelligents » que les autres. Voilà le grand mot lâché, l'intelligence, cette notion creuse qui gouverne notre monde contemporain. La réussite (bien entendu dans le système hiérarchique en cours, car c'est la seule qui compte) est fonction de l'intelligence. Nous avons pu observer au passage que lorsque nous avons parlé du système nerveux, nous n'avons jamais rencontré un « centre de l'intelligence ». Nous pouvons agir sur des mécanismes, qui, bien que complexes, paraissent aujourd'hui évidents, tels que les *motivations* fondamentales et acquises, acquises grâce à *la mémoire,* qui met en jeu ces motivations mêmes et *l'attention, l'éveil, le sommeil, l'agressivité, les affects,* c'est-à-dire tous nos « sentiments », *l'imagination* enfin. Mais à aucun moment nous n'avons trouvé de définition ou de mécanismes de l'intelligence. On peut penser que cela provient du fait que ce terme à tout faire, ce sésame des réussites sociales, ne résulte pas d'une information-structure uniquement, d'un donné originel, conséquence de la rencontre fortuite d'un spermatozoïde « doué » et d'un ovule « doué »; mais du développement d'une information-structure individuelle lambda dans un environnement particulier, une niche environnementale particulière. Si ce développement est conforme ou non aux critères, à l'échelle des Q.I. de l'ensemble social, à sa finalité, à ses hiérarchies, le système nerveux qui l'exprime sera dit intelligent ou non. Cela ne veut pas dire que, les choses étant ce qu'elles sont aujourd'hui, il n'y a pas, du fait des interactions entre leur structure nerveuse et des niches environnementales si complexes que nous ne pouvons en analyser correctement les innombrables facteurs historiques, des individus plus aptes que d'autres à « comprendre » (dans le sens étymologique) les informations qui leur parviennent et les structures dans lesquelles ils sont enfermés. Cela ne veut pas dire non plus que ces individus seront considérés par leurs contemporains comme étant plus « intelligents ». Mais cela veut dire qu'ils seront différents. Et admettre la différence, c'est-à-dire l'inconnu, l'anxiogène, est la chose la plus difficile, nous le savons déjà. Nous aurons à revenir sur ces problèmes en parlant de la créativité.

Ainsi, puisque la finalité d'un ensemble ne peut être que le maintien de sa structure, les moyens qu'il utilise pour y parvenir paraissent être inversement un problème essentiel à résoudre. Peut-être, tout compte fait, l'espèce humaine, comme toutes les espèces qui l'ont précédée, est-elle liée, biologiquement, à une structure de dominance hiérarchique. Dès lors, tout effort imaginatif pour trouver une autre structure est vain et utopique. Cependant notre champ de conscience ne peut pas ne pas être impressionné par l'existence d'organismes, de tous les organismes vivants dans la biosphère, où une collectivité cellulaire vit, c'est-à-dire maintient sa structure sans hiérarchie de pouvoir et de valeur. Nous ne faisons depuis le début de cet ouvrage que nous demander pourquoi — et nous sommes parvenus à la notion que la raison en était la fermeture de l'information-structure au niveau d'organisation de l'individu. Dès que l'on passe au groupe social, les dominances apparaissent, les structures hiérarchiques se reconstituent, le leader resurgit, avec son petit monde de privilégiés et la masse des esclaves s'éparpillant tout au long de l'échelle hiérarchique. Nous savons que cela résulte d'une circulation défectueuse de la masse et de l'énergie d'une part, de l'information circulante généralisée d'autre part à l'intérieur du corps social. Mais imaginons ce problème également résolu. Imaginons un groupe social sans hiérarchies avec une égale répartition, suivant les fonctions de l'énergie et de l'information. Cette structure de groupe se fermera et entrera en antagonisme avec les informations-structures des groupes environnants d'égale importance ou englobants. Ce qui porte à penser qu'une structure socialiste, ou autogérée ou non hiérarchique ne peut être qu'universelle. Si elle n'est qu'un sous-ensemble fermé du point de vue de l'information-structure, elle tentera de s'approprier l'énergie et l'information dans le seul but de maintenir sa propre structure aux dépens du maintien de celles qui l'entourent ou elle disparaîtra absorbée par celles-ci. A moins qu'elle puisse vivre en se contentant de l'énergie soustraite à sa propre niche écologique, à son propre territoire et qu'elle ferme ses frontières et supprime ses échanges énergétiques et informationnels grâce à un rideau de fer que le désir expansionniste des structures voisines n'arriverait pas à briser. Dans le cas contraire, cette structure serait très défavorisée dans la lutte compétitive avec celles, différentes, existant dans l'environnement, car ces dernières, hiérarchiques et axées sur la production de marchandises et l'expansion économique, ne peuvent trouver l'énergie nécessaire à leur survie qu'en sortant de leur niche écologique et en allant l'emprunter ailleurs, grâce à leur dominance. Or, celle-ci résultera de l'exploitation qu'elles ont faite de l'information professionnelle spécialisée. C'est par le même mécanisme que la dominance individuelle s'établit dans les échelles hiérarchiques du groupe. C'est cette information technique professionnelle qui permettra au groupe humain de façonner des armes plus dangereuses, plus efficaces, en plus grand nombre, de confisquer à son profit par la dominance et la crainte, à l'extérieur de sa niche écologique, l'énergie et la masse (les matières premières) des niches écologiques où sont installées d'autres structures sociales moins évoluées techniquement. Elles s'enrichiront ainsi sans résoudre pour autant les problèmes internes résultant des structures hiérarchiques qui prennent souvent un aspect racial et qui leur sont propres. Si une autre structure parvient à un point analogue de développement technique dans un autre système hiérarchique, l'antagonisme peut momentanément se résoudre dans un équilibre que nous connaissons : celui de la terreur.

Il faudra bien un jour parvenir à cette information-structure de l'ensemble humain planétaire, supprimant les hiérarchies et les dominances internationales, si l'on veut éviter la disparition de l'espèce. Mais cela suppose un changement profond du comportement de chaque individu puisque chaque individu devra alors agir pour lui-même, comme s'il agissait pour l'espèce. Il faudra qu'il agisse non pas « librement » mais que *la structure dans laquelle il est inclus le motive de telle façon qu'il ne puisse avoir une autre attitude ;* comme aujourd'hui, la structure hiérarchique lui interdit d'agir autrement qu'en maintenant cette structure. Il faudra que ses actes gratifiants soient ceux qui aboutissent au maintien de la structure sociale de l'espèce. Notons d'ailleurs que cette structure n'étant plus fondée sur la dominance des groupes, le sacrifice de sa vie dans des holocaustes périodiques, appelés guerres, ne se posera plus. L'expansion compétitive n'étant plus la seule finalité des groupes humains, ceux-ci n'exigeront plus de lui un travail sans joie. Le temps passé à réaliser ce travail sans joie diminuera à mesure que l'information technique sera de mieux en mieux utilisée à la confection et au contrôle des machines et que les besoins d'origine socioculturelle créés de toutes pièces pour assurer la dominance économique, donc hiérarchique, ne s'accroîtrait plus. L'amélioration des conditions de vie ne sera que la conséquence du développement de la connaissance. Les besoins croissants ne seront plus considérés comme une finalité, mais comme une retombée obligatoire de l'accroissement des connaissances. L'enseignement lui-même, qui n'a jamais été envisagé que comme le moyen de former des individus plus efficaces dans un processus de production de marchandises ou pour la pérennisation des structures hiérarchiques, prendra une autre signification et un autre contenu. Nous avons déjà un exemple d'un tel enchaînement des faits. Personne ne contestera que les grandes découvertes contemporaines dans le domaine de la biologie par exemple, celles qui ont permis la disparition presque totale des grandes pandémies mondiales, n'ont pas été *motivées* généralement par un besoin d'expansion économique et la recherche de la dominance hiérarchique, bien que s'inscrivant dans un tel système. On pourrait d'ailleurs en dire autant de toutes les grandes découvertes fondamentales, celles qui ont bouleversé le monde contemporain. Mais, immédiatement, ces découvertes ont été exploitées par les groupes humains dans un but de dominance soit mercantile, économique, soit militaire, celles-ci appuyant celles-là. L'industrie pharmaceutique comme l'industrie de guerre ne sont motivées que par la dominance, du fait qu'elles sont inscrites dans une information-structure nationale ou monopoliste.

Pour motiver l'individu à rechercher la connaissance généralisée, telle que nous tenterons de la définir plus loin et non plus la connaissance technique nécessaire à l'ascension hiérarchique, il serait utile évidemment de le gratifier. A moins que, inversement, il établisse la relation entre l'avancement technique, gratifiant pour sa satisfaction individuelle, mais punitif, coercitif, dangereux pour l'espèce et donc, en retombée, pour lui et sa descendance. Les nombreux avertissements dispensés par les écologistes, le club de Rome, etc., ne sont guère plus que la constatation d'un fait : l'espèce humaine est en train de détruire la biosphère même si l'on discute l'extrapolation futuriste. *A partir de ce fait, nous avons tenté de découvrir les mécanismes,* ce que les groupes précédents ont oublié, faute sans doute d'avoir inclus dans leur recherche la biologie des comportements humains en situation sociale. La crise de l'énergie dont l'espèce a pris conscience à une date encore plus récente, constitue sans doute un facteur supplémentaire de ce faisceau qui représente une fois de plus la pression de nécessité à laquelle s'est soumise toute l'évolution. Peut-être l'espèce humaine sera-t-elle assez heureuse pour interpréter à temps cet ensemble d'événements et pour transformer sa structure de groupe et sa finalité de façon à échapper au désastre.

Dans cette structure utopique, bien que nécessaire à plus ou moins long terme, d'un corps social planétaire, la structure hiérarchique fondée sur l'information professionnelle doit disparaître puisque la finalité de l'espèce ne pourra plus admettre la dominance des groupes sociaux agissant pour eux-mêmes. Ce plus grand ensemble devra trouver sa finalité en lui-même et il y a peu de chance que ce soit la production de marchandises car la biosphère est limitée dans l'espace et dans le temps. Les sources énergétiques aussi, même avec la domestication de l'atome ou une meilleure utilisation de l'énergie solaire. A supposer même que nous trouvions le moyen de nous assurer des sources pratiquement illimitées d'énergie (ce qui n'est pas au fond inimaginable, car nous commençons juste à comprendre ce que cela signifie), puisque l'information-structure représentée par l'organisme intégré de l'espèce ne sera plus l'objet de recherches de dominances internes, il est probable que la finalité de cet ensemble et de chaque individu en faisant partie, sera la connaissance. On peut en effet admettre qu'une motivation fondamentale ne disparaîtra pas, à savoir la réponse à l'angoisse existentielle, autrement dit à l'angoisse de la mort. Cette angoisse qui prend à la gorge tout être humain dès qu'il a conscience d'être et qui ne le quitte qu'à la mort, les sociétés contemporaines font un effort constant pour l'occulter car elle gêne leur finalité de production de marchandises. On peut se demander même si ce n'est pas un facteur important de l'établissement des hiérarchies. Quand on est préoccupé par sa promotion sociale on l'est moins par la signification de sa propre existence et l'on redevient plus efficace dans un processus de production. On peut se demander si celui qui réussit le mieux dans un tel processus, celui dont l'élévation hiérarchique est la mieux assurée, n'est pas finalement l'être le moins humain, le moins conscient, le plus aveugle, je serais tenté de dire le moins « intelligent », le plus automatisé, le plus satisfait, le plus gratifié par sa dominance, le moins inquiet, le véritable « imbécile heureux ». Et si je ne puis m'interdire une certaine tendresse pour la jeunesse actuelle, pour le hippie, le contestataire, le révolté, l'agressif malheureux, le raté social, c'est que bien souvent il a perçu obscurément cette angoisse existentielle et n'a pu se satisfaire de la promotion sociale qu'on lui proposait en échange de sa soumission au système. Je suis aussi tenté de reprocher aux idéologies révolutionnaires de tenter de canaliser cette angoisse à leur profit, c'est-à-dire au profit de groupes de recherche de la dominance. Bien sûr, ce n'est qu'en arrachant celle-ci à ceux qui la possèdent déjà qu'un autre système peut être mis en place. Mais, le fait de fournir des grilles rigides pour canaliser l'action nécessaire à l'apaisement de l'angoisse, interdit en même temps la recherche imaginaire et la compréhension des mécanismes d'établissement des structures d'aliénation contemporaine. Ce faisant, on ne peut que remplacer un système de dominance par un autre.

Si nous descendons de l'ensemble planétaire, au sous-ensemble national, encore qu'à ce niveau d'intégration, les critères d'établissements géographiques du découpage national n'auront peut-être plus grande signification dans un avenir proche et que le découpage linguistique ou économique sera vraisemblablement prépondérant, la langue est sans doute un obstacle considérable à la réalisation d'une société planétaire. Il est déjà difficile de s'entendre en utilisant la même langue. Un père et un fils ne se comprennent pas, bien que parlant le même langage, car l'expérience qu'ils ont des mots n'est pas la même et que les automatismes conceptuels, les jugements de valeur, liés aux mots vagues comme liberté, égalité, justice, honneur, droit, devoir, discipline, etc., sont forcément différents. C'est sans doute la base fondamentale des conflits de génération à côté de la dépendance économique, de la génération montante à l'égard de la descendante. Il est encore plus difficile de s'entendre lorsqu'on parle deux langues différentes, véhicules de ce qu'il est convenu d'appeler deux cultures différentes, c'est-à-dire véhicules de l'ensemble des jugements de valeur et des préjugés façonnés au cours des siècles par une niche écologique particulière. Il semble donc qu'un bilinguisme généralisé sera longtemps nécessaire, usant d'une langue internationale planétaire et de la langue locale, celle du sous-ensemble, permettant de conserver l'expérience accumulée au cours des siècles par ce sous-ensemble qui a grandi dans une niche écologique qui lui est propre. En effet, reconnaître les particularités d'une collectivité régionale, comme reconnaître chez l'autre, entre individus, la différence et surtout l'admettre, au lieu de vouloir la supprimer pour supprimer l'angoisse qu'elle nourrit par le déficit informationnel qu'elle véhicule, est une base fondamentale de l'inclusion d'un sous-ensemble dans un ensemble plus vaste. C'est la base fondamentale de l'ouverture de l'information-structure. C'est respecter une des lois de l'évolution biologique qui réside dans la combinaison génétique et informationnelle. C'est en l'ignorant que l'impérialisme et le racisme se sont établis. Le remodelage économique apparaît déjà avec par exemple la grande région unitaire qui commence à rejoindre l'Escaut, à la Méditerranée par les vallées du Rhin et du Rhône, laissant les régions de l'ouest sur leur ouverture atlantique. On comprend, dès cette étape d'organisation, combien l'économique est mêlé et influencé par le sociologique et vice versa. Ces interconnexions ne sont dangereuses qu'autant que l'économique est aujourd'hui le critère de la dominance et certaines régions françaises comme la Bretagne et la Vendée en savent quelque chose, surtout dans une structure administrative centralisée et rigide comme celle qui sévit en France. Toute la difficulté d'élaboration des structures régionales nous paraît résider dans la délimitation des sous-ensembles pour que différentes substructures y coexistent harmonieusement : substructures linguistiques et historiques, géoclimatiques, psychosociologiques et économiques, sans obligatoirement favoriser l'une d'entre elles aux dépens des autres. La tendance que l'on observe à favoriser la substructure économique résulte du jugement courant considérant l'homme uniquement comme une machine à produire suivant le cadre écologique particulier où il se trouve. Cela n'est sans doute vrai qu'en partie. Le bien-être qu'il y a à vivre dans une région n'est pas toujours fonction de son développement économique, mais inversement, celui-ci peut être important pour le développement économique de l'ensemble national. On peut aussi penser que si, dans un avenir proche sans doute, l'espèce humaine abandonne, par nécessité, sa finalité présente de l'expansion pour la dominance des groupes sociaux, le découpage régional économique prendra peut-être une autre tournure. Le découpage des sous-ensembles régionaux ne devrait d'ailleurs pas être imposé d'en haut au niveau d'un « bureau central », mais se poser d'abord à la base, sur les attractions, sur les ajustements réciproques qui, de l'individu aux communes, tressent un filet complexe d'intérêts variés, d'antagonismes ou de rapprochements parfois motivés par des automatismes ancestraux, qu'il serait utile alors de confronter avec des vues plus globalisantes venant de schémas intégratifs, de complexes imaginaires possibles. Une large diffusion des informations, la mise en évidence des égoïsmes étroits, des motivations très frustres qui les guident à tous les niveaux, à celui des pouvoirs quels qu'ils soient, leur dénonciation, celle du paternalisme, du dirigisme camouflé, de la recherche de la dominance, seraient des conditions nécessaires à tout essai temporaire d'établissement d'un cadre administratif, sociologique, d'une niche écologique territoriale.

Ces notions peuvent paraître d'une banalité désespérante, mais comment bâtir une information-structure socio-économique en partant des sous-ensembles les plus restreints, l'individu et la famille, pour aboutir aux plus vastes, national ou international et planétaire, sans la diffusion d'une information généralisée, débarrassée autant que faire se peut des jugements de valeur, sans une information généralisée à l'ensemble des éléments individuels par l'enseignement d'abord, les multiples moyens de diffusion ensuite ? Et dans ce cas, n'y a-t-il pas à choisir une finalité pour le plus grand ensemble à laquelle toutes les finalités des sous-ensembles contribueront pour leur compte ? En choisissant l'expansion comme cela fut fait jusqu'à présent, l'enseignement, la « culture », l'armée, la police, la magistrature s'orientent forcément aussi vers l'apprentissage professionnel, la protection des hiérarchies qui en naissent et de la propriété privée, la défense globale extra- et intraterritoriale du système entier. Supposons au contraire que la finalité première devienne l'enseignement dont nous aurons à étudier plus loin, structure et contenu. Celui-ci n'étant plus orienté uniquement vers la production, l'expansion ne devient qu'une conséquence secondaire de l'enseignement au lieu d'en être le but. La rigidité et l'exclusivité des systèmes hiérarchiques professionnels tendront sans doute alors à s'affaiblir. Et comme l'essentiel de ce qu'il y aura à défendre sera d'abord structurel au lieu d'être matériel, il est imaginable que le « feu nucléaire », comme on dit, soit moins indispensable, l'armée et la police aussi. Cette proposition est évidemment encore assez vaine bien que parfaitement réalisable, à condition de former des enseignants capables d'être en partie libérés de leur paternalisme, de leurs jugements de valeur, de leurs certitudes, de tous les systèmes fermés qui les encombrent. Les instituteurs républicains ont réalisé en cent ans, sans l'apport des moyens audio-visuels modernes, la généralisation de l'éducation bourgeoise et de ses préjugés sociaux. Il doit être possible avec un peu d'enthousiasme de réaliser aujourd'hui beaucoup plus vite une instruction généralisée, relativiste, dynamique et évolutive et de permettre aux cerveaux enfantins de demeurer des systèmes ouverts, craignant les slogans, les idées toutes faites, comme la peste. Nous y reviendrons plus loin.

Le problème posé par la découverte d'une nouvelle information structurante des sociétés humaines est donc, semble-t-il, de trouver d'abord une nouvelle finalité pour l'homme dès lors que l'on imagine que l'expansion économique n'est pas un phénomène sans fin au sein d'une biosphère limitée dans le temps et l'espace, même si l'on retarde les échéances par la découverte de sources nouvelles d'énergie, par un contrôle de la pollution et par celui de la démographie. Nous essaierons d'envisager plus tard ce que pourrait être cette finalité.

A partir de là, une nouvelle ère peut survenir pour l'espèce. Les hiérarchies professionnelles de valeur seront moins obsédantes puisque moins finalisées et d'autres structures sociales pourraient naître. Nous tenterons aussi plus loin d'imaginer ce qu'elles pourraient être. Limitons-nous actuellement, compte tenu de la professionnalisation des structures hiérarchiques qui bloquent l'organisation de nos sociétés uniquement orientées vers le processus de production, d'envisager la possibilité de changer ces structures en acceptant malheureusement qu'elles conservent la même finalité pendant un certain temps encore.

L'ÉCONOMIE PLANÉTAIRE

Cette approche nous oblige à aborder *l'aspect économique* du problème. Je n'ai nullement l'intention d'envahir ici le territoire de spécialistes hautement qualifiés, dont les techniques me sont étrangères. Je ne veux une fois de plus que dire comment un biologiste situe, au sein des ensembles vivants, le phénomène économique.

Nous avons signalé au début de cet ouvrage (voir p. 26) que toutes les formes vivantes de la biosphère peuvent être considérées comme résultant de la « mise en forme » particulière de la matière, grâce à l'énergie lumineuse dispensée sur notre globe par les photons solaires. C'est donc cette énergie qui a permis l'apparition de l'information-structure des systèmes vivants de chaque espèce et son évolution, des formes les plus primitives aux plus complexes. C'est encore elle qui, par l'intermédiaire de l'entretien temporaire de l'information-structure de chaque individu au cours d'une existence, grâce à son alimentation, a permis la survie des espèces au long des générations. Cette alimentation n'est en effet elle aussi que de l'énergie photonique solaire transformée en énergie chimique.

À côté de ces deux résultats au niveau d'organisation

des espèces et de celui des individus, l'énergie solaire est encore la source de l'énergie mécanique que chaque individu libère et qui s'exprime par un comportement, une action sur le milieu. L'alimentation assure donc à la fois la « force de travail » et la conservation de la structure vivante qui est son support matériel.

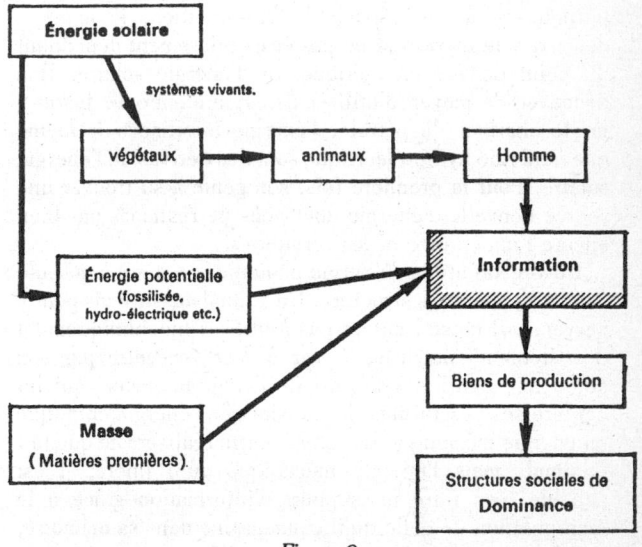

Figure 9

Chez l'homme enfin, ce support matériel, maintenu en structure par l'énergie solaire transformée en énergie chimique alimentaire, est pour la première fois au cours de l'évolution des espèces, semble-t-il, source lui-même d'information, grâce à un système nerveux perfectionné dont nous avons schématisé précédemment les mécanismes opérationnels. Grâce à cette information, nous l'avons vu, l'homme transforme la matière et utilise l'énergie. Il l'a fait d'abord au mieux de sa protection physique, au sein de sa niche environnementale puis, progressivement au cours des siècles, pour établir et maintenir ses hiérarchies de dominance.

Un événement considérable est survenu récemment dans son histoire : grâce à cette manipulation toute particulière à son espèce de l'information, l'homme a découvert le moyen de ne pas être entièrement dépendant du point de vue énergétique, de l'énergie solaire. Il a découvert le moyen d'utiliser l'énergie atomique. Jusque-là, le charbon, le pétrole, l'énergie fossilisée, de même que l'énergie hydro-électrique sont des dérivés de l'énergie solaire. Pour la première fois, son génie a su trouver une source nouvelle d'énergie dont nous ne réalisons pas bien encore l'importance ni les servitudes.

Un végétal utilise l'énergie photonique solaire à la seule fin de maintenir sa structure. Un animal aussi, mais pour y parvenir, il ne se limitera pas à utiliser biochimiquement des éléments nutritifs, *il ira à leur rencontre* par son autonomie motrice à l'égard de l'environnement, qui lui confère ses possibilités de transformer l'énergie chimique en énergie mécanique. L'homme enfin réalisera ce que fait l'animal, mais l'énergie mécanique qu'il libère, il est capable d'en faire un support d'information grâce à la manipulation de celle qu'il emmagasine dans sa mémoire, qui lui vient du milieu et que modèle son imagination.

L'homme est ainsi dépendant *(fig. 9)* :

1) de la matière (matières premières) qu'il trouvera à l'intérieur de sa niche écologique ou qu'il sera tenté d'aller chercher en dehors d'elle ;

2) de la matière encore, mais transformée déjà par l'énergie solaire, sous forme de denrées alimentaires végétales ou animales. Mais là, son génie inventif a utilisé au mieux l'énergie solaire avec la découverte puis les

progrès constants de la culture et de l'élevage. Ceux-ci n'ont été autorisés que par la découverte des procédés d'utilisation de certaines matières premières, comme les engrais chimiques et de certaines autres (métaux) pour la construction des machines permettant la culture industrielle et non plus artisanale. Mais ces machines ont besoin :

3) d'une source d'énergie, généralement fossile (fuel). C'est donc essentiellement grâce à l'emploi d'une

4) information de plus en plus abstraite que ces progrès ont été possibles. Grâce à elle, les populations des pays industrialisés sont entrées dans une ère d'abondance alimentaire et ont éloigné le spectre de la famine. Mais il faut reconnaître qu'il est peu probable que le développement industriel ait pu connaître l'extraordinaire accélération qu'il a connue au cours des cent dernières années, si les pays s'étaient limités aux sources énergétiques et de matières premières qu'ils pouvaient exploiter dans leur propre niche écologique. C'est donc par le pillage organisé des pays non techniquement évolués qu'ils ont assuré leur développement économique. Détenteurs de l'information spécialisée, technique, professionnelle, ils ont établi leur dominance sur les informations-structures sociales moins avancées dans le traitement de cette information et sur les individus qui en faisaient partie. Ce que l'on appelle aujourd'hui la crise de l'énergie résulte simplement de la prise de conscience de ces derniers de l'exploitation dont ils étaient l'objet en fournissant une main-d'œuvre locale à bas prix et dont leur niche écologique était l'objet en fournissant la matière et l'énergie, support de l'information détenue par les pays industrialisés. Ceux-ci pendant ce temps consommaient seuls les produits de transformation « informés ». Bien sûr, *la propriété des biens matériels et énergétiques d'une niche écologique par les individus qui l'habitent n'est pas une notion évidente, surtout si leur*

manque d'information technique ne leur permet pas de l'utiliser. Mais cette notion d'appropriation par un groupe social résulte de la fermeture de l'information-structure qu'il représente. *Si les biens matériels et énergétiques de la planète étaient comptabilisés et répartis de telle façon qu'ils ne soient la propriété de personne en particulier, d'aucun groupe humain, mais reconnus comme appartenant à l'espèce, représentant le trésor commun de tous les hommes, la question ne se poserait plus.* Une économie planétaire des ressources s'impose à plus ou moins long terme, comme s'impose l'information-structure sociologique planétaire dont elle permettra la pérennisation. Inversement, si la matière et l'énergie sont planétisés, et n'ont aucune raison d'appartenir à un groupement humain qui ne sait pas l'utiliser, par insuffisance de développement technique, il n'y a aucune raison non plus *pour que l'information technique ne soit pas elle-même planétisée et reste* la propriété de quelques groupes humains dont l'environnement géoclimatique (les zones tempérées) a été favorable à son développement. Mais quand on envisage de propager l'information technique, c'est toujours en pensant que les groupes humains qui l'acceptent doivent obligatoirement l'utiliser de la même façon que ceux qui l'ont forgée. D'où l'imposition d'une culture préfabriquée qui ne peut évidemment pas se plaquer telle quelle dans un système écologique différent. D'après ce que l'on peut en savoir, seule la Chine semble avoir compris cette erreur et avoir utilisé à sa manière l'information technologique occidentale, en se méfiant particulièrement d'une industrialisation accélérée. En effet, avec l'apport technologique, ce n'est pas simplement le cadre écologique qui sera perturbé par les nuisances et l'acceptation d'une urbanisation inadaptée à la structure sociologique, mais c'est cette structure sociologique elle-même qui sera bouleversée. Aux anciens systèmes de références, va se superposer la grille hiérarchique des pays industrialisés, fondée sur le degré d'abstraction dans l'information professionnelle. A une finalité de survie immédiate dans un équilibre écologique souvent harmonieux, va se substituer une finalité de production pour le profit, base de ces systèmes hiérarchiques. Enfin, cette production sera gratuite en ce sens que l'autochtone n'en profitera pratiquement pas, les profits allant aux grands monopoles internationaux qui gouvernent l'évolution socio-économique des pays qui les ont vus naître. Il ne bénéficiera que du paupérisme d'importation. Seuls quelques individus favorisés par une évolution professionnelle acquise à l'extérieur, conquis par la forme de vie qui les a gratifiés hiérarchiquement, automatisés par ses préjugés et ses jugements de valeur qui leur enlèvent tout esprit critique, sans imagination, essaieront d'appliquer dans un cadre géoclimatique et culturel qui n'était pas fait pour cela, les leçons bien apprises ailleurs. Et l'impérialisme sera trop heureux de trouver des interprètes pour transmettre en langage local son idéologie culturelle de dominance et le chapelet de lieux communs qui l'accompagne.

De toute façon, si l'on admet une libre circulation de la matière et de l'énergie, à travers le monde, si l'on admet également une libre circulation de l'information technique, il devient nécessaire de réaliser l'ouverture de toutes les informations-structures sociologiques. A partir de son glycogène de réserve, le foie distribue le glucose à l'ensemble des cellules de l'organisme. Que reçoit-il en échange? Les substrats énergétiques qui grâce à une circulation adaptée à chaque instant à l'effort qu'il doit fournir lui permettent de conserver son information-structure hépatique et d'assurer ses fonctions spécifiques. Il participe ainsi à la finalité de l'ensemble organique qui est de maintenir sa structure d'ensemble. L'impérialisme, on le conçoit, n'assure que le maintien de sa propre structure impérialiste. Et comme celle-ci a pour finalité l'expansion, la production pour la dominance, il en résulte forcément une exploitation des pays non technicisés par les plus technicisés. Mais à supposer que l'information technique soit elle-même susceptible d'être planétisée, on est ramené au problème envisagé plus haut de la finalité du plus grand ensemble planétaire à ce moment-là. Aucune solution ne paraît possible si cette finalité demeure l'expansion. Un progrès véritable sera réalisé du fait de l'égalisation devenue possible de ses bénéfices, ce qui veut dire sans doute stagnation, voire régression pour les pays technicisés en attendant d'être rejoints par ceux qui ne le sont pas encore. Mais le problème des nuisances, celui des dominances hiérarchiques professionnelles ne sera pas résolu.

Un autre problème d'ailleurs apparaît. Dans cette libre circulation des matières, de l'énergie et de l'information, il est probable que chaque groupe social voudra valoriser sa propriété par rapport à celle du voisin. C'est ce qui s'est fait jusqu'ici dans une injustice totale et en faveur de l'information technique. Cette injustice a donc favorisé les pays hautement technicisés. Avec la crise du pétrole, nous voyons la revanche tardive de certains pays exploités ; il est probable que cette revanche va se poursuivre avec l'élévation du prix de l'ensemble des matières que les nations technicisées allaient soustraire à celles qui ne l'étaient pas. A terme, les nations technicisées peuvent échanger leurs informations techniques contre matières premières et énergie au lieu de les garder pour elles et de traiter seules pour les revendre à prix fort les produits manufacturés par elles grâce à l'apport énergétique et matériel des nations non technicisées. Il en résulterait une évolution industrielle de celles-ci qui entreront à leur tour dans la course à l'expansion industrielle. Mais quelle information-structure locale s'en chargera ? Jusqu'ici quelques féodaux profitent seuls avec les grands monopoles internationaux du profit capitaliste. Il est possible que la crise énergétique actuelle accélère l'évolution de la structure sociologique de ces pays. Cette structure ne risque pas cependant dans un tel cadre d'être autre chose qu'une structure hiérarchique fondée sur l'information professionnelle, celles que connaissent les pays industrialisés. Mais dans quel nouvel équilibre va s'établir l'échange entre matières premières, énergie et information ? Les règles de l'économie libérale, celles de l'offre et de la demande risquent de prévaloir. Dans ce cas, les pays technicisés seront handicapés du fait du niveau élevé de leurs besoins acquis par l'apprentissage socioculturel, c'est-à-dire des habitudes qu'ils ont prises. Par contre, leur haute technicité va les pousser à accélérer l'obtention dans un proche avenir de sources énergétiques nouvelles, solaires et atomiques par exemple et à aller chercher leurs matières premières, métalliques en particulier dans les nodules qui tapissent le fond des océans. Et lorsque celles-ci seront acquises, il est probable qu'une nouvelle étape de domination succédera, car les pays sous-technicisés actuels, ayant atteint le stade technique où nous sommes, resteront avec leurs sources énergétiques et leurs matières premières inemployées. Le sort des pays possédant des sources énergétiques classiques et des matières premières risque d'être catastrophique. Cet aperçu futuriste assez sombre n'est encore valable évidemment que si les nations technicisées actuelles n'utilisent pas la force armée qu'elles détiennent pour se procurer à tout prix les sources énergétiques et les matières premières qu'elles n'ont plus à bas prix. C'est peu probable cependant du fait de l'existence de blocs qui hésiteront sans doute à s'affronter avec les moyens actuels de destruction.

Un autre élément à prendre en considération et qui montre la fragilité du concept de propriété écologique

consiste dans le fait que certains biens sont communs à
l'ensemble des hommes de la planète : l'atmosphère que
nous respirons et les mers qui baignent nos rivages. Or, de
même que sur le plan local, les industries utilisent à leur
profit et polluent des biens qui ne leur appartiennent pas,
l'eau des rivières et l'atmosphère de nos villes et de nos
campagnes, sur le plan mondial, la civilisation industrielle
est en train de changer la composition de l'atmosphère
terrestre, sa température, de la charger d'éléments
radioactifs, comme elle pollue nos mers de façon internationale et détruit leur faune.

Enfin, la technologie dans le domaine de l'hygiène a
amené la disparition de la plupart des grandes pandémies
mondiales. Dans les pays technicisés l'accroissement
démographique qui en a résulté a été modéré par l'accroissement et la recherche du bien-être économique de
l'individu. Mais dans les pays sous-développés généralement encore au stade agraire et tribal où chaque famille
était accoutumée à perdre beaucoup d'enfants du fait de la
précarité de l'hygiène infantile, cette protection a conduit
à une démographie galopante dont la conséquence a été
une urbanisation rapide qui en l'absence de structures
technologiques évaluées a été l'origine d'un paupérisme
catastrophique. L'absence d'échelles hiérarchiques étalées
a fait prédominer les crises sur le malaise et permis
l'établissement d'une dictature généralement militaire,
favorable à l'impérialisme étranger, car elle en profite
ainsi que la classe dominante. Les pays d'Amérique latine
me paraissent un exemple de ce processus.

Il résulte de tout cela que sur le plan planétaire comme
sur le plan national, la notion d'indispensabilité des
classes fonctionnelles paraît être encore le seul pouvoir
indiscutable. Nous développerons dans un instant ce que
nous entendons par indispensabilité des classes fonctionnelles dont nous avons déjà dit un mot (voir p. 176). On

pourrait objecter que les Esquimaux et les Pygmées par exemple, ethnies fixées, non évolutives, ne paraissent pas indispensables à l'évolution de l'information-structure d'un organisme planétaire, non plus qu'à son équilibre économique et énergétique. Ils sont d'ailleurs relégués dans leur musée écologique, comme le furent les Indiens d'Amérique dans leurs réserves et appelés à disparaître. Mais, si l'on est persuadé de l'importance de la combinatoire génétique, rien ne prouve qu'ils n'auront pas à jouer un rôle dans l'avenir et que nous ne regretterons pas alors la disparition de leur capital informationnel génétique. Toute forme vivante, peut-on dire, conserve un intérêt, non pour le souvenir attendri d'un passé que l'on considère généralement comme heureux, mais pour ses potentialités dans un monde futur, sur le plan de l'information génétique. Il est vrai que personne ne s'apitoie sur la disparition de l'homme de Neanderthal au profit du Cromagnon.

En résumé, ce que nous retirons de cette approche particulière du problème économique mondial, c'est que, là encore, plus que la force de travail qui n'est rien sans l'information, *ce qui peut être objet d'échange ce sont la masse* (les matières premières), *l'énergie et l'information professionnelle.* Ces objets n'ont de « valeur d'usage » que par l'apprentissage socioculturel qui sait ce que l'on peut en faire dans le processus de production de biens de consommation. Quand les peuples sous-développés auron compris l'importance de l'information professionnelle dans la transformation de la matière et l'utilisation de l'énergie, rien ne prouve qu'ils désireront l'acquérir et évoluer eux aussi vers la civilisation industrielle. Mais s'ils sont eux aussi attirés par le progrès technique, peut-être alors une nouvelle étape sera-t-elle franchie en ce qui concerne l'information-structure planétaire. En effet, les pays actuellement sous-industrialisés seront alors capables de manufacturer ou, plus exactement, de mécano-facturer leurs matières premières, de transformer ou d'utiliser leur énergie et de fournir au reste du monde le produit de leur travail informé. Ils acquerront ainsi l'indispensabilité de classe fonctionnelle qu'ils ne possèdent pas encore, car si les pays industrialisés ont un besoin sans cesse accru des richesses que contiennent leurs niches écologiques, ils peuvent par contre fort bien se passer des populations qui les habitent. Ainsi, à moins d'admettre la disparition de celles-ci qui résultera tôt ou tard de l'accroissement de la dominance comme nous avons assisté à celles des ethnies que nous avons citées plus haut, *c'est par leur inclusion dans l'information-structure planétaire que pourra se réaliser leur ouverture.* Cette ouverture dans ce cas se fera dans le sens *vertical*. Leur ouverture *horizontale* par association entre elles, si difficile à réaliser qu'elle soit apparemment, semble cependant le moyen le plus efficace et le plus rapide de réaliser l'ouverture verticale souhaitée. En effet, leur inclusion séparée aux ensembles hautement technicisés, même associés à une évolution technique parallèle, ne peut aboutir qu'à l'uniformisation de la finalité, par adoption obligatoire de la finalité des nations industrielles et abandon des caractéristiques propres du sous-ensemble local. Au contraire, l'ouverture horizontale première doit réunir les pays du tiers monde dans un ensemble nouveau qui devra trouver sa finalité. Il est souhaitable que ce ne soit pas l'expansion économique isolément car, au lieu de reproduire l'évolution des civilisations techniques, peut-être trouveront-elles un autre type d'évolution originale et capable d'influencer la nôtre. Peut-être l'évolution attend-elle l'association complémentaire de ces deux types de structure pour repartir vers des « lendemains qui chantent » comme la symbiose des formes glycolytiques primitives aux formes aérobiotiques plus récentes qui formèrent, semble-t-il, les premières mitochondries, ont permis un nouveau départ des systèmes vivants dans la biosphère (voir p. 46).

On a l'habitude de rappeler que des espèces ont disparu parce qu'inadaptées aux nouvelles conditions écologiques qui se sont succédé dans leur niche et de souligner que l'espèce humaine peut également disparaître comme les grands sauriens du secondaire. On oublie généralement de dire que l'évolution ne s'est pas arrêtée pour autant et que ce qui a disparu ce sont les branches latérales s'échappant du tronc principal, du phylum. Si nous exprimions plus haut l'idée que toute forme vivante peut être utile à l'évolution par les potentialités génétiques qu'elle contient et que nous devons faire attention à ne pas accélérer sa disparition, c'est dans l'ignorance où nous sommes encore du mécanisme des processus évolutifs et de leurs lois. Jusqu'ici la pression de nécessité s'est débarrassée des bourgeons maladroits, des systèmes fermés du point de vue de l'information-structure. Craignons d'être soumis en tant qu'espèce humaine à une telle pression de nécessité comme nous l'avons toujours été jusqu'ici. Le rôle de la science est de tenter d'en pénétrer les lois de façon à les utiliser au profit de l'homme, non d'aujourd'hui mais de demain.

SOCIOLOGIE ET ÉCONOMIE
DES SOUS-ENSEMBLES

Nous avons déjà, à différentes reprises, parlé de niveaux d'organisation. Il faut toujours se poser la question de savoir quel est alors l' « organisme » étudié. Quel est l'ensemble organisé, objet de notre étude. Quelles sont les limites de son information-structure, à quel niveau se ferme-t-elle ?

Nous avons vu en effet qu'un organisme humain par exemple était « autogéré ». Nous avons dit que le système nerveux n'était pas la « classe dominante » mais seulement l'intermédiaire capable de prendre connaissance des variations survenant dans l'environnement et en retour d'agir sur cet environnement au mieux de la survie de l'ensemble organique dont il ne fait qu' « exprimer » le bien-être ou le déplaisir. Il ne décide pas pour l'ensemble organique, mais il exprime pour cet ensemble la décision comportementale nécessaire à la recherche du bien-être et à la fuite du déplaisir. Il agit dans un système fermé en ce qui concerne l'information-structure.

C'est ainsi que si nous recherchons l'analogie sociologique, ce n'est pas sans doute au niveau de l'individu ou de l'entreprise que nous devrons nous placer tout d'abord, mais au niveau du plus grand ensemble, celui comprenant tous les sous-ensembles humains. Ce plus grand ensemble c'est évidemment l'espèce et son environnement, la planète, sur lequel nous venons de nous arrêter un instant.

C'est ce grand ensemble qui doit s'autogérer pour assurer sa survie, son plaisir. Toute dissection à l'intérieur de cet ensemble risque de n'aboutir qu'à des luttes compétitives et à des recherches de dominances suivant les thèmes que nous avons décrits précédemment. En attendant une telle autogestion, peut-on, en passant au-dessus des « blocs » de nations, parvenir à la structure nationale et envisager s'il est possible malgré tout qu'elle s'autorégule ?

L'exemple du système nerveux, simple intermédiaire entre l'environnement d'un organisme et l'action de celui-ci sur cet environnement suivant le « désir » de bien-être de cet ensemble, laisse entrevoir que, en conformité avec ce schéma, aucune centralisation de la décision n'est acceptable. Les organismes centraux dans un tel système ne pourraient avoir d'autre rôle que d'informer l'ensemble national du contexte intérieur et extérieur et d'exprimer l'avis de l'ensemble national dans l'action entreprise. Un rôle d'intermédiaire sans plus. Toute occultation de l'information au profit des leaders, tout défaut de diffusion à l'ensemble national de cette information, toute insuffisance de généralisation culturelle exigée pour pouvoir exprimer un avis individuel ou par classes fonctionnelles et surtout toute information dirigée de haut en bas, d'instances de décision vers la base, ne peuvent aboutir à l'autogestion de l'ensemble national mais à une pseudo-démocratie, ou à un système bureaucratique. Aucun individu ou aucun groupe d'individus n'est autorisé à décider du bonheur de l'ensemble et s'ils invoquent l'ignorance de la masse à décider des actions efficaces pour elle, ce pourquoi ils en décident à sa place, c'est qu'ils ont mal rempli leur rôle de diffusion de ce que nous avons appelé l'information généralisée, s'étant limités le plus souvent à la diffusion de l'information spécialisée, professionnelle, celle exigée par la croissance, le profit et le maintien de leur domination. Il faut donc découvrir une information-structure nationale, donc une organisation sociale, capable de permettre de faciliter l'écoulement de l'information circulante. Nous verrons plus tard quel peut être le contenu de cette information circulante.

Si nous tentons d'explorer plus avant l'analogie entre un organisme individuel et un organisme social national, nous pouvons noter que l'environnement de ce dernier est d'abord le territoire qui constitue son système écologique immédiat, sa niche environnementale, mais que ses rapports socioculturels, et économiques se font aussi à l'extérieur de ce territoire, avec les autres organismes nationaux avec lesquels il échange à la fois sur le plan matériel, énergétique et informationnel. L'équivalent de l'autisme pour l'individu, du repliement sur lui-même, c'est l'autarcie pour la nation. Mais comme pour l'individu nous observons encore entre les nations une recherche de la dominance, l'établissement de hiérarchies de valeur, fondées sur l'information spécialisée d'où découle la productivité. Cette dominance qui résulte de la fermeture du système national est bien entendu valable essentiellement pour la classe dominante et c'est elle qui déclenche les compétitions commerciales et industrielles, les recherches de débouchés, de marchés. Mais elle parvient souvent à faire admettre par l'ensemble national que sa cause est la cause de la nation et qu'en défendant ses intérêts de classe dominante sur le plan international, elle défend ceux de tous les citoyens. Il est intéressant de noter que nous semblons là accepter la notion de classes telle que nous l'avons précédemment critiquée, dans sa compréhension classique, marxiste. Cette compréhension classique paraît également trouver des arguments dans le fait que ce jeu n'a pas encore réuni la classe antagoniste, la classe ouvrière, alors que la bourgeoisie semble avoir réalisé son ouverture horizontale. Le capitalisme est en effet un phénomène transnational, le capital ayant perdu sa nationalité et ceux qui le possèdent ou qui le gèrent adoptant un comportement qui n'a plus rien à voir avec l'intérêt national mais avant tout avec celui de l'accumulation dudit capital. Mais en réalité, cela ne veut pas dire qu'il existe une classe bourgeoise, nettement délimitée, un ensemble d'individus présentant des caractéristiques fonctionnelles semblables. Nous avons eu déjà l'occasion de signaler que bourgeoisie et prolétariat se distinguent beaucoup plus par un vécu subjectif que sur des critères socio-économiques. *Cela résulte du fait que l'on se « sent » bourgeois ou prolétaire suivant que l'on se « sent » suffisamment gratifié ou non dans le système hiérarchique fondé sur l'information professionnelle.* Chaque nation capitaliste ou socialiste contemporaine possède son propre système hiérarchique fort semblable, aux étiquettes près. La distinction provient du fait que dans *un cas, le capital a son existence propre, constitue une finalité, à laquelle concourt tout le système hiérarchique, alors que dans le second, le capital est une notion secondaire puisqu'en principe collectif, mais que le système hiérarchique a sa finalité en lui-même.* C'est peut-être pourquoi le collectivisme d'Etat n'a pas fourni les résultats espérés en ce qui concerne l'expansion économique, car la motivation de dominance est ailleurs. Mais en réalité, à y regarder de près, il y a peu de différence, puisque l'orientation de l'utilisation de la plus-value dans un cas comme dans l'autre échappe à ceux qui la créent et que l'aliénation hiérarchique demeure. Ainsi, à notre avis, il n'existe pas une classe dominante nationale, qui serait plus ou moins intégrée, ouverte horizontalement avec les autres classes dominantes nationales des pays capitalistes. *Mais il existe bien un capital international, de même qu'un comportement humain qui le prend pour finalité de ses actions. Tout homme qui admet le système hiérarchique qui en découle, fondé sur* le degré d'abstraction dans l'information professionnelle atteint par les individus, puisque l'accumulation du capital ne peut se passer de l'expansion économique et donc du développement de l'information professionnelle, *est un bourgeois.* Rechercher la promotion sociale institutionnalisée par ce système, donc l'accepter, à quelque niveau de l'échelle hiérarchique où l'on se trouve, *c'est être capitaliste, même sans posséder de capital.* Mais de la même façon chercher à s'élever dans les instances du parti, dans l'organisation hiérarchiquement privilégiée, *c'est capitaliser le pouvoir* en utilisant la plus-value de pouvoir comme l'a définie G. Mendel [1] qu'abandonnent

---

1. G. Mendel (1972), *Sociopsychanalyse II. La plus-value de pouvoir*, Payot, édit.

ceux situés à un échelon inférieur de la hiérarchie.
La preuve est faite que c'est la recherche de la dominance la véritable motivation car si le patronat a accepté progressivement l'amélioration de la condition ouvrière, qui était d'ailleurs indispensable à l'accroissement du pouvoir d'achat et en conséquence à l'accroissement du profit, il s'est généralement refusé et se refuse encore à voir son pouvoir de décision partagé, soit par les cadres, soit par les ouvriers. Il semble donc que le problème de la croissance est bien fondé au départ sur la recherche de la dominance, même si celle-ci est de moins en moins réalisée par la possession du capital. On est ainsi conduit même à se poser la question de savoir si, compte tenu de syndicats actifs et efficaces, un tel capitalisme assurant la « croissance et l'expansion » n'est pas mieux à même qu'un régime bureaucratique d'assurer un bien-être matériel moyen aux classes laborieuses, du fait de l'accroissement insensé et obligatoire des biens de consommation qu'il assure. Par contre, un tel système, même équilibré par des syndicats puissants et efficaces, n'améliore en rien pour les dites classes laborieuses leur *pouvoir de décision* ou du moins, comme nous l'avons déjà laissé entendre, ce que l'on pense être un pouvoir de décision.

En effet, il ne s'agit peut-être pas pour les classes dominées de remplacer les classes dominantes dans la décision de toujours faire plus de marchandises pour accroître le profit et les investissements, ce qui semble en réalité parfaitement bien réalisé sans leur participation. Il ne s'agit pas même sans doute d'améliorer encore les conditions de travail, les loisirs et les salaires aux dépens de ces investissements et de la croissance, *à moins d'en arriver au point où ces revendications seront capables de stopper la croissance en supprimant la motivation fondamentale du profit pour la dominance ainsi que les investissements pour accroître la production, donc le profit.* La

« décision » en définitive aboutirait à choisir entre la production et la possession d'un nombre croissant d'objets de consommation, ou un type de vie laissant suffisamment d'heures libres par jour pour accroître les connaissances que chacun doit posséder des relations interhumaines sous toutes leurs formes biologiques, psychologiques, sociologiques, économiques, politiques. Ce deuxième type de vie, c'est évident, réduirait considérablement la production ou du moins stopperait la croissance et l'expansion. Il aboutirait à l'état si redouté des économistes et des hommes politiques, la stagnation. Mais dans une stagnation concernant la production de biens de consommation, pourrait s'épanouir un véritable « miracle », non plus économique, mais humain. *La question serait alors clairement posée de savoir si la finalité de l'espèce humaine sur la planète est de faire toujours plus de marchandises, ou de mieux connaître le monde inanimé, le monde vivant y compris le monde humain.* Pour la première fois, ce problème ne serait plus abandonné à quelques philosophes, mais posé à l'ensemble des hommes, avec suffisamment d'informations non dirigées pour pouvoir le résoudre. La première conséquence évidemment serait la brusque disparition des hiérarchies de valeur. Nous retrouvons donc au niveau des sous-ensembles nationaux, la notion que l'information-structure, sociologique, est fonction de la finalité de l'ensemble. L'individu dans ce sous-ensemble n'est-il uniquement qu'une machine à produire, ou son action sur l'environnement qui a pour finalité son « bien-être », son plaisir, peut-elle aussi s'exprimer dans un autre langage que celui de l'économie ? Il est certain que tant que les machines n'auront pas d'une part remplacé entièrement l'homme dans sa fonction économique, qu'elles ne seront pas rendues d'autre part autoreproductibles et auto-améliorables, ce qui n'est pas pour demain, il restera à l'homme une activité productrice à accomplir, même si cette activité productrice accorde de plus en plus de place à l'information par rapport à la thermodynamique. Mais ce dernier caractère sous-entend que si l'accroissement de la production n'est pas pris pour finalité, le temps libre ne cessera de s'accroître pour une production stabilisée. Nous envisageons plus loin comment ce temps libre pourrait être utilisé, *car un problème se posera à nos civilisations contemporaines, identique à celui qui s'est posé au début du néolithique. Avec la possibilité de constituer des réserves, de ne plus être soumis à la recherche journalière de la nourriture pour survivre, un temps libre considérable est apparu que l'homme du néolithique a utilisé pour accentuer sa spécialisation technique, pour étudier plus précisément les lois du monde inanimé et non pour s'adonner aux loisirs uniquement, aux jeux du cirque.* C'est à cette époque que sont nés la physique, la thermodynamique, les mathématiques, l'artisanat. La mise en forme de la matière de façon efficace pour la survie a commencé à cette époque. L'utilisation de l'énergie était encore empirique et le restera jusqu'à la révolution industrielle. Cette dernière étape est tout aussi fondamentale car elle permet de passer de la connaissance du monde physique à celle du monde vivant. *Ainsi nous verrons qu'à notre avis, le temps libre qu'il sera possible de récupérer, à partir du moment où la finalité ne sera plus exclusivement l'expansion économique qui fut la conséquence de l'utilisation de l'information au seul domaine du monde de la matière et de l'énergie, pourra être employé à la connaissance du monde vivant dans son ensemble, comme de celui qui anime chacun de nos comportements en situation sociale.*

Dans ce cadre, quelle information-structure les sociétés nationales de demain seront-elles déterminées à prendre ? La structure hiérarchique qui est celle de notre époque aura moins de raisons de survivre puisque la finalité expansionniste sera moins puissante. Du moins cette structure hiérarchique même si elle se conserve dans l'aspect productif des sociétés humaines ne pourra aller qu'en s'amenuisant à partir du moment où cet aspect productif deviendra moins exclusif. Il restera à inventer un système de relations interprofessionnelles dans des chaînes de servomécanismes, d'inclusions progressives de systèmes dont la finalité ne sera plus exclusivement la production pour la production mais quelque chose d'autre ayant trait à ce qu'il est convenu d'appeler les sciences humaines, et pas seulement sous leurs formes langagières. Nous aurons à en reparler.

Mais dans son aspect encore productif il est permis dès maintenant d'imaginer un système de relation qui ne soit plus hiérarchique. *Tout homme isolé s'inscrit obligatoirement dans une hiérarchie et à l'intérieur de celle-ci adopte un comportement paternaliste, raciste ou dominateur à l'égard de ses « inférieurs » et un comportement soumis et infantile à l'égard de « ses supérieurs ». Nous avons signalé la solidité du système. Pour ouvrir le système fermé qu'est un individu dans un ensemble englobant qui ne soit pas hiérarchiquement organisé, c'est-à-dire individualisé (car pour régner il faut diviser et plus le système hiérarchique est étalé, individualisé, plus le règne de la marchandise s'accroît), il faut l'ouvrir sur un « ensemble fonctionnel », une classe fonctionnelle.*

Mais pour obtenir ce but désirable, il paraît nécessaire de se soumettre aux niveaux d'organisation et de donner le pouvoir à part égale à chacun des niveaux d'organisation, à chaque classe sociale, le terme de classe étant compris dans son sens large et non plus dans son sens étroit d'opposition entre bourgeoisie et prolétariat. *Dans son sens large, c'est-à-dire fondé sur l'analogie de fonction.* Il existerait ainsi dans une même organisation, dans une même entreprise où tout le monde travaille, un nombre plus ou moins grand de classes dont les individus se sentiront solidaires parce que remplissant la même fonction. Il s'agit de classes fonctionnelles. Mais pour réaliser ce projet, un certain nombre de transformations sont nécessaires, aussi indispensables que la disparition de la propriété privée des moyens de production.

La première, la plus fondamentale, la plus difficile sans doute à réaliser, est celle sur laquelle nous avons déjà insisté à plusieurs reprises : *la disparition aussi bien du paternalisme que de l'infantilisme dans les rapports interclasses.* A tous les niveaux d'organisation et pour chaque individu la conscience de classe est aussi difficile à atteindre que l'abandon du paternalisme psychofamilial à l'égard de ceux appartenant à la classe considérée comme inférieure et de l'infantilisme à l'égard de ceux considérés comme appartenant à la classe supérieure. Ce qui revient à dire que *ce sont les hiérarchies de valeur qui empoisonnent les rapports sociaux.*

Les hiérarchies de valeurs actuelles s'établissant, nous l'avons vu, sur l'information technique spécialisée et d'autre part l'autogestion devant forcément aboutir à leur disparition pour permettre le pouvoir des classes fonctionnelles, il est probable que les dominances hiérarchiques technologiques s'opposeront à la disparition de leur pouvoir. On risque alors de voir une lutte de classe non plus seulement entre « prolétaires » et « capitalistes » détenteurs des moyens de production, mais surtout entre prolétariat, dépourvu de connaissances techniques et bourgeoisie technocratique, ou au contraire comme cela s'est passé jusqu'ici, une classe technocratique et bureaucratique prendre la place de la bourgeoisie traditionnelle, comme celle-ci avait pris jadis celle de l'aristocratie, « Monsieur », le cadre, qui a des « responsabilités » comme chacun sait, s'opposera à ce que son autorité soit contestée par des ignorants. Mais ce qui est contesté n'est pas un savoir technique quand il est valable, mais bien l'utilisation de cet acquis technique et de l'autorité qui ne devrait être que technique, qu'il confère dans un cadre de hiérarchies de valeur, de salaires, de considérations, de pouvoir, par le fait que cet acquis technique est conforme à la recherche de la dominance par l'expansion.

Nous revenons donc au problème précédent : dans un monde continuant d'être guidé par la productivité pour la dominance, une nation autogérée, du fait même de la persistance de la finalité globale risque fort de n'aboutir qu'à un simulacre d'autogestion qui sera en réalité une techno- et une bureaucrato-gestion. La seule façon d'éviter cet écueil, semble-t-il, serait de fournir une information généralisée permettant d'opposer une structure par niveaux d'organisation fonctionnels, instaurant les pouvoirs de classes fonctionnelles et les opposant aux hiérarchies de valeur technicisées qui sont présentement établies. En effet, nous avons déjà eu l'occasion d'insister sur le fait que sur le plan de l'information généralisée, la suprématie technique disparaît. *Il semble donc absolument évident que pour faire disparaître les dominances hiérarchiques, fondées sur les connaissances techniques, il est indispensable d'instituer une généralisation des connaissances non techniques permettant l'instauration des pouvoirs de classes fonctionnelles.* Ne serait-ce pas cela que l'on appelle la généralisation de la culture ? Celle-ci ne pourrait être une culture de classe puisque cette dernière n'a été jusqu'ici qu'un colifichet, un accoutrement harmonieux et sans utilité, un signe distinctif au sein des hiérarchies de valeur technicisées.

L'organisation « endonationale[1] » des structures socia-

---

1. *Endonationale :* néologisme exprimant que cette organisation est celle située « à l'intérieur » (endo) de la nation. On peut en inférer que les organisations « inter » nationales sont à la fois « endo » et « exo » nationales par rapport à une nation donnée.

les exige donc des informations généralisées concernant l'environnement aussi bien extérieur qu'intérieur à lui. Sans un tel système de diffusion des informations, l'organisme national est incapable d'agir de façon cohérente à l'égard de l'environnement, non plus que de définir son équilibre interne. Il ne peut que déboucher sur un pouvoir de classe, la classe au pouvoir pensant à se satisfaire d'abord et à maintenir sa dominance hiérarchique. Ces informations généralisées concernant l'activité productrice de l'ensemble social, l'aspect énergétique de son activité en quelque sorte, son métabolisme, mais aussi la structure même de l'organisme, les relations existant entre ses éléments et dont découle l'activité productrice globale. On retrouve là la notion, familière au biologiste, de niveaux d'organisation. A partir de l'individu, dont nous avons déjà envisagé l'analogie cellulaire, les groupements de ces individus en organes, tissus systèmes, trouvent aussi leur analogie avec les entreprises, les industries, les grandes activités nationales dont l'ensemble concourt à l'efficacité de l'action globale. Chaque niveau d'organisation règle et contrôle l'activité du niveau sous-jacent, mais chaque niveau, comme dans un organisme, est indispensable à l'activité de l'ensemble. Sa finalité est bien sa satisfaction personnelle mais réalisable uniquement grâce à la satisfaction de l'ensemble, celle-ci n'étant possible que grâce à l'efficacité de chaque niveau d'organisation. Il s'agit bien de systèmes régulés mais dont l'information vient de l'extérieur du système par l'établissement de servomécanismes, le choix de la finalité globale étant le résultat de la recherche de la satisfaction de tous les éléments. C'est ainsi que fonctionne un organisme. Nous retrouvons bien alors la notion du pouvoir généralisé, mais il est maintenant plus apparent encore que ce pouvoir généralisé n'est possible que si une information généralisée permet l'action à tous les niveaux d'organisation. Or, nous avons indiqué que l'information généralisée n'était concevable que dans un cadre non dirigé, en l'absence de hiérarchies de valeur spécialisées, et surtout avec du temps pour la recevoir et en rechercher les sources. Possible enfin que par la méfiance institutionnalisée à l'égard des analyses logiques qui ne font que recouvrir un inconscient affectif et dominateur, ainsi que par l'abandon ou du moins la remise en question des grilles, simplistes et rassurantes, des certitudes pseudo-scientifiques, des références constantes aux grands anciens.

Dans une telle organisation nationale, le pouvoir résultant d'un niveau d'organisation fonctionnel au sein d'un sous-ensemble, telle qu'une entreprise par exemple, dépendra évidemment des nécessités et des objectifs de complexes organiques plus importants. On peut décrire ces interdépendances par niveaux d'organisation de complexité croissante, comme étant *un système vertical. Dans un tel système on comprend que la commande extérieure à un niveau d'organisation donné n'est pas une commande hiérarchique mais informationnelle.* Elle résulte de la recherche de l'homéostasie globale et celle-ci doit donc forcément prendre en compte les « désirs », c'est-à-dire les exigences énergétiques et structurales de chaque élément des niveaux d'organisation sous-jacents comme celles de l'organisme entier dont l'action globale permet la réalisation des précédentes. Mais on peut aussi imaginer un pouvoir provenant d'*une structure horizontale. Nous entendons par là un pouvoir résultant de l'indispensabilité d'éléments appartenant à des organes différents dispersés à travers l'ensemble de l'organisme, mais unis par une même analogie fonctionnelle.*

L'ensemble des enseignants d'une nation représente une classe sociale, comme en représente une également l'ensemble des enseignés (suivant l'exemple pris par Gérard Mendel). Mais dans une même institution (dans le même organe) ces classes existent aussi alors qu'elles étaient envisagées précédemment à l'échelon du système (Education Nationale). C'est en défendant leur pouvoir dans le sens vertical et horizontal que chaque classe sociale pourra participer à l'homéostasie globale et faire échec aux hiérarchies de valeur spécialisées.

Les structures horizontales et verticales possèdent l'avantage de nous faire envisager la possibilité de « l'ouverture » du système. Chaque classe, chaque niveau d'organisation est un système fermé. Sa transformation ne serait possible que par une transformation de sa « fonction » puisqu'il s'agit d'un pouvoir de classe fonctionnelle. Chaque enseigné par exemple en vieillissant abandonnera sa classe et sera remplacé par d'autres, mais la classe des enseignés persistera tant qu'une génération transmettra son expérience à la suivante. Cela ne présume pas d'ailleurs du mode d'enseignement, de la façon paternaliste ou non, dont la transmission de l'expérience peut être réalisée, de la reconnaissance ou non par les autres classes de la classe des enseignés dont l'indispensabilité est évidente comme celle du malade dans la hiérarchie hospitalière. Mais on voit comme tout *système régulé ce niveau d'organisation est fermé sur lui-même,* c'est-à-dire que l'effecteur (classe des enseignés) possède un effet (acquisition d'une expérience) qui agit en rétroaction sur ses facteurs (enseignants et autres classes fonctionnelles). Son *ouverture* résulte de son appartenance à un système auquel participent d'autres niveaux d'organisation. Nous avons envisagé *la limite d'intégration nationale. L'ouverture supérieure, verticale, consiste dans l'intégration de l'organisme national et du niveau d'organisation qu'il représente, à un ensemble international. L'ouverture horizontale* est celle qui résulte de la réunion des différentes classes fonctionnelles avec les classes fonctionnelles analogues appartenant à d'autres organismes nationaux, capables de défendre leur pouvoir nous avons indiqué que l'information généralisée n'était concevable que dans un cadre non dirigé, en l'absence de hiérarchies de valeur spécialisées, et surtout avec du temps pour la recevoir et en rechercher les sources. Possible enfin que par la méfiance institutionnalisée à l'égard des analyses logiques qui ne font que recouvrir un inconscient affectif et dominateur, ainsi que par l'abandon ou du moins la remise en question des grilles, simplistes et rassurantes, des certitudes pseudo-scientifiques, des références constantes aux grands anciens.

Dans une telle organisation nationale, le pouvoir résultant d'un niveau d'organisation fonctionnel au sein d'un sous-ensemble, telle qu'une entreprise par exemple, dépendra évidemment des nécessités et des objectifs de complexes organiques plus importants. On peut décrire ces interdépendances par niveaux d'organisation de complexité croissante, comme étant *un système vertical. Dans un tel système on comprend que la commande extérieure à un niveau d'organisation donné n'est pas une commande hiérarchique mais informationnelle.* Elle résulte de la recherche de l'homéostasie globale et celle-ci doit donc forcément prendre en compte les « désirs », c'est-à-dire les exigences énergétiques et structurales de chaque élément des niveaux d'organisation sous-jacents comme celles de l'organisme entier dont l'action globale permet la réalisation des précédentes. Mais on peut aussi imaginer un pouvoir provenant d'*une structure horizontale. Nous entendons par là un pouvoir résultant de l'indispensabilité d'éléments appartenant à des organes différents dispersés à travers l'ensemble de l'organisme, mais unis par une même analogie fonctionnelle.*

L'ensemble des enseignants d'une nation représente une classe sociale, comme en représente une également l'ensemble des enseignés (suivant l'exemple pris par Gérard Mendel). Mais dans une même institution (dans le même organe) ces classes existent aussi alors qu'elles étaient envisagées précédemment à l'échelon du système (Education Nationale). C'est en défendant leur pouvoir dans le sens vertical et horizontal que chaque classe sociale pourra participer à l'homoéostasie globale et faire échec aux hiérarchies de valeur spécialisées.

Les structures horizontales et verticales possèdent l'avantage de nous faire envisager la possibilité de « l'ouverture » du système. Chaque classe, chaque niveau d'organisation est un système fermé. Sa transformation ne serait possible que par une transformation de sa « fonction » puisqu'il s'agit d'un pouvoir de classe fonctionnelle. Chaque enseigné par exemple en vieillissant abandonnera sa classe et sera remplacé par d'autres, mais la classe des enseignés persistera tant qu'une génération transmettra son expérience à la suivante. Cela ne présume pas d'ailleurs du mode d'enseignement, de la façon paternaliste ou non, dont la transmission de l'expérience peut être réalisée, de la reconnaissance ou non par les autres classes de la classe des enseignés dont l'indispensabilité est évidente comme celle du malade dans la hiérarchie hospitalière. Mais on voit comme tout *système régulé ce niveau d'organisation est fermé sur lui-même*, c'est-à-dire que l'effecteur (classe des enseignés) possède un effet (acquisition d'une expérience) qui agit en rétroaction sur ses facteurs (enseignants et autres classes fonctionnelles). Son *ouverture* résulte de son appartenance à un système auquel participent d'autres niveaux d'organisation. Nous avons envisagé *la limite d'intégration nationale. L'ouverture supérieure, verticale, consiste dans l'intégration de l'organisme national et du niveau d'organisation qu'il représente, à un ensemble international. L'ouverture horizontale* est celle qui résulte de la réunion des différentes classes fonctionnelles avec les classes fonctionnelles analogues appartenant à d'autres organismes nationaux, capables de défendre leur pouvoir

Notion de système ouvert

de classe fonctionnelle à l'échelon du groupe de nation. Au sein du marché commun nous commençons à assister parfois timidement à de telles « réunions ». Mais là encore ces réunions fonctionnelles ne sont possibles qu'en l'absence d'antagonismes fondamentaux entre les organismes nationaux, c'est-à-dire qu'avec l'existence d'une finalité commune au groupe de nations tendant à l'intégration. On conçoit ainsi que le principal obstacle à l'ouverture verticale et horizontale est, comme toujours, l'existence de hiérarchies de valeur et des dominances.

Si nous considérons une entreprise, nous pouvons la comparer au bain-marie (dont nous avons parlé p. 32). Il s'agit en effet d'un « effecteur » dont « l'effet » consiste en une certaine production grâce à certains « facteurs » (matières premières, machines, sources énergétiques). Il est régulé si l'importance de la production, étant fixée par le système lui-même, détermine la valeur de ces différents facteurs. C'est alors un système fermé. Il s'ouvre si la commande extérieure au système résultant de l'appartenance de cette entreprise à un ensemble plus grand (industrie) elle-même comprise dans un ensemble plus grand (production nationale) lui fournit les informations capables de faire fonctionner le système régulé qu'elle représente, à une certaine intensité, à un certain niveau de production par exemple. C'est alors un système ouvert dans le sens que nous avons dénommé *vertical*. Mais à côté de cette ouverture verticale, de l'appartenance à un plus grand ensemble, cette entreprise peut aussi posséder une ouverture *horizontale par* sa réunion à d'autres entreprises aux activités soit analogues, soit *complémentaires.* Le plus grand ensemble résulte alors de la *réunion* ou de *l'intersection* de ces différentes entreprises et peut être envisagé soit sous l'aspect *thermodynamique* de la productivité, soit sous celui *sociologique des classes fonctionnelles* assurant la structure sociale de ces entreprises.

Dans un tel système on comprend que la concurrence entre les entreprises n'a plus de signification puisque leur production obéit à une information venue de l'extérieur qui représente sans doute ce qu'il est convenu d'appeler la planification. Celle-ci n'a pas à être imposée d'en-haut, mais acceptée à l'échelon cellulaire (individuel) du fait de la diffusion à ce niveau des informations nécessaires au fonctionnement efficace de tous les niveaux d'organisation aboutissant à l'ensemble national et international.

Prenons un exemple concret. Une usine de bouchons comprend un certain nombre d'individus, remplissant chacun une fonction spécifique dans l'entreprise, mais pouvant se réunir en groupes fonctionnels, en dehors de toute hiérarchie professionnelle, si l'information circulante circule correctement. Nous allons voir en quoi cette information circulante consiste. Cet aspect *sociologique* représente l'*information-structure* de cette entreprise de bouchons. Elle possède aussi des machines remplissant un certain rôle. Notons que ces machines prolongent l'homme, parfois même le remplacent, sans pour autant posséder un pouvoir hiérarchique, ce qui montre en passant que l'on peut remplir une certaine fonction sans que celle-ci soit assortie d'un pouvoir hiérarchique. Ces machines font d'ailleurs partie de l'information-structure de l'usine de bouchons. Comme l'homme, elles exigent pour fonctionner, de l'énergie. L'homme la trouve sous forme alimentaire et plus largement aujourd'hui sous forme de tout ce qui est nécessaire à l'assouvissement de ses besoins fondamentaux. Cette énergie pour la machine peut être hydraulique, électrique ou fossilisée (fuel, charbon, etc.). Le rôle de ces machines comme celui de l'homme qu'elles remplacent ou qu'elles « perfectionnent » sera de transformer une matière première brute en un produit plus élaboré, plus informé. Cette information sera celle fournie par les techniciens ayant imaginé leur structure, l'ayant programmée et qui n'appartiendront que rarement au personnel de l'usine mais a une autre classe fonctionnelle en relation de complémentarité. Energie et matières premières nécessaires à l'utilisation efficace des machines et des hommes représentent *l'aspect économique* de cette entreprise. *L'effecteur* usine de bouchons, dont la structure est constituée par les machines et les hommes, suivant certaines relations qui déterminent justement cette structure, produit un certain *effet :* des bouchons. Pour cela, certains facteurs sont indispensables. Ce sont toujours les mêmes : énergie, masse (matières premières) et information circulante. Or, cet effecteur peut fonctionner en *régulateur* et dans ce cas l'information circulante, provenant de l'extérieur du système, serait inutile : la quantité d'énergie et de matières premières (liège) suffirait à limiter la production de bouchons (feed-before) ou inversement si la production de bouchons était fixée une fois pour toutes à une valeur donnée c'est elle qui régulerait par feed-back la quantité d'énergie et de matières premières à utiliser. Mais la finalité de cette usine, qui est de faire des bouchons, de cette structure fermée, vas s'inclure dans une autre finalité, dans une autre structure, ce qui va lui permettre de s'ouvrir. En réalité, il n'en est pas toujours ainsi et si la production de bouchons n'est qu'une finalité seconde, la finalité première étant de faire du profit et d'accroître l'importance de l'entreprise pour en faire un monopole, on peut imaginer qu'une publicité bien faite puisse faire consommer du bouchon non plus simplement pour boucher les bouteilles, mais par exemple pour faire des colliers, des boucles d'oreilles, en en créant une mode par ailleurs parfaitement inutile, ou des mobiles imitant ceux de Calder, en faisant miroiter à l'utilisateur la possibilité originale de les tailler à sa guise, ce qui développera la personnalité, etc. Il s'agit alors d'une structure fermée, véritable tumeur à croissance incontrôlée qui cependant

trouvera toujours du fait qu'il s'agit d'une entreprise
humaine un discours logique pour défendre son existence
et sa productivité. Grâce au développement de l'industrie
du bouchon un nombre de plus en plus grand de
travailleurs va trouver du travail, non seulement dans
l'entreprise, mais dans celles qui fabriquent des machines
à faire des bouchons, le produit national brut va s'accroître, et si la publicité à l'étranger est bien faite, les
exportations croissantes de bouchons feront rentrer des
devises, et porteront très haut le flambeau de notre génie
national. Un marché important peut être développé dans
les pays sous-développés où les colliers en bouchons
pourraient remplacer avantageusement ceux en coquillages
pour peu qu'on fasse valoir qu'ils sont insubmersibles. Si
le patron d'une telle entreprise de bouchons fait construire
quelques cafétérias pour ses ouvriers, des crèches ou des
terrains de sport et les paye correctement, il sera un bon
patron. Sa réussite sociale lui vaudra la Légion d'honneur
ou pour le moins l'ordre du Mérite, s'il sait se réserver
quelques appuis politiques locaux ou régionaux. Mais au
lieu d'une telle structure fermée, nous avons vu que l'on
peut imaginer une structure ouverte. Dans ce cas, ce
régulateur, structure fermée sur elle-même, se tranformera
en servomécanisme. Les bouchons seront utilisés par
exemple pour boucher des bouteilles. Ce sera donc
l'industrie de la bouteille, qui l'informera de ses besoins.
Elle ne lui donnera aucun ordre, elle lui fera savoir
simplement que l'industrie de la bouteille en expansion ou
en régression a besoin d'une quantité donnée de bouchons
par mois. Mais l'industrie de la bouteille peut également
être une structure fermée comme nous en avons envisagé la
possibilité pour l'industrie du bouchon et faire dans ce cas
des bouteilles pour vendre des bouteilles envers et contre
tout. Mais elle peut aussi s'ouvrir par inclusion dans les
ensembles industriels plus grands produisant des liquides

pour remplir les bouteilles, etc. Dans chaque cas, la structure fermée s'ouvre sur un ensemble plus complexe par apparition d'un servomécanisme d'une information venant de l'extérieur du système régulé. Dans ce cas, on comprend que l'approvisionnement énergétique et en matières premières ne sera plus commandé seulement par la motivation du profit et de l'expansion systématique mais par une fonction à remplir qui participe à celle d'un ensemble plus complexe. Or ceci n'est possible que si la finalité du plus grand ensemble, que nous avons considéré dans ce cas national, mais que l'on peut faire remonter jusqu'à l'espèce n'est pas elle-même fondée sur l'expansion, pour accroître le profit et permettre le maintien des hiérarchies professionnelles de dominance. On peut objecter que l'offre et la demande, les désirs des consommateurs, de bouchons, de bouteilles ou de liquides, etc., sera la condition fondamentale de cette expansion. Nous savons bien malheureusement et nous nous sommes déjà étendus sur ce sujet, que l'on ne désire que ce que l'on connaît et qu'un homme du paléolithique n'aurait pas souhaité posséder des bouchons. *On voit donc également que la structure hiérarchique à base professionnelle telle que nous l'avons décrite, l'information-structure à tous les niveaux d'organisation envisagés, dépendra de la finalité envisagée par le système d'ensemble et de celle de tous les sous-systèmes qui participent à ses fonctions.*

Dans un tel système hiérarchique l'information circulante n'a pas besoin de circuler. La finalité étant de faire le plus possible de bouchons pour faire le plus possible de profit, le patron et le conseil d'administration penseront prendre des décisions. En réalité, ils ne décideront que de ce qui permet d'accroître la production de bouchons suivant l'étude du marché, les possibilités ouvertes par la publicité, l'approvisionnement en matières premières et énergie, le salaire des ouvriers, l'investissement rentable en machines, etc. Or, l'information circulante, celle qui devrait être propagée à l'ensemble de l'information-structure humaine de l'entreprise, concerne l'ensemble des problèmes généraux envisagés depuis le début de cet ouvrage, en particulier les notions : de structure, d'information, d'ensembles, de systèmes ouverts ou fermés, de finalité, des sous-systèmes et des systèmes que les patrons eux-mêmes ignorent puisqu'ils travaillent sur un système fermé. Elle concerne aussi les rapports de ces notions structurales avec celles de masse et d'énergie, et celles aussi ayant trait aux mécanismes biologiques des comportements humains en situation sociale. Cet apport est sans doute beaucoup plus fondamental que tout acquis purement professionnel plus ou moins spécialisé, car il est la base d'un comportement politique, à l'origine de l'ouverture du système fermé de l'organisme individuel dans un groupe fonctionnel ouvert lui-même verticalement et horizontalement dans des ensembles sociaux de complexité croissante.

Il semble aussi évident, notons-le en passant, que le libéralisme économique généralement défendu par ce qu'il est convenu d'appeler les « conservateurs », c'est-à-dire les individus se disant fondamentalement opposés à l'anarchie, représente le type même du système anarchique. Je sais bien que l'on prétend que ce système est régi par des lois rigoureuses, la production étant gouvernée par la consommation, l'offre par la demande. Il s'établirait ainsi un équilibre harmonieux que l'expérience montre inexistant, du fait que la demande dépend de la publicité donc de l'offre, que le désir des objets est gouverné par l'information marchande et le capital investi. L'anarchie économique s'installe, les plus forts imposant leur dominance. La planification dite bien entendu démocratique est emportée au souffle puissant du profit.

L'individu ignorant les déterminismes qui guident cette

société folle (parce que désadaptée au réel) aveuglé et assourdi par les automatismes et les besoins qu'elle crée en lui, détourné des problèmes fondamentaux par des sous-problèmes dont on gonfle l'importance par l'ignorance même des dirigeants, ou par des solutions conceptuelles dépassées, mais, manipulées, elles aussi, par d'autres systèmes hiérarchiques de dominance, se laisse emporter sans résistance dans le confort ou l'inconfort, par ce même souffle puissant du profit. Si le profit individuel lié à celui de l'entreprise n'existe plus, s'il devient un profit collectif, celui de l'Etat, on pourrait croire que la motivation ayant changé, l'anarchie économique et l'absurdité du système précédent doivent disparaître. Or l'expérience montre en réalité qu'ils sont autres, non pas qu'il n'y ait plus de motivation du tout, bien que ce soit sans doute le cas pour beaucoup d'individus dans un tel système. La motivation qui commande à la recherche de la dominance existe toujours. Il existe tous les passages entre bien individuel, privé et bien collectif, car la collectivité peut être de plus ou moins grande importance : locale, régionale, nationale. Ce qui semble pouvoir définir le bien collectif dans un système collectiviste, c'est qu'il est obtenu grâce à un capital collectif. Cependant, son utilisation ne résulte pas généralement d'une décision collective mais de celle de bureaucrates ou de parlementaires distribuant les deniers de l'Etat. Il existe alors une telle distance entre le travail individuel et la gratification collective que l'on comprend que la motivation, lorsque le travail aboutit à l'abandon de la plus-value à l'Etat et à sa redistribution sans possibilité de contrôle direct de son emploi, soit considérablement réduite. D'autre part, ce qui est redistribué, individuelle-ment par l'Etat, le salaire, l'est suivant une échelle hiérarchique. Celle-ci comme partout, dans les sociétés technicisées, est fondée sur le degré d'abstraction dans l'information professionnelle. Mais elle l'est aussi sur la soumission aux règles du système, sur la connaissance et l'application stricte de l'idéologie, puisque c'est elle qui permit la dominance et le maintien des hiérarchies. Même si l'échelle des salaires est beaucoup moins étendue qu'ailleurs, elle existe. Mais, comme l'utilisation des salaires pour une gratification consommable est beaucoup moins facilement réalisable, l'échelle des salaires a moins besoin d'être étalée. Un petit nombre de privilégiés du régime seulement se trouve favorisé. On comprend que dans un tel système, malgré une diminution de la production de biens inutiles, l'absence de motivations en vue d'actes gratifiants individuels soit une entrave à la production globale.

D'autre part, comme la finalité du système est restée la même, à savoir la productivité alors que cette productivité, orientée surtout vers les biens collectifs et la défense nationale, est mal ressentie comme gratification individuelle, que l'individu se trouve uniformisé sur le plan de la consommation comme sur celui de la pensée politico-sociale, la rentabilité du système ne paraît pas améliorée par la disparition de la motivation individualiste du profit. Celle-ci est remplacée par la recherche de l'ascension hiérarchique dans les cadres de la bureaucratie dispensatrice du pouvoir. Mais de quel pouvoir ?

Il est évident qu'un pouvoir politique généralisé doit s'appuyer sur un savoir politique généralisé.

Un premier point nécessite d'être développé. Le pouvoir politique qui pourrait être la propriété des classes fonctionnelles doit éviter deux écueils : le corporatisme et le culte de la personnalité à l'échelon des groupes les plus simples.

Le *corporatisme* consiste à tenter d'imposer le pouvoir politique d'une classe fonctionnelle ou le plus souvent professionnelle, sans tenir compte des structures d'ensemble à la constitution desquelles elle participe. C'est agir en la coupant du servomécanisme de la source informationnelle provenant de l'extérieur du système fermé qu'elle représente. La corporation est l'ensemble de ce qui résulte de la fermeture d'un système. C'est un véritable cancer qui ne pense qu'à son propre plaisir, son propre bien-être, sa propre satisfaction, s'appuyant sur son indispensabilité, sans concevoir l'indispensabilité des autres classes fonctionnelles. A l'intérieur d'une même classe fonctionnelle ou professionnelle, il existe d'ailleurs des hiérarchies de pouvoir qui peuvent trouver une ouverture horizontale en s'associant aux hiérarchies de pouvoir analogues dans d'autres classes fonctionnelles. C'est même en recherchant cette ouverture horizontale que les niveaux hiérarchiques les plus défavorisés au sein d'une profession tentent le plus souvent de faire échec au pouvoir hiérarchique intraprofessionnel au sein d'une corporation. Nous constatons, là encore, que pour faire échec au corporatisme, aux jugements de valeur, à l'isolement d'un sous-ensemble professionnel, à sa sporulation ou à son empiétement, il est nécessaire d'en rechercher à la fois l'ouverture verticale au sein des ensembles plus vastes qui le comprennent et l'ouverture horizontale pour chaque niveau d'organisation, pour chaque sous-ensemble participant à sa structure.

Le culte de la personnalité, lui, est proche du paternalisme et de l'infantilisme auquel nous avons fait allusion précédemment. Il représente l'abandon du pouvoir politique entre les mains d'un seul ou de quelques-uns, capables d'imposer leurs vues personnelles aux groupes qui les acceptent d'autant plus facilement que cela les sécurise de croire que dans la complexité des faits socio-économiques, certains sont mieux informés, donc plus aptes à agir. Cela montre que l'information généralisée du groupe est imparfaite, soit faute de temps pour l'acquérir, soit du fait prémédité que les personnalités dominantes stockent les informations et ne présentent aux éléments de groupes que celles leur permettant de conserver leur dominance. Nous retrouvons donc là le problème déjà abordé de l'information généralisée, mais nous aboutissons surtout à la notion fondamentale que le pouvoir politique ne peut être que l'expression d'un groupe humain fonctionnel, et non d'un individu et que l'action politique d'un ensemble national ne peut être que la résultante de l'expression du pouvoir politique de toutes les classes fonctionnelles qui participent à la structure de la nation. Ce pouvoir politique d'ensemble doit s'établir évidemment en faisant appel à l'ouverture verticale et à l'ouverture horizontale des groupes humains, sous-ensembles nationaux. On imagine mal, dans un organisme, une seule cellule imposant son pouvoir à l'ensemble des cellules d'un organe ou de l'organisme. Quand l'une d'elles fait cavalier seul et se multiplie pour son propre compte, elle donne naissance à un cancer. Mais généralement dans un organisme normal un tel destin cellulaire est rapidement jugulé par ce qu'il est convenu d'appeler les moyens de défense, qui assurent la destruction des éléments non conformes à la destinée commune. *Il ne s'agit d'ailleurs pas, notons-le, de la soumission à un « conformisme »* car un organisme normal est capable d'évolution. Mais celle-ci se situe au niveau de l'*enrichissement informationnel* et non de la régression à l'égoïsme unitaire. La mémoire, l'enrichissement en expériences, sont des caractéristiques des systèmes vivants. Mais cette expérience acquise est utilisée pour la satisfaction de l'ensemble organique, pour l'amélioration de ses conditions de vie. La mémoire héréditaire, c'est-à-dire la structure génétique, la mémoire immunologique et la mémoire nerveuse, ne sont point autre chose. Si certains groupes moléculaires ou cellulaires en sont chargés, ce n'est pas pour leur propre compte, mais pour celui de l'ensemble organique.

Or, là aussi la distinction est indispensable entre

information et thermodynamique. Quand nous parlons d'*amélioration des conditions de vie d'un organisme,* il s'agit en réalité du *maintien de son équilibre biologique par rapport à l'environnement et par son action sur l'environnement.* Ainsi, un organisme n'améliore pas ses conditions de vie, lorsque, compte tenu de la quantité d'énergie qu'il libère et qui est exigée de lui par les variations survenant dans l'environnement, il mange au-delà de la quantité nécessaire au rétablissement des constantes de son milieu intérieur, de la concentration en glucose de son plasma par exemple. S'il le fait, il perturbe ses métabolismes, c'est-à-dire le fonctionnement de ces usines chimiques microscopiques que sont ses cellules et des maladies apparaissent, obésité, diabète gras, athérosclérose, etc., maladies de pléthore et de consommation qui accélèrent sa destructuration et sa mort.

Il est probable que pour les sociétés humaines une pléthore de consommation existe également et nous avons tenté plus haut d'en démonter le mécanisme que nous avons vu fondé sur le désir de puissance, alors que seul devrait être assuré l'assouvissement des besoins fondamentaux. C'est dire que si l'analogie entre l'organisme social et l'organisme humain est possible, la croissance et l'expansion doivent avoir des limites. Malheureusement, nous possédons pour contrôler l'équilibre biologique d'un organisme humain des références quantifiables alors que nous ne savons pas encore quelles sont les constantes thermodynamiques (alimentaires) des groupes sociaux. Combien doivent-ils prélever d'énergie dans l'environnement et pour maintenir quel équilibre (quelle structure) social, pour fournir quel travail, libérer quelle quantité d'énergie mécanique ?

Il semble que nous touchions là au fond de l'analogie. Quand nous parlons du maintien de l'équilibre biologique, facteur de ce que l'on nomme par ces mots dangereux de plaisir, de bien-être, il s'agit en réalité du *maintien d'une structure*. Il s'agit du maintien des relations, des rapports précis existant à tous les niveaux d'organisation d'un organisme, des molécules à l'ensemble, entre les éléments qui le constituent.

Si la *structure sociale* repose sur l'existence des rapports entre dominants et dominés, sur la promotion sociale, fondée sur l'élévation hiérarchique dans un cadre professionnel créateur de biens de consommation et non de structures nouvelles dans la connaissance de ce que nous sommes, on peut effectivement prévoir que le moyen d'y parvenir sera l'expansion, la croissance économique apparemment sans fin. Mais on peut prédire aussi la maladie de pléthore et les catastrophes socio-économiques et écologiques que nous commençons à entrevoir.

Aboutissant d'une longue évolution biologique par succès et erreurs, l'organisme humain n'est pas encore capable d'influencer profondément sa structure, jusqu'ici efficace dans l'établissement de sa survie dans la biosphère. L'organisme social, tel que nous le voyons aujourd'hui, n'est-il qu'un échec, du type de celui des grands sauriens du secondaire, et l'évolution n'est-elle possible que par la disparition de cette *structure* imparfaite fondée sur la dominance ? Mais comme une structure est indissociablement liée à la finalité de son action, n'est-ce pas cette finalité qui doit être changée ?

En restant encore dans le cadre national auquel nous sommes parvenus, qui peut d'ailleurs être aussi bien conçu comme régional et en nous plaçant toujours sur le plan de l'information-structure, utilisant masse et énergie, nous pouvons considérer le cadre écologique immédiat d'une part, ses relations informationnelles et économiques d'autre part. Nous retrouverons certaines notions abordées lorsque nous avons parlé des rapports entre pays industrialisés et pays sous-développés industriellement.

Pendant longtemps, le cadre écologique immédiat a permis de survivre aux sociétés humaines. Bien que dès le début du néolithique, les échanges de matières premières et d'objets manufacturés fussent possibles, parfois à longue distance, beaucoup de groupes humains, surtout au Moyen Age, purent se sporuler et vivre en autarcie du fait de la faible importance des besoins, limités aux besoins fondamentaux de survie immédiate et de la crainte des envahisseurs, hordes itinérantes et guerrières. A mesure que les besoins se sont développés, le spectre des besoins s'élargit par diffusion socioculturelle intergroupes et la niche écologique devint insuffisante à les assouvir. Les échanges se multiplièrent. Avec l'importance croissante prise par le capital dans l'établissement des dominances, puis avec le développement fulgurant de l'information technique à l'ère industrielle, les besoins en matières premières et en énergie devinrent prépondérants. La niche écologique devint rapidement insuffisante à les combler. L'information technique permit alors d'accroître les échanges à travers les objets manufacturés qu'elle permettait de produire en grand nombre et fut la principale force des pays industrialisés. Ceux-ci entrèrent dans l'ère du colonialisme qui leur permit d'assouvir leur soif en matières premières, puis avec la découverte du pétrole, en énergie.

Vue sous ce jour, l'information-structure nationale peut être considérée par rapport à sa niche écologique immédiate et sa structure à l'intérieur de cette niche en y trouvant matière et énergie. C'est le cas de nombreux groupements humains primitifs en équilibre écologique avec leur environnement. L'absence d'ouverture sur un ensemble englobant fixe leur évolution et le plus souvent aboutit à leur liquidation progressive et à leur mort. Malgré la sympathie que nous pouvons éprouver pour une telle conception de la vie humaine, simple et « naturelle », nous devons nous défier du jugement de valeur sous-jacent et nous dire que l'évolution d'une structure sociale n'est possible que par son inclusion dans une structure plus complexe. Mais tout dépendra sans doute du type d'échanges qui s'établiront alors entre cette structure sous-ensemble et l'ensemble auquel elle va appartenir. Echanges d'information d'abord, transformant la structure sans pour autant lui enlever l'originalité, c'est-à-dire la spécificité de sa fonction. Echanges de matières et d'énergie, sous une forme plus ou moins brute, plus ou moins transformée par le groupe humain considéré. C'est-à-dire matière et énergie sur lesquelles l'information fournie par le groupe humain sera déjà intervenue pour en faire des produits de l'industrie humaine. Si l'on se limite au plan économique, la seule chose qu'un groupe humain peut échanger avec d'autres c'est finalement de l'information. Matières premières et énergie peuvent lui être « volées » surtout s'il ne sait pas les transformer. Enfin, pour qu'il y ait vol, il faut qu'il y ait propriété. *Sur quels principes biologiques est fondée la propriété d'un élément d'une niche écologique qui n'est pas utilisé par le groupe humain qui s'y trouve pour assurer sa survie ?* Il résulte évidemment de ces notions que l'évolution du monde non industrialisé n'est peut-être pas d'accroître ses échanges sur des bases plus équilibrées des matières premières d'un côté et des produits manufacturés ou de la monnaie de l'autre. Mais plutôt de transformer lui-même ses ressources naturelles en produits hautement élaborés grâce à l'échange des informations techniques qui lui permettront cette transformation. C'est semble-t-il ce que viennent de comprendre certains pays arabes avec le pétrole qui contient leur niche écologique. De toute façon, l'ouverture des sytèmes fermés à quelque niveau d'organisation qu'on l'envisage n'est orienté dans cette optique que vers la *production* de biens consommables qui constitue toujours la finalité du plus grand ensemble : l'espèce. L'énergie, la matière, ne sont traitées par l'information que dans le but de consommer. Mais si l'information devenait un but en soi, information-structure des sociétés humaines et information circulante ? Si la matière et l'énergie ne devenaient plus que des moyens d'accroître la connaissance, l'évolution des structures ? Si la société humaine devenait informationnelle ?

Il est peut-être permis en terminant ce chapitre d'envisager, dans le cadre conceptuel précédent, le problème de *l'inflation*. Une société humaine établie dans un système écologique particulier et qui tire de celui-ci l'essentiel des éléments nécessaires à assouvir ses besoins, peut très bien ne pas connaître d'inflation si le travail et l'information qui lui permettent de transformer la matière et l'énergie qu'elle prend à sa niche, sans aller la chercher ailleurs, lui permettent aussi de conserver son information-structure dans un « état stable » (steady state). Mais à partir du moment où cette information-structure consiste en une hiérarchie de dominance obtenue par l'accumulation du capital et que celle-ci fait appel à l'abstraction croissante dans l'information exclusivement professionnelle et à la production de marchandises, il est obligatoire que ces marchandises s'écoulent. Pour les vendre, il faut qu'on les achète, que le plus grand nombre d'individus participent à l'achat, un groupe restreint devenant insuffisant. D'où l'importance prise dans ce type de société par la publicité qui fait connaître, allume les désirs de consommation. Pour acheter, il faut l'argent nécessaire et en conséquence, il faut élever les salaires. Mais en élevant les salaires, la marge bénéficiaire, le profit capitaliste diminuent, d'où élévation des prix. Supposons maintenant que le groupe social envisagé ne puisse plus se contenter de ce qu'il trouve dans sa niche écologique et aille chercher en dehors d'elle matières premières et énergie qui lui manquent pour accroître sa production. La situation se complique car il doit fournir en échange aux occupants des niches écologiques environnantes une contrepartie de ce qu'il emprunte. Nous avons vu que le problème est simple pour l'impérialisme planétaire à l'égard des peuples non industrialisés. Mais entre groupes nationaux hautement industrialisés, l'exportation devient une nécessité. Il est alors évident que cela ne fait que reculer le problème, favoriser les groupes les plus technicisés, donc les mieux informés techniquement et finalement reporter à l'échelon international la course indéfinie des prix et des salaires, avec un retard constant des seconds sur les premiers afin de permettre l'accroissement du profit capitaliste. Ainsi, il semble logique de dire que pour lutter à l'échelon national contre l'inflation, il est nécessaire d'exporter, à partir du moment où la marge bénéficiaire nécessaire aux investissements, c'est-à-dire à l'expansion reste la même. Dans ce cas, ce n'est pas le groupe national qui assure l'accroissement des ventes pour que le profit subsiste, mais les autres groupes nationaux et l'inflation nationale pourra être limitée par celle qu'on exporte en vendant plus que l'on achète. En effet les pays importateurs pour ne pas voir la marge bénéficiaire de leurs industries diminuer devront vendre plus et plus cher dans leur cadre national. Ils devront en conséquence élever les salaires, etc. Cet aspect n'est probablement qu'un aspect très général du problème qui se complique immédiatement du fait de l'existence des monnaies des banques internationales et de toutes les spéculations qui peuvent découler de cette existence. Mais cet aspect montre que l'inflation en pays dits capitalistes n'a sans doute pu être tant bien que mal contrôlée que par l'exploitation sans réserve des peuples non industrialisés, car inflation paraît bien synonyme d'expansion dès que l'on reste dans un système fermé.

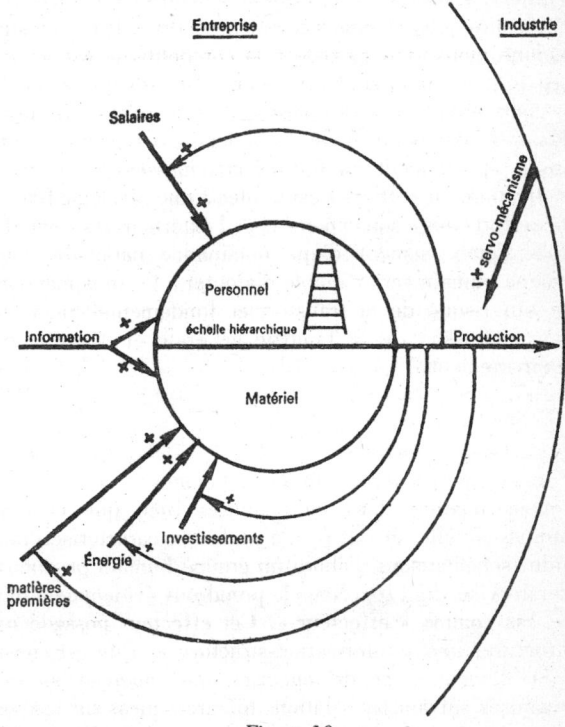

Figure 10

En pays socialistes contemporains, le problème a peu de chances de se poser. En effet, ce n'est pas la demande qui commande la production, puisque l'absence de publicité ne crée pas le désir, ne crée pas le besoin culturel. C'est au contraire l'offre qui se trouve à l'origine de la demande et l'offre est ce que le pouvoir voudra bien la faire puisque la production est entièrement planifiée. La production peut d'ailleurs s'accroître du fait de la mécanisation croissante. Par contre elle a plus de mal à se diversifier, puisque aucune motivation n'existe à la compétitivité sur le plan des formes, mais seulement sur celui des quantités. Ce système aurait pu être efficace si la motivation du profit ayant été dépassée, celle de la dominance avait pu l'être aussi, et s'il avait pu fournir aux masses une nouvelle motivation. Or celle-ci s'est limitée à une idéologie fixée et aux efforts liés à son exportation à l'extérieur des frontières pour l'établissement d'une dominance nationale. Quel groupe humain sera capable d'ajouter à l'acquis marxiste, ce qui risque de le transformer fondamentalement, les concepts issus de la biologie générale et de celle des comportements ?

Essayons en terminant de schématiser ce que nous venons d'écrire dans ce chapitre. Bien que l'activité professionnelle ne soit pas la seule qui caractérise l'individu, schématisons d'abord un groupe humain productif : l'entreprise *(fig. 10)*. Nous la prendrons évidemment dans ce cas comme « effecteur ». Cet effecteur possède une structure, une « information-structure ». Elle est constituée d'hommes et de matériel. *Les hommes* se sont organisés suivant les relations hiérarchiques, sur lesquelles nous avons déjà longuement insisté. Hiérarchies professionnelles qui se prolongeront inconsidérément d'ailleurs en dehors du cadre de l'entreprise. Notons au passage que cet organisme « entreprise » ne changera pas sa structure hiérarchique malgré le « turnover » auquel elle est soumise. Il en est de même dans un organisme vivant. Dans ce dernier, le « turnover » est caractérisé par le perpétuel remplacement d'atomes et de molécules sans que pour autant la structure de l'ensemble en soit affectée. De même, dans l'entreprise, un remplacement constant des individus constituant le personnel, n'affectera généralement pas la structure de l'ensemble. Ce personnel est affecté au fonctionnement du *matériel,* des machines qui elles-mêmes, s'usent et devront être remplacées.

Cet ensemble, ensemble fermé en ce qui concerne sa structure, va s'ouvrir en ce qui concerne la masse et l'énergie. Les individus qui constituent le personnel ont besoin d'aliments pour maintenir leur structure vivante, de vêtements, d'habitations pour eux et leur famille. Cette énergie nécessaire au maintien en bon état de marche des individus de l'entreprise sera fournie par l'intermédiaire des salaires. De même l'entretien, le remplacement ou l'augmentation du nombre et de l'efficacité des machines seront l'objet des investissements. Cet « effecteur » entreprise maintient sa structure (finalité unique et fondamentale de tout organisme vivant) grâce à une action sur l'environnement, une *production* qui représente son « effet ». Mais pour cela, il a besoin de « facteurs » qui seront encore masse et énergie. Mais, comme dans le cas d'un organisme vivant, masse et énergie, qui par l'intermédiaire des salaires et investissements assurent la stabilité de la structure, vont également assurer la « fonction » de l'entreprise, qui dans un organisme vivant est représentée par travail et chaleur. Le travail est compris, dans le cas de l'organisme comme activité motrice par rapport à l'environnement, non comme activité productrice, comme on le sous-entend pour l'entreprise. L'entreprise va transformer la masse en l' « informant ». Elle a donc besoin de matières premières. Celles-ci seront à la base du produit de l'activité de l'entreprise. Mais pour faire fonctionner les machines, elle a besoin aussi d'énergie. Entre les matières premières et le produit fini qu'ajoute l'entreprise ? Elle ajoute de l'information. D'où vient-elle ? Cette information circulante est de deux sortes. L'une est celle que l'apprentissage a intériorisée dans le système nerveux des individus constituant le personnel et nous avons vu que son degré d'abstraction règle le niveau hiérarchique auquel parviennent les individus. L'autre est celle introduite dans les machines par les ingénieurs qui les ont imaginées, qui les ont « programmées ». On conçoit que cette information professionnelle et mécanique soit la base fondamentale de la productivité. En effet, ce n'est pas la quantité de matières premières ou d'énergie utilisées qui vont régler la production, mais essentiellement la structure de l'entreprise. L'accroissement des capacités professionnelles du personnel, du nombre des individus et surtout l'accroissement du nombre et de l'efficacité des machines aboutiront à un accroissement de la production. On serait également tenté de dire qu'un autre type d'information va régler l'activité de l'entreprise : celle concernant le marché. En réalité, cette information-là ne nous paraît pas être un facteur de l'activité productrice, mais nous paraît représenter la boucle rétroactive de l'effet sur les facteurs de la production, sur l'ensemble des facteurs que nous venons d'envisager. En effet, la façon dont sera utilisée la production de l'entreprise par les ensembles humains locaux, régionaux, nationaux ou internationaux, réglera la valeur des facteurs que nous avons énumérés de même que l'importance de la structure de l'entreprise.

C'est maintenant que nous abordons le problème fondamental, semble-t-il, de la finalité de l'entreprise.

1) Si cette finalité est de maintenir sa structure sans désir d'expansion, de dominance, d'accroissement monopoliste tel que ce fut le cas au siècle dernier pour de nombreuses entreprises familiales, c'est la structure même de l'entreprise qui réglera le niveau de production et celui-

ci la valeur des facteurs nécessaires à l'obtenir. Il s'agit d'un effecteur réglé en constance avec rétroaction négative.

2) Si cette finalité est d'approvisionner une industrie englobant la production de l'entreprise, c'est cette industrie englobante qui assurera l'écoulement de la marchandise et réglera donc par servomécanisme, par information venant de l'extérieur du système, le niveau de production. Le système sera donc régulé, compte tenu des possibilités de production résultant de la structure de l'entreprise. Celle-ci peut adopter une finalité non expansionniste, d'autres entreprises de même type assurant concurremment la production. Il s'agit encore d'un système régulé en constance, mais dont la commande est située en dehors du système. C'est ainsi que cela doit se passer dans un système d'ensemble planifié. Dans ce cas, la concurrence ne résultera que de l'efficacité variable des entreprises. Celle assurant la production la plus abondante avec la meilleure qualité, pour des valeurs des facteurs les plus basses, est assurée de sa survie ou même de son extension, ce qui posera d'autres problèmes. Mais on conçoit que dans ce cas ce soit de la structure même de l'entreprise que va dépendre l'efficacité. D'où l'intérêt d'un personnel hautement technicisé, et d'un matériel à haut rendement, peu usagé, ou même révolutionnaire.

3) Si la finalité enfin n'est pas tant la production que le profit, alors tout change. Pour que le profit augmente, il faut produire plus. Mais il faut aussi écouler la marchandise. Il faut créer le besoin. D'où la publicité. Chercher des débouchés nouveaux. D'où la prospection des marchés internationaux avec les conséquences que nous avons antérieurement envisagées.

D'autre part avec le profit comme finalité, il est nécessaire d'abaisser la valeur des facteurs, tout en augmentant celle de la production, de façon que la marge bénéficiaire soit maximale. Mais comme il est assez difficile de rogner sur les matières premières et l'énergie, on tâchera de soutirer celles-ci aux meilleurs prix aux pays non industrialisés, d'où à l'échelon national, l'impérialisme. On augmentera par contre les investissements productifs, mais on diminuera les salaires. Mais surtout la finalité n'étant plus de participer à celle de l'ensemble, si chaque entreprise pour survivre doit obéir à ces lois, on comprend que l'on parvienne à la société dite de consommation, dans laquelle la production n'a plus d'intérêt par elle-même et par l'amélioration des conditions de vie des individus, mais bien pour le profit qui en résulte. On comprend que si certaines entreprises ont une activité complémentaire, l'ensemble puisse constituer un Etat dans l'Etat — et même un Etat dans les Etats, du fait de l'appartenance multinationale du capital accumulé. Or, la recherche du profit n'est que la recherche de la dominance à tous les niveaux. D'autre part, dans un tel système, l'individu est réduit à son rôle de production et s'inscrit obligatoirement dans une hiérarchie professionnelle. Sa seule motivation est de s'élever dans cette hiérarchie, à l'ancienneté ou par l'acquisition d'informations professionnelles plus abstraites. C'est le but du recyclage et de la ormation permanente. Comme son travail en miettes est plutôt déprimant, le système tente de lui en faire oublier les inconvénients en le gratifiant de « loisirs » et de pseudo-culture prédigérée, entièrement programmée, et avant tout non contestataire. Ce n'est plus seulement le travail qui est en miettes ce sont les personnalités humaines qui ne sont plus capables de savoir si la vie a un sens autre que d'améliorer son « standing », lorsque les besoins fondamentaux sont couverts, ce qui est loin d'ailleurs d'être toujours le cas, même au sein des sociétés technicisées. La personnalité humaine est ainsi divisée en deux grands secteurs : le secteur économique où s'inscrivent les rapports familiaux et de compagnonnage et le secteur pseudo-culturel, la culture se réduisant d'ailleurs à ce qui n'est pas scientifique car la science est réservée à l'innovation, c'est-à-dire à la productivité économique. La culture, nous l'avons dit, est ce qui a l'air de ne pas se vendre, de ne pas être productif, alors qu'en réalité, si elle est ascientifique, c'est vrai, par contre, elle se vend bien, et elle aide aussi à mieux vendre. Enfin, parfois, mais de moins en moins souvent, à vrai dire, à l'homme économique, et à l'homme ludique s'ajoute une parcelle d'homme religieux ou d'homme politique, ce qui revient au même. Si les deux premiers ne parviennent pas à satisfaire l'inquiétude fondamentale et si celle-ci n'a pas encore été complètement occultée par les automatismes socioculturels, la religion et la politique sont là pour fournir une activité, une recherche de la gratification manquante.

A côté des relations hiérarchiques établies au sein de son activité productrice, les relations d'un individu avec son entourage, créent dans son système nerveux des habitudes qui le rendent dépendant de l'autre et rendent l'autre dépendant de lui. Malheureusement s'il survient des interférences dans un seul sens, un syndrome analogue à celui de la privation d'un toxique dont on est devenu dépendant, peut survenir. Il s'agit d'une véritable souffrance, dont personne n'est responsable, car l'histoire n'est pas comme l'immobilier : elle se passe de promoteurs. On aboutit à cette notion que, pour l'individu comme pour le groupe, la chose à craindre est la fermeture de la structure dans un système trop étroit. Il résulte aussi de cette constatation que si on peut espérer trouver un jour une structure sociale invariante permettant à l'individu de se satisfaire, cette structure devra autoriser le « turnover » accéléré de ses éléments de façon à ne pas créer chez l'individu des relations trop stables dont la rupture pourrait provoquer la souffrance. A côté des systèmes hiérarchiques professionnels, c'est donc toutes les structures sociales, à partir de la famille, qu'il est nécessaire de repenser. La gratification devrait s'établir à partir des relations avec un très grand nombre d'éléments du cadre social, ne jamais s'institutionnaliser. Si la recherche de la répétition de l'acte gratifiant est une donnée immédiate de la neurophysiologie comme de la toxicologie, du moins doit-on en connaître les lois et éviter la dépendance à l'égard d'un toxique, que celui-ci soit chimique, social ou culturel.

CHAPITRE X

Le pouvoir
des classes fonctionnelles

On peut imaginer une structure où le « pouvoir » n'est pas une propriété réservée à quelques-uns, une structure sans pouvoir ou plus exactement une structure où l'interrelation des éléments est telle qu'aucun n'en domine un autre tout en étant dominé par un troisième, une structure sans hiérarchie de valeurs. L'important, semble-t-il, pour l'évolution humaine, c'est la transformation constante des structures à partir d'un schéma de base, lié lui-même à la spécificité de la structure du cerveau humain. On peut admettre par exemple qu'un ensemble humain puisse accepter de réaliser une organisation sociale (une structure) originale proposée par un homme ou par un groupe d'hommes sans pour autant faire de cet homme ou de ce groupe d'hommes le « chef » de l'organisation, sans le doter d'un « pouvoir ». Il semble de plus en plus que, si l'organisation des sociétés humaines est inévitable parce que indispensable à leur fonctionnement, le « pouvoir » d'un homme ou d'un groupe d'hommes doive être proscrit.

Cette conception utopique exigerait que le pouvoir soit généralisé à tous les individus d'une société et que leurs décisions soient identiques. Il est sûr que ceci n'est possible que si les informations sont uniformisées et les motivations, les intérêts, eux-mêmes identiques. *Les infor-*

mations uniformisées ne sont envisageables que dans un système autoritaire, où dès l'enfance des automatismes de pensée sont créés, suivant une grille considérée comme universelle et définitive, ne permettant plus chez l'adulte l'exercice du lobe orbito-frontal, du cerveau imaginant. C'est évidemment l'inverse de ce qui paraît souhaitable pour l'évolution humaine. Ce que l'on appelle aujourd'hui le « gauchisme » est en cela aussi indispensable à l'évolution d'une société humaine que le conformisme, qu'il soit de droite ou de gauche, l'est à sa sclérose. Les grilles font toujours des prisonniers, que ce soit dans les cellules ou dans les idées. Enfin, les informations uniformisées émaneront toujours d'un pouvoir central et de ce fait sont incompatibles avec la généralisation du pouvoir. Il suffit d'ailleurs pour réaliser cet état de choses d'utiliser une « grille » que l'on enfourne précocement dans les systèmes nerveux. Dès lors ne seront perçues comme informations que celles s'inscrivant dans le cadre, dans la grille. Une langue n'est pas autre chose, encore que l'on puisse traduire une information d'un langage dans un autre. Mais pour celui qui ne possède qu'une grille langagière, qu'un seul langage, il ne comprendra rien à l'information transmise avec une autre grille, un autre langage. Dès lors tout devient simple et l'action stéréotypée n'est plus que l'expression d'une pensée prisonnière de ses schémas engrammés, de ses formules uniformes, de ses concepts routiniers exprimés par une terminologie qui n'est jamais remise en question, dont on ne cherche jamais à préciser le contenu intuitif ou historique.

Conception utopique, qui exigerait aussi que les *motivations*, les intérêts de tous soient les mêmes. Cette uniformité se réalise parfois quand une nation entre en guerre contre une autre et que les classes dominantes arrivent à faire croire aux classes dominées qu'un intérêt unique, celui de la patrie, est en jeu. *Cette unité se crée toujours contre quelque chose d'extérieur au système, notons-le.* C'est pour conserver son autonomie de système à l'égard de l'environnement qu'un ensemble humain trouve son unité d'action. C'est en croyant défendre son « pouvoir » national contre l'empiétement d'un « pouvoir » étranger que se crée l'unité nationale. Dans ce cas, partis politiques, classes sociales, idéologies, croyances religieuses, s'unissent pour repousser ce qu'il est convenu d'appeler l'ennemi commun, bien que chez celui-ci les mêmes partis, les mêmes classes, idéologies et croyances religieuses existent et qu'une « ouverture horizontale » soit aussi facile à concevoir qu'une « fermeture verticale » à la limite du cadre national.

Puisque nous devons tout faire pour que les informations ne soient pas uniformisées au sein d'un groupe, national par exemple, mais aussi bien corporatif, confessionnel, citadin, régional ou autre, puisque nous ne pouvons accepter que ce soit l'intérêt d'une classe, sociale ou fonctionnelle (corporatisme), qui commande à l'action de l'ensemble, il ne nous reste plus, semble-t-il, qu'à rechercher les moyens de généraliser et diversifier les informations et leurs sources d'une part et d'autre part à rechercher une finalité qui soit interne au système et liée à sa structure et non à sa thermodynamique, en d'autres termes à tenter de dégager les relations interhumaines sociologiques, informatives, du carcan des rapports de production thermodynamiques.

Nous avons déjà tenté précédemment de nous dégager des automatismes de pensée liés aux mots tels que « travailleurs », « classes sociales », etc. Nous avons signalé combien le marxisme orthodoxe était gêné avec ses « travailleurs manuels et intellectuels » du fait qu'il ne fait pas la distinction entre thermodynamique et information et que, en conséquence, il conserve aveuglément des hiérarchies de valeur, de salaires, de pouvoir, tout en répétant que ce dernier doit changer de classe (le pouvoir aux travailleurs, à la classe ouvrière) et en parlant des intérêts des travailleurs, comme si le jour où il n'y aura plus que des travailleurs (bien entendu manuels et intellectuels) il n'y aura plus de contradictions, ni d'antagonismes de classes. La seule étatisation des moyens de production suffirait à réaliser l'abolition des classes sociales, le plein épanouissement de l'homme, la possibilité pour l'individu de devenir enfin maître de son destin grâce à la planification démocratique.

Le pouvoir politique fondé sur l'indispensabilité des classes fonctionnelles n'a pas possibilité de retomber dans de nouvelles dominances et de nouvelles hiérarchies de groupes sociaux, si les informations concernant les structures verticales et horizontales sont largement diffusées, si les finalités de ces structures sont clairement posées, c'est-à-dire si la finalité qui exprime l'action du plus grand ensemble, l'ensemble national momentanément, est nettement définie. Mais un programme de cette sorte ne consiste pas à faire une liste d'améliorations à réaliser dans différents chapitres de la vie individuelle et communautaire qui fait obligatoirement penser au poème de Prévert avec son raton laveur. Il ne consiste pas non plus à se contenter de termes généraux vagues faisant référence au plein épanouissement de l'homme, à l'égalité des chances, l'amélioration de la qualité de la vie, la maîtrise individuelle du destin.

Un tel programme doit définir d'abord ce qu'il mettra à la place de l'expansion, car la motivation de chaque individu, de chaque élément du système en dépendra. Avec l'expansion comme moyen d'atteindre une finalité qui est la dominance, la motivation des individus et des groupes sociaux ne peut être que l'ascension dans l'échelle hiérarchique des dominances. Pour satisfaire au narcissisme congénital, au besoin d'être aimé, admiré, qui accompagne chaque individu de la naissance à la mort et constitue la base affective de ses comportements dès lors que ses besoins énergétiques fondamentaux sont assurés, n'est-il pas possible de privilégier, non la puissance, la dominance hiérarchique, mais la créativité, l'imagination ? Au lieu de motiver l'enfant à être le premier en classe, à trouver ensuite un débouché lucratif et « honorable », motiver l'individu à s'élever dans les hiérarchies professionnelles, à rechercher comme un idéal la promotion sociale qui devient sensible par la possession des biens de consommation, n'est-il pas possible de le motiver à imaginer des structures nouvelles jamais encore envisagées, et cela dans quelque discipline que ce soit ? N'est-il pas possible de privilégier une telle créativité, non par un gain matériel ou de pouvoir hiérarchique, professionnel ou politique, mais par la simple reconnaissance publique de cette créativité ? S'il est une seule propriété individuelle à conserver (encore que la notion de propriété même soit discutable), n'est-ce pas la propriété de la création imaginaire puisque la seule caractéristique humaine est de savoir créer de l'information ?

On parvient ainsi à cette notion qui nous paraît capitale, c'est que s'il est indispensable d'éviter tout « pouvoir » personnel, il est sans doute possible de reconnaître un « rôle » individuel dès lors que ce « rôle » n'est assorti d'aucun pouvoir. Le pouvoir doit être réservé au groupe fonctionnel. Le pouvoir politique des classes fonctionnelles et non professionnelles exclusivement, est fonction de leur indispensabilité et non du degré d'abstraction de l'information professionnelle distribuée par apprentissage. Ce pouvoir de classes fonctionnelles évitera le corporatisme en recherchant la *complémentarité* telle qu'on peut la définir dans la théorie des ensembles et non l'antagonisme. L'antagonisme aboutit à la disparition ou à la soumission de l'un des deux éléments en conflit, il aboutit à la dominance. Cela résulte obligatoirement du fait que l'on focalise l'attention et l'action sur une structure incomplète envisagée au niveau d'ensembles restreints et non à celui du plus grand ensemble.

Un tel pouvoir de classes fonctionnelles s'établissant au sein de structures de plus en plus complexes dans le sens vertical et horizontal, exige évidemment, nous l'avons vu, une large diffusion à la fois des informations concernant la dynamique de ces structures, la cybernétique en quelque sorte de ces structures socio-économiques, mais aussi la diffusion des informations concernant la thermodynamique qui les sous-tend, c'est-à-dire concernant l'économie, ou si l'on veut, concernant la manière dont s'écoule à travers elles l'énergie et la matière prises à l'environnement et transformées, puis redistribuées par l'homme.

La « participation » dont on parle beaucoup aujourd'hui ne doit pas être une participation aux bénéfices qui dans une société fondée sur l'expansion et les dominances hiérarchiques se limitera à la *participation aux bénéfices d'une entreprise*, recréant la compétition intergroupe, facilitant le maintien des hiérarchies professionnelles par l'espoir d'une égalisation des consommations, et aboutira au maintien des structures de dominance institutionnalisées, ce qui est d'ailleurs son but réel quoique inavoué. La plue-value créée par le travail humain, quelle qu'en soit la forme plus ou moins abstraite (et qui, nous l'avons vu, est généralement d'autant plus importante que l'abstraction est plus grande, puisque l'information nourrit aujourd'hui les machines qui remplacent en partie l'homme dans son travail énergétique), cette plus-value existe dans tous les régimes socio-économiques. Dans les régimes capitalistes elle est en grande partie réinvestie pour assurer la permanence de la domination des dominants et en partie redistribuée pour assurer l'accroissement du pouvoir d'achat des masses dont on oriente la consommation de telle façon que le profit s'accroisse, permettant le maintien des dominances. Dans les pays socialistes, la plus-value devient propriété d'Etat, donc en principe de la collectivité. Mais ce n'est pas la collectivité qui décide de son emploi, mais des dominants d'un autre ordre, bureaucrates et technocrates, qui interdisent la diffusion des informations concernant toute autre grille socio-économique et politique susceptible de remettre en question leur dominance. L'institutionnalisation des règles, des préjugés, des automatismes mentaux, nécessaires pour mériter l'appartenance à la bourgeoisie en pays capitalistes, a été remplacée en pays dits socialistes contemporains par l'institutionnalisation des règles, des préjugés et des automatismes mentaux nécessaires pour mériter l'appartenance au parti. Dans les deux cas, dominants et dominés n'ont pas disparu, les hiérarchies subsistant. On conçoit que la participation à la redistribution de la plus-value des entreprises prônée dans certains pays capitalistes soit un moyen d'enchaîner le travailleur non seulement à son entreprise mais *avant tout à un système de vie dont nous avons signalé le danger, à savoir la production pour la production.* Une telle conception de la participation travaille en sens strictement inverse de celui que nous avons noté comme désirable, puisqu'elle favorise le corporatisme restreint d'une entreprise, ignore les ouvertures verticales et horizontales, ne motive que pour l'accroissement de la propriété et de la consommation, incite à la dominance intergroupe, au monopolisme et à l'ignorance des pouvoirs de classes fonctionnelles. Elle divise au lieu d'unir. Elle oppose au lieu de complexifier. La participation aux bénéfices, c'est-à-dire à la redistribution harmonieuse de la plus-value, est déjà en principe réalisée par le socialisme contemporain au niveau d'organisation de l'Etat. Mais la totale ignorance dans laquelle se trouve l'individu du devenir de la plus-value qu'il engendre, de son utilisation et surtout la totale impuissance dans laquelle il se trouve de pouvoir agir sur cette utilisation du fait de l'absence de tout pouvoir politique, de toute information concernant les structures nationales et internationales et leurs activités thermodynamiques, du fait enfin que le pouvoir politique est « trusté » par un groupe restreint d'individus et que la grève elle-même, seul moyen d'exprimer un pouvoir politique, est interdite, font que cette participation étatique et la redistribution de la plus-value qui en découlent restent soumises aux hiérarchies professionnelles et surtout bureaucratiques. Aucune satisfaction nouvelle, aucune motivation « alimentaire » n'en résultant, une ambiance de tristesse résignée se développe, que la récitation par cœur des phrases stéréotypées, les automatismes de pensée inculqués dès l'enfance et conformes à une grille marxiste (variable suivant les régions de la planète où on l'interprète différemment) ne parviennent pas à dérider.

La *participation aux décisions* assurant la survie d'une entreprise est ce qu'il est convenu d'appeler l'autogestion de cette entreprise par son personnel. Mais après ce que nous avons écrit depuis le début de cet exposé, il est facile de comprendre que ce type d'autogestion n'est concevable qu'à deux conditions fondamentales : 1) la connaissance de l'existence et des mécanismes assurant les ouvertures de ce système fermé qu'est l'entreprise, dans le sens vertical et horizontal ; 2) la suppression des hiérarchies professionnelles et leur remplacement par un pouvoir politique des classes fonctionnelles. Ce pouvoir politique doit être lui-même alimenté par la connaissance des ouvertures verticales et horizontales, celle des niveaux d'organisation énergétiques (économiques) et informationnels (organisationnels). Sans quoi l'autogestion aboutira encore à un corporatisme fermé d'entreprise ou à un bureaucratisme restreint reproduisant le système des hiérarchies professionnelles ou syndicales.

Nous aboutissons ainsi aux notions précédemment émises que l'autogestion n'a de chance d'être efficace que si l'information généralisée est largement diffusée et que si, en conséquence, l'on donne à chaque individu le temps nécessaire pour la recevoir et pour l'intégrer.

SYNDICATS ET PARTIS

Cela nous conduit à la question mille fois débattue des rôles respectifs des syndicats et des partis. Quand on lit que le rôle des syndicats « doit se limiter à la défense des intérêts des travailleurs » on constate que la croyance est encore solidement ancrée dans les esprits, tant elle est automatisée dans les comportements, que le bien-être matériel peut être distinct de la dominance et que l'on peut être parfaitement heureux sans pouvoir politique. On devine immédiatement d'ailleurs la motivation paléocéphalique qui guide une telle opinion : conserver aux partis, c'est-à-dire à leurs dirigeants politiques, leur dominance. Nous allons voir que c'est ignorer que pour ouvrir un système fermé il est nécessaire de lui fournir des relations aussi bien verticales qu'horizontales et que c'est ignorer une fois de plus la notion de structures et d'information d'une part, de support thermodynamique d'autre part.

Quels sont les « intérêts » des travailleurs ? Sont-ils purement thermodynamiques, alimentaires, liés aux conditions mêmes du travail ou sont-ils aussi organisationnels, c'est-à-dire informatifs, liés à la possibilité d'agir sur les structures ? Dans ce dernier cas, nous savons qu'une structure ne peut être limitée au niveau d'organisation de l'entreprise et que les structures verticales aboutissent toujours au plus grand ensemble, malheureusement encore national, mais en réalité planétaire.

Il paraît évident que jusqu'à présent les syndicats se sont en général limités à réunir des classes fonctionnelles sur les critères des hiérarchies professionnelles : ouvriers, cadres, patrons, etc., à l'intérieur des professions. Il s'agit donc d'une ouverture horizontale avec fermeture verticale. Il est certain que cette fermeture verticale interdit alors aux syndicats d'exprimer et de défendre une opinion concernant les structures car celles-ci exigent de remonter au plus grand ensemble dans les deux sens, vertical et horizontal, et à sa finalité. En conséquence, les syndicats ont bien été forcés de se limiter à la thermodynamique, essentiellement au pouvoir d'achat et aux conditions de travail. Ils n'ont utilisé leur « pouvoir » que dans ce sens restreint. Ils n'ont fait sentir l'indispensabilité d'une classe fonctionnelle que pour lui assurer un meilleur pouvoir économique mais très peu structurant.

Le parti politique s'établit au contraire sur une ouverture verticale. Il réunit en son sein des classes fonctionnelles très variées. Il lui est difficile d'utiliser la grève pour exprimer son pouvoir, sans avoir recours à la coopération des syndicats, qui n'étant pas organisés verticalement, mais horizontalement, ne peuvent avoir d'efficacité dans la transformation des structures et surtout des structures verticales.

Il paraît donc difficilement discutable que les systèmes des hiérarchies professionnelles, fondées sur le degré d'abstraction de l'information spécialisée, qui fournissent la grille sociologique actuelle, interdisent toujours la participation efficace des syndicats à l'organisation des structures sociales informationnelles, à l'établissement des structures verticales, de même qu'ils interdisent aux partis politiques l'extension horizontale de leur pouvoir aux classes fonctionnelles, si ce n'est par l'intermédiaire d'une démagogie éhontée, la promesse faite à chacune d'elles de réaliser leurs revendications thermodynamiques, en oubliant que leur rôle ne peut être que structural et dans le sens vertical. Un parti politique peut déclencher une crise politique, mais non une grève.

Le pouvoir ne peut être que la propriété d'une classe fonctionnelle fondée sur l'indispensabilité, dans le cadre d'une structure, non hiérarchique mais de complexité. Les syndicats doivent donc combiner leur ouverture horizontale à une ouverture verticale, que l'on peut appeler politique si l'on veut, celle concernant l'organisation des structures verticales en tout cas, de même que les partis politiques doivent adapter leur proposition de structures verticales aux structures horizontales existantes. Mais proposer une structure verticale où les hiérarchies de valeur ont disparu n'implique pas que l'on conserve ces hiérarchies de valeur au sein même de l'organisation du parti. En réalité, il existe aujourd'hui une profession de la chose politique, qui n'est pas fondée sur la créativité, mais sur la dominance la plus biologiquement primitive du fait que l'activité professionnelle ne permet pas à chaque individu de s'informer de façon générale sur les lois et la dynamique des structures. Certains d'entre eux se spécialisent donc dans l'acquisition de ces connaissances et prennent alors une position hiérarchique à l'égard de la masse non informée. Ils se satisfont de leur dominance et ne pourraient envisager de sortir du cadre idéologique du parti car ce serait perdre leur dominance. C'est une des raisons principales de la sclérose idéologique des partis.

CHAPITRE XI

Information professionnelle et information généralisée

Nous avons été amené à distinguer une *information-structure*, c'est-à-dire une mise en forme, de la cellule, des organes, du corps humain, du corps social, de l'espèce, qui est constituée par un ensemble de relations que je serais tenté de dire invariantes. Ces informations-structures, plongées dans un environnement inanimé et animé, changent cependant par « échanges » avec cet environnement, mais dans une échelle de temps qui est celle de l'évolution des espèces, ou celle de l'individu de sa naissance à sa mort, mais non celle de la réponse immédiate au milieu. Ainsi, un individu change sa structure nerveuse par exemple de sa naissance à sa mort grâce à l'expérience mémorisée et au vieillissement, mais il appartient toujours à la même espèce. Il conserve la « structure » de l'espèce, son programme, l'information génétique qui lui a été fournie.

Nous avons envisagé aussi une *information circulante*, plus proche de celle étudiée par les ingénieurs des télécommunications et qu'ils essaient de protéger du bruit, du brouillage, pour lui conserver son contenu sémantique. En d'autres termes, alors que le biologiste s'intéresse d'abord au signifiant, à la façon dont les lettres du télégramme sont associées en monèmes, phonèmes, mots, etc., l'ingénieur s'intéresse à la quantité d'informations du signifiant pour ne pas en perdre.

Or, dans un message il n'existe pas de hiérarchies de valeurs entre les éléments (lettres, monèmes, etc.) qui s'organisent dans le signifiant. Il existe seulement des fonctions différenciées. Mais un message n'agit que par l'information circulante dont il est porteur. Une structure vivante, information-structure, n'a pas de message à transmettre au biologiste qui l'observe : elle se contente d'être.

Par contre, pour être en tant que structure complexe, par niveaux d'organisation, et pour agir sur l'environnement de façon à maintenir cette structure, en fonction des variations qui surviennent dans cet environnement, une « information circulante », des messages doivent être transmis à tous les éléments de la structure. C'est ce que font les hormones, ces « messagères chimiques » et les médiateurs chimiques de l'influx nerveux par exemple, qui dans un temps très court préviennent l'ensemble des cellules d'un organisme ou au contraire un groupe cellulaire particulier assurant certaines fonctions, de l'effort métabolique (énergétique et professionnel pourrait-on dire puisque variable avec la spécificité de leur fonction) qu'ils doivent fournir pour assurer l'économie de l'ensemble organique. En sens inverse, cet ensemble, par la stimulation de certaines structures cellulaires sensibles aux différentes variations du milieu intérieur, variations résultant elles-mêmes de l'activité fonctionnelle des différentes cellules, tissus et organes, va prévenir le système nerveux de ses « désirs » et de ses « besoins ». Celui-ci assurera la mise en jeu des organes permettant l'action motrice sur l'environnement, qui devra tenter de les assouvir.

Quand nous passons au niveau d'organisation des sociétés, nous trouvons également une information-structure régissant les rapports interindividuels des individus qui les composent. Cette information-structure dépendra de sa finalité, car celle-ci va déterminer l'information circulante et nous avons déjà distingué à plusieurs reprises dans les formes que cette dernière pouvait revêtir, une information spécialisée, professionnelle, et une information généralisée. Nous voudrions nous étendre un peu maintenant sur ces formes prises par l'information circulante puisque nous sommes convaincus de sa participation fondamentale à l'organisation de l'information-structure.

Nous n'aurons pas à nous étendre sur l'information spécifique, professionnelle. Tout l'enseignement, de la maternelle jusqu'à l'université ou à ce qu'il est convenu d'appeler les grandes écoles, n'a jamais fait autre chose que de la diffuser. Et nous savons qu'il en est ainsi parce que les hiérarchies de dominance s'établissent sur cette information, car c'est elle principalement qui permet l'accumulation du capital, par l'intermédiaire d'une production massive de marchandises.

Quel peut être alors le contenu de l'information dite culturelle dont on nous vante si souvent l'intérêt, celle qu'il faut donner au peuple pour qu'il s'épanouisse ? Remarquons combien ce contenu peut être suspect de prime abord puisqu'il apparaît comme un domaine à part, comme un système fermé. Comment peut-on imaginer qu'il puisse exister deux domaines aussi différents que celui de la profession et celui de la « culture » au sein des connaissances humaines ? N'est-ce pas d'abord parce que ce que l'on appelle l'accès à la culture représente l'accès aux signes de reconnaissance d'une société secrète, fermée, un Rotary culturel et non pas économique, qui classe l'individu dans une échelle hiérarchique de gratification ? La preuve en est qu'on ne lui demande pas d'établir des synthèses personnelles dans les différents champs de cette pseudo-culture, mais de pouvoir entretenir une conversation capable d'exprimer son niveau de scolarité. C'est aussi et peut-être plus encore, parce que cette société marchande et productrice ressent obscurément au fond d'elle-même les limites de cette activité mercantile et qu'il lui reste comme un relent d'aristocratie inutile. La culture en effet, c'est d'abord ce qui est inutile. L'art, c'est ce qui ne sert à rien, ce dont on pourrait fort bien se passer. C'est le surplus que l'on peut s'offrir quand on a déjà le réfrigérateur, les voitures et les résidences secondaires, et ce qui peut même, avec un peu d'habileté, devenir aussi marchandise et améliorer le capital. C'est la seule chose, dans une société de boutiquiers et de trafiquants, qui donne bonne conscience, fière allure, qui marque le désintérêt. C'est le souvenir de l'ancienne classe dominante, oisive et inutile, celle des salons et des cours, des particules et des plumets, qui traîne encore dans l'atmosphère irrespirable de nos cités modernes. Le Bourgeois Gentilhomme n'est pas mort, il s'est même reproduit avec une rare efficacité. Il était essentiellement prolifique. C'est cette culture, séparée du vivant, cette culture-colifichet, qu'on propose au peuple pour qu'il ait l'illusion avec elle d'améliorer son standing, sa situation hiérarchique, l'illusion de se gratifier. Or cette information culturelle n'est pas inutile, mais comment l'interpréter, comment même la comprendre, sans le code sociobiologique qui lui restitue sa signification, qui permet d'inclure son message dans l'ensemble des comportements humains en situation sociale au cours de l'histoire ? Le créateur, ses motivations, la nature de son angoisse, sa recherche infructueuse du plaisir, ses automatismes socioculturels, le matériel utilisé par son imaginaire, son inconscient pour tout dire, s'inscrivent dans l'histoire de l'homme social d'une époque. De même, la façon dont il est compris, dont son œuvre est décodée pour lui-même, pour le groupe, par ceux qui la reçoivent, n'est pas un phénomène isolé de la biologie des comportements. C'est avant tout un phénomène biosociologique qui s'inscrit dans un système, dans une information-structure, dans une hiérarchie de dominance. Alors, là encore on peut bien écrire des volumes sur les œuvres que nous laissent les créateurs, en enfilant les mots comme les perles d'un collier, en fournissant un discours logique pour interpréter la logique du rêve qui, lui, ne connaît que la biochimie complexe du fonctionnement nerveux, et appeler ça culture. Il est probable qu'il ne s'agit que d'un apprentissage supplémentaire dont l'avantage réside surtout dans le fait que l'absence de références expérimentales laisse une grande latitude à l'expression d'une prétendue originalité, que les automatismes techniques rendent si rare aujourd'hui. Comme cette originalité d'opinion n'a pas de conséquences sur le processus de production individuel et a peu de chance de transformer seule la structure sociale, les hiérarchies ont tout intérêt à développer dans les masses ce mécanisme gratifiant qui ne risque pas de contester leur dominance. Il peut même être utilisé par elle pour la consolider.

Il est certain que lorsque nous parlons de l'*information-généralisée,* ce n'est pas à ce type d'information-culture que nous faisons référence. Quelle est donc cette information généralisée qui n'est pas professionnelle et n'entre pas dans le cadre étroit de la « culture » conventionnelle ?

On peut schématiquement en décrire les méthodes et les objets.

LES MÉTHODES

Notre système nerveux naît immature. Les connexions interneuronales s'enrichissent au cours des premiers mois et des premières années de la vie extra-utérine. Puis le codage des automatismes mémorisés le fige dans une structure qui sera à la base de tous nos jugements de valeur et dont il sera pratiquement impossible ensuite de se dégager. Il s'agira une fois de plus d'une structure fermée qui restera sourde à toute information dont la place n'est pas préparée d'avance, incapable de s'ouvrir sur de plus grands ensembles neuronaux, figée dans ses automatismes conceptuels. Les premières années de la vie seront donc capitales, non pour enfourner dans la mémoire des habitudes, mais pour préparer une structure d'interrelations neuronales telle que son ouverture par la suite puisse se réaliser de façon pratiquement infinie.

La *théorie des ensembles* (qu'il serait plus juste dans ce cas d'appeler théorie des relations) paraît dans cette culture une base indispensable, non pas seulement parce qu'elle pourra par la suite ouvrir la route à la mathématique, dans ses formes des plus simples aux plus complexes, mais surtout parce qu'elle permettra d'appréhender le monde, de l'organiser, aussi bien celui de la physique que celui de la biologie, aussi bien celui de la matière que celui des concepts qui en dérivent, d'une façon cohérente et logique. La théorie des ensembles n'est pas un jeu, comme les règles du bridge, qu'on apprendrait enfant et que l'on oublierait ensuite si l'on fait une carrière littéraire, ou que l'on utiliserait professionnellement au cours d'une carrière scientifique. On doit habituer l'enfant à s'en servir comme d'un langage, car c'est une logique, c'est « la » logique moderne. Aborder dans la vie journalière le monde de notre époque sans ce langage interne et sans cette logique, c'est l'aborder en halluciné. C'est encore un merveilleux moyen d'échange d'informations précises entre les hommes, qui peut aider en partie à remédier à la dangereuse imprécision des langages, affectifs et culturels ; un moyen d'éviter de mêler les niveaux d'organisation. C'est enfin, comme nous l'avons signalé, un système ouvert qui va du simple au complexe et qui fournit à l'individu un outil conceptuel capable d'enrichissement constant. Il lui ouvre le monde des structures, celui de l'information, ce monde ignoré jusqu'à l'époque moderne, ou du moins isolé de l'autre par l'étiquette de « l'esprit » parce qu'il organise notre système nerveux lui-même. Jusqu'ici « l'esprit » n'a jamais été plus qu'un ramassis désordonné de jugements de valeur.

Il faudra compléter cette initiation ensembliste par les rudiments de la *cybernétique* qui permettra d'animer ces structures et de les voir évoluer dans le temps. Encore un merveilleux instrument de connaissance du monde, animé et inanimé. La cybernétique permet de poser correctement un problème : qui fait quoi, comment, pourquoi ? Elle permet d'établir des modèles matériels et conceptuels et de contrôler leur fonctionnement. Elle oblige à mettre à jour les régulations, à ne pas confondre effecteur, facteurs, effets, rétroaction. Elle oblige à rechercher le plus grand nombre de ceux-ci dans un système et à sortir de la causalité linéaire et des trois principes d'Aristote sur lesquels nous vivons encore. Et surtout elle oblige à mettre en évidence les niveaux d'organisation et l'intervention des servomécanismes. Elle conduira à *l'étude des systèmes,* ouverts ou fermés.

Cette éducation structuraliste n'a nullement pour but d'automatiser les cerveaux vierges, mais au contraire de les ouvrir au monde qui les entoure et à celui qui vit en eux. Dans l'infinie complexité des choses, des êtres, des concepts, dans la forêt de l'inconscient, le bruit des pulsions, la barrière des interdits, le guide implacable des automatismes, elle apportera un certain ordre et une certaine clarté. Elle permettra ainsi d'agir en homme et non en chimpanzé bavard. Elle est plus simple à communiquer que la table de multiplication et le problème des robinets. Elle fait peu appel à la mémoire. Elle oblige à la « compréhension » dans son sens étymologique. Surtout, elle peut sans effort ne pas se couper du monde sensoriel. Elle doit pouvoir à chaque instant se plaquer sur la vie, la pénétrer, s'y incorporer. Et non pas la vie professionnelle seulement, mais la vie tout court. Celle de tous les jours, celle de la poignée de main, du journal qu'on lit le soir en rentrant, du problème familial ou social que l'on doit résoudre, celle des rapports internationaux. Elle ébranle toutes les valeurs, des plus évidentes aux plus discutables. Elle remet tout en cause inlassablement. Elle pousse à la révolte contre les préjugés, les concepts éculés, les vérités premières, les « essences », les certitudes admirables, les morales, les éthiques, contre les mots, tous les mots, s'ils ne conduisent pas à écrire un poème et quand celui-ci est écrit, à déchirer la feuille qui l'avait accepté.

En réalité, nous comprenons qu'elle vient tout simplement prolonger l'information-structure spécifique du cerveau humain. Elle organise le réseau infiniment complexe des neurones entre eux en une structure ouverte, capable de tout accepter et de tout ordonner. *Elle est information circulante au moment où elle pénètre ce réseau. Elle devient ensuite information-structure, mais structure capable de tout accepter, sans désordre, en poursuivant au niveau conceptuel la néguentropie amorcée par les systèmes vivants dans le monde de la matière.* On peut dire que toute éducation ne fait pas autre chose. Malheureusement, jusqu'ici l'éducation s'est présentée comme un système fermé, introduisant dans le système nerveux des « éléments » qui en l'absence de structure organisatrice ouverte, débouchaient obligatoirement sur des jugements de valeur et des automatismes socioculturels, c'est-à-dire en définitive sur des structures fermées et sur les conflits qu'elles engendrent. Certains ont pu parler de l'agression informationnelle à laquelle est soumis l'homme moderne[1]. C'est probablement parce qu'on ne lui a pas encore appris à organiser ses informations à mesure qu'il les reçoit. Il les entasse pêle-mêle dans son système nerveux où ne surnagent que celles cohérentes avec ses pulsions ou ses automatismes. Si elles ne sont pas cohérentes avec ceux-ci, il les occulte ou il ne les entend même pas, car elles seraient alors génératrices d'angoisse, génératrices de conflits, mais ce faisant il n'évite pas mieux les conflits entre les structures fermées qui l'habitent. Les grilles antérieures bien qu'imparfaites, fermées également, l'aident parfois à survivre à cette angoisse, mais pour le plonger dans un sectarisme aveugle et homicide. Chez celui qui se trouve bien automatisé par exemple par une grille marxiste ou psychanalytique, observez qu'il est exceptionnel que vous constatiez les symptômes d'agression informationnelle. Toute information en effet est introduite immédiatement dans la grille et décodée. Elle en ressort sous la forme explicative de la lutte des classes ou de l'œdipe et ne pose plus de problème pour programmer l'action à son égard. Si elle ne peut s'introduire dans le schéma, elle est tout simplement non signifiante, elle n'est pas informative, elle n'est pas entendue et ne pose donc aucun problème puisqu'elle ne peut influencer l'action entièrement programmée à l'avance. Et même, si son insistance arrive à déclencher un potentiel d'action au

---

1. Alvin Toffler (1970), *Future Shock*, Random House, N.Y.

niveau des circuits neuronaux, elle fournira matière à cette admirable chose qu'est l'analyse (terme utilisé dans les deux grilles) et qui représente un discours logique, de causalité linéaire, inconscient généralement de l'inconscient qui le mène. L'agression informationnelle n'existe donc que chez celui qui n'a pas de grille du tout, ou du moins ne possède qu'un ensemble de jugements de valeur, d'automatismes socioculturels, dont on ne peut pas lui dire qu'ils n'ont été imaginés que pour conserver la structure hiérarchique de dominance d'une société donnée, à une époque donnée. Ils sont donc constamment contradictoires avec les faits observés puisque la clef fournie pour les interpréter manque, qu'elle a été soigneusement cachée. Les informations incohérentes, contradictoires, de plus en plus nombreuses, ne peuvent ainsi déboucher sur une action gratifiante, d'autant plus que l'observation objective n'existant pas, chaque utilisateur de grille faisant appel pour décrire les faits, à sa propre grille, propage des opinions et des jugements variés concernant le même phénomène observé. Dans ce cas, direz-vous, pourquoi ajouter une grille supplémentaire à celles existantes ? Parce que la nouvelle grille contient les précédentes, plus un certain nombre d'éléments fondamentaux que celles-ci ne comprenaient pas. Mais nous sommes bien persuadés que cette nouvelle grille ne pourra être que temporaire et nous lui souhaitons de ne pas trouver sur son chemin des automatismes qui pourraient faire d'elle un instrument aussi figé que celles d'Aristote, de Freud ou de Marx. Son ouverture risque cependant de la protéger puisque cette grille est capable de remettre en cause sa propre existence, en même temps que l'intérêt temporaire et l'efficacité passagère des grilles en général. La relativité n'a pas remis en cause les lois de la gravitation, elle les a englobées.

On voit que cette éducation structuraliste (pour lui donner un nom) aboutit à la distinction entre information, masse et énergie, trinité fondamentale dont pendant longtemps encore nous ne pourrons sans doute sortir, mais sur laquelle comme des naufragés sur un îlot providentiel, il est bon de se reposer, après un naufrage dans l'océan des mots et des choses.

Dans cette structure on peut alors introduire des éléments nouveaux, en nombre considérable, sans craindre l'indigestion, le « stress » informationnel. Ils y prendront logiquement la place qui leur est réservée. La mémoire n'aura plus qu'un faible effort à fournir, ou plus exactement le phénomène de mémorisation sera grandement simplifié. Au désordre de la « culture » classique succédera l'ordre d'un puzzle qu'il ne suffira plus que de compléter. Mais l'image du puzzle est imparfaite, car le puzzle est une structure fermée, alors que les faits mémorisés pourront pénétrer dans une structure ouverte à l'infini, dont la seule limite, sans cesse changeante, sera celle de nos connaissances. La majeure partie du temps perdu dans une vie humaine sera récupérée, car ce temps perdu vient du jeu stérile entre sous-systèmes, entre ensembles incomplets, entre éléments épars. L'enfant apprendra à ne jamais se laisser enfermer dans un antagonisme et à utiliser son imagination pour découvrir la structure nouvelle qui lui permettra d'en sortir. Il s'agit d'une fuite en avant constante fondée sur l'enrichissement constant des connaissances et autorisée par l'ouverture des structures nerveuses, donc conceptuelles.

LES OBJETS

Ils sont en nombre infini puisqu'ils sont ceux de la connaissance. Du moins peut-on en imaginer le cadre général et compte tenu des méthodes précédentes, la manière dont ces connaissances pourront être organisées.

Celles concernant le monde physique d'abord, et peut-être pas en suivant une chronologie historique, mais en essayant de montrer comment à partir des principes fondamentaux de la thermodynamique, de la théorie cinétique, la structure électronique de la matière permet de passer de la physique à la chimie. Comment la réaction enzymatique permet de passer de la chimie minérale à la chimie biologique, sous-tendue par les mêmes lois. Comment celles de l'évolution ont conduit du soleil à l'homme [1], sur le plan énergétique et informationnel. Point n'est besoin toujours d'écrire la formule de Shannon ou celle de l'entropie. L'un de mes enfants, âgé alors de 8 ans, me dit un jour : « Mais alors c'est du soleil que nous mangeons ! » me montrant qu'il avait parfaitement compris, sous une formulation simple, l'évolution informationnelle de la biosphère à partir de l'entropie solaire. Placer très tôt l'individu dans son ensemble cosmique, le faire participer à celui-ci au lieu de lui apprendre à s'en isoler. Lui apprendre aussi très tôt qu'il est un petit animal particulier qui parle. Comment son cerveau et celui des autres hommes s'est organisé au cours des millénaires qui ont séparé l'apparition des premières formes vivantes et les premiers hommes. Comment il s'organise depuis sa naissance, quels sont les facteurs qui le font agir. Il y a toutes les manières de dire cela, depuis les plus simples jusqu'aux plus complexes. Il y en a pour tous les âges, de 7 à 77 ans : c'est comme Tintin... en moins orienté cependant. En effet, il n'est pas impossible qu'avec une telle grille à sa disposition, un adolescent ne puisse pas décoder toutes les bandes dessinées mises à sa portée et en déchiffrer le message inconscient, l'expression sociologi-

---

1. H. Laborit (1963), *Du soleil à l'homme*, Masson et Cie (Paris).

que qu'elles représentent, le conformisme culturel qu'elles transmettent, les automatismes de jugements qu'ellees sont susceptibles de créer, dans la pleine inconscience de ceux qui les rédigent. A partir du moment où il est capable, sous le discours de l'autre, de deviner l'intention qui le mène, il ne lui restera plus, travail le plus difficile sans doute, qu'à deviner l'intention qui mène inconsciemment son propre discours. Il est prêt à entrer dans la vie sociale.

Celle-ci sera pour lui d'abord liée à sa fonction professionnelle. On peut faire confiance aux sociétés contemporaines pour maintenir le plus longtemps qu'elles le pourront l'enseignement permettant de trouver un « débouché », ce terme remarquable qui sent la vinasse et dont les parents consciencieux ont plein la bouche. Tant que l'homme ne sera pas autre chose qu'un producteur de marchandises, il devra s'introduire dans un processus de production, tardivement s'il doit acquérir d'abord une connaissance abstraite de l'information professionnelle, très tôt si l'on utilise seulement ses mains. Mais tôt ou tard on peut lui souhaiter deux choses : premièrement que, quel que soit le travail qu'il effectue, il puisse lui trouver un certain intérêt, autre que hiérarchique, et pour cela qu'il ne soit pas trop parcellisé. Deuxièmement et surtout, que les méthodes de pensée qui auront modelé son système nerveux lui fassent découvrir autre chose, un autre intérêt à la vie que l'intérêt professionnel, purement technique. Aujourd'hui, pour s'en échapper, il n'a à sa disposition que le cadre de la famille, bourgeoise ou non, avec ses agapes dominicales, la télévision et les processions motorisées sur les routes en fin de semaine, ou encore le tiercé, le sport, le cinéma et la « culture ». On peut se demander si les sociétés, quelles qu'elles soient, n'ont pas toujours favorisé ce type de diversion, focalisé l'intérêt par la propagande, consciente ou inconsciente, sur ce cadre étriqué, pour éviter que leur existence ne soit remise en cause. Et pourtant il serait souhaitable que tout homme se sente concerné par les structures sociales, organisées par niveaux de complexité de l'individu à l'espèce. Animal social, n'existant pas sans les autres, il semble normal qu'il s'intéresse aux relations ou à l'absence de relations qu'il peut avoir avec son voisin de palier, mais aussi avec tous ceux qui participent à la constitution des classes fonctionnelles auxquelles il appartient lui-même. Ces classes fonctionnelles ne sont pas seulement celles accomplissant une fonction professionnelle. Ce sont toutes les classes résultant de la formation de groupes humains, plus ou moins temporaires, ou plus ou moins stables, ayant une finalité particulière c'est-à-dire une fonction particulière dans l'ensemble social, ou même de l'espèce. Il est souhaitable autrement dit, qu'en dehors des rapports de production il prenne conscience de l'existence d'autres rapports, ceux que Freud a étudiés par exemple. Ceux surtout que les notions structuralistes et dynamiques de la biologie moderne mettent au jour dans les comportements humains en situation sociale, dans le présent et dans l'histoire. Dès lors, il ne pourra limiter son intérêt au groupe restreint des hommes qui peuplent sa niche environnementale immédiate et présente. Il saura que tout groupe humain qui ne s'ouvre pas sur un plus grand ensemble, tout système fermé, est un système antagoniste, voué soit à la disparition du fait de la dominance d'un autre système fermé, soit à sa propre dominance, c'est-à-dire à l'enkystement hiérarchique. Le terme d' « ouverture », fort à la mode aujourd'hui, ne suppose pas l'intégration des autres à sa propre structure qui n'en sera pas pour autant plus ouverte. Il ne suppose pas non plus la dissolution de cette structure dans un autre ensemble. Il suppose la formation d'un nouvel ensemble dont la finalité change à partir du moment où les deux sous-ensembles deviennent complémentaires pour définir un nouveau niveau d'organisation. Les deux premières interprétations au contraire aboutissent à conserver une seule finalité, celle de l'ensemble dominant, en augmentant simplement le nombre de ses éléments.

Or, tout ceci n'est possible que si l'information circulante circule vraiment et si chaque élément possède une vue panoramique des problèmes posés, tant sur le plan de l'activité socioprofessionnelle que sur celui de la structure sociale. Pour cela il faut évidemment que la captation des informations ne soit pas l'apanage de certains éléments dominants dans une structure de dominance car il est probable que dans ce cas ils ne seront sensibles qu'à celles permettant de perpétuer leur dominance et la structure sociale dans laquelle elle s'inscrit. Nous avons déjà signalé que chaque élément de l'ensemble social *doit être capable de capter, de décoder et d'interpréter les informations, ce qui suppose une grille efficace pour le faire, englobant les autres grilles, sans quoi elle ne peut être qu'un système fermé, donc antagoniste. Il faut donc que chaque élément de l'ensemble social jouisse de temps libre, comme au début du néolithique, pour s'informer.*

L'information circulante doit ainsi propager tout ce qui concerne l'information-structure, l'anatomie et la physiologie, en d'autres termes, du corps social, sans partir des instances supérieures vers la base, c'est-à-dire ne propageant qu'une information toute préparée et ne filtrant que ce qui est favorable à l'acceptation par la base de la structure hiérarchique en place. Non seulement la censure doit disparaître, mais aussi l'autocensure de ceux qui veulent assurer leur promotion dans le système hiérarchique, consciemment et surtout inconsciemment. Inconsciemment, car le conditionnement par la gratification hiérarchique qu'offre la soumission à l'intérêt dit (par euphémisme) national n'est que l'expression du déterminisme qui guide l'inconscient du système nerveux humain dans sa recherche de la dominance. L'information doit circuler dans ses aspects contradictoires, ce qui semble possible dès lors qu'il n'existe plus de structure hiérarchique de dominance à protéger. Comme la combinatoire génétique, elle doit permettre la combinatoire conceptuelle interindividuelle au lieu de favoriser un eugénisme conceptuel, un racisme conceptuel contraire à toute l'évolution biologique. Notons d'ailleurs qu'à partir de l'hypothèse de travail, lorsque l'ensemble l'a formulée ou discutée, seule la base est susceptible de pouvoir l'expérimenter.

A l'intérieur de cette structure sociale en continuel devenir, coule un flot énergétique qui transforme la masse, les matières premières, c'est celui du photon solaire transformé d'abord par la biosphère, puis par l'homme. C'est *l'aspect énergétique, économique,* du problème. Toutes les finasseries économiques techniciennes ne peuvent éviter au bout du compte d'en arriver là. Où sont les sources d'énergie? Dans l'environnement écologique immédiat, le territoire? ou dans l'environnement extra-territorial? Toute la distribution harmonieuse de cette énergie, primitive ou transformée par l'information que l'homme lui ajoute, et celle des matières premières que grâce à elle l'homme transforme, nécessaire au maintien de la structure sociale par la survie des individus qui la composent, peut être envisagée dans le système fermé national, ou celui aussi fermé des groupes d'intérêts transnationaux (c'est l'origine principale des guerres) ou dans l'optique d'une structure d'ensemble de l'espèce. Même si cette optique est immédiatement irréalisable, cette ouverture vers le plus grand ensemble devrait être la toile de fond de toute organisation de la distribution énergétique et matérielle au sein des structures humaines, ainsi que de l'information technique qui transforme masse et énergie. Quant à la question posée de *la rapidité et de l'efficacité* du processus de décision, elle demanderait un long développement. J'ai eu l'occasion de dire précédemment qu'à mon avis le processus de décision n'existe jamais. Le choix n'est toujours qu'un pseudo-choix exprimant les pulsions et les automatismes socioculturels de celui qui semble décider et qu'il ignore, ce qui lui fait croire à sa liberté. Mais la question n'est pas même pas là. Si j'approche par inadvertance mon doigt d'une flamme, je ne vais pas attendre les perturbations qui s'ensuivent dans l'ensemble de mon organisme pour « décider » de retirer mon doigt de la flamme. Un réflexe rapide m'éloignera de la source d'agression thermique. Par contre, dans d'autres cas mon comportement résultera d'une expérience antérieure, de mes automatismes socioculturels, acquis en quelque sorte. Dans ce cas, je perpétuerai un comportement qui m'aura une fois gratifié ou évité au contraire le déplaisir. L'enfant qui a appris à ses dépens que le feu brûle, ne décidera pas de ne pas approcher son doigt de la flamme. Tout simplement il s'abstiendra de le faire. Tout technicien correctement instruit de l'expérience de ses devanciers par l'apprentissage technique et par sa propre expérience, se contentera d'appliquer les schémas techniques qu'il a appris. Rares sont ceux qui imaginent une solution nouvelle. Et même dans ce cas, celle-ci doit être adaptée aux conditions environnementales et résulte simplement des mécanismes complexes et inconscients qui régissent leur comportement.

C'est le stade auquel sont parvenues les sociétés modernes. Il est quelquefois valable dans l'immédiat, souvent inefficace, car entre-temps, tout l'environnement s'est transformé et la réponse valable pour un ensemble événementiel a peu de chances de le demeurer pour un nouvel ensemble, surtout dans l'accélération de la complexification du monde moderne.

Il y a enfin la conduite imaginative à partir d'une finalité acceptée par l'ensemble, avec le plus de science et de conscience possible, au moment où elles est élaborée, des facteurs motivationnels qui ont déterminé son élaboration. C'est pourquoi nous devons commencer par dire : « à partir du moment où une finalité de l'ensemble " temporairement " national est adoptée ». Dans ce cas, la réponse rapide, réflexe, doit être conforme à cette finalité et l'on peut admettre que ce n'est que secondairement que l'information circulante portera à tous les niveaux d'organisation de l'organisme social les arguments favorables ou contradictoires qui ont amené à la mettre en jeu. *Mais le rôle de l'imagination est surtout de prévoir ce qui peut arriver et demander la discussion et la proposition des solutions possibles à la combinatoire conceptuelle interindividuelle avant que l'événement ne se produise.*

Alors que dans l'organisme une des motivations fondamentales est l'angoisse existentielle, le déficit informationnel à l'égard du devenir, les structures sociales contemporaines font tout ce qui est en leur pouvoir pour occulter cette angoisse au lieu d'en profiter pour favoriser l'expression de l'imaginaire ou au contraire favoriser la diffusion d'informations tendancieuses et angoissantes pour en tirer profit. Le processus de décision n'apparaît tel que parce qu'il est essentiellement automatisé et que ceux qui se croient les dépositaires de cette responsabilité sont inconscients du fait qu'ils n'y répondent qu'au coup par coup en faisant appel strictement à leurs pulsions primitives et à leurs automatismes socioculturels, à leur apprentissage technique. Aucune invention là-dessus, on reproduit ce qui a déjà marché. Pas de création, mais ajustements réciproques dans un système qui tente de se pérenniser. *Or la création, l'imagination, ne sont possibles qu'à partir d'une certaine expérience et celle-ci n'est pas acquise par un élément d'un ensemble, mais par l'ensemble des éléments.*

C'est donc à l'ensemble de l'organisme social que revient le devoir d'imaginer. Pour cela il est nécessaire que l'information circulante concernant la structure interne et ses rapports avec l'environnement circule, et qu'on ne l'enferme pas dans des automatismes conceptuels qui ne sont favorables qu'au conservatisme de la structure hiérarchique de dominance.

On peut objecter que dans un organisme humain, en l'absence de hiérarchie de valeur, la fonction imaginative n'est cependant pas généralement distribuée. L'objection me paraît fragile, car ce ne sont pas non plus les systèmes associatifs qui imaginent : ils se contentent d'associer les éléments mémorisés sans lesquels ils ne peuvent rien. Nous avons déjà eu l'occasion de dire qu'un nouveau-né n'imagine rien parce qu'il n'a pas encore mémorisé, même pas son schéma corporel. La fonction imaginante, celle qui résulte du traitement original de l'information sensorielle et intéroceptive, est bien une fonction globale. C'est une image de soi évoluant dans le temps qui imagine. De plus, dans un organisme social tout élément fonctionnel est par contre doué d'imagination s'il n'a pas été trop rigidement automatisé. Il n'y a pas de raison en conséquence pour que la fonction imaginative soit réservée à quelques-uns qui en profiteraient pour établir leur dominance. Et même si les solutions nouvelles n'émanent que de quelques-uns, ces solutions doivent être discutées et acceptées par l'ensemble, qui doit donc être motivé et entièrement informé, de façon contradictoire, des éléments du problème à résoudre. Enfin, il n'y a aucune raison pour que ceux qui proposent des solutions nouvelles aux problèmes posés jouissent d'une dominance hiérarchique et d'un pouvoir. Ainsi, la combinatoire conceptuelle interindividuelle que nous proposons est l'expression analogique au niveau supérieur d'organisation de la société, de la combinatoire des informations qui ont leur source dans l'organisme lui-même d'une part, résumant son état de bien-être physiologique et dans l'environnement d'autre part. Il en résulte une action gratifiante de l'organisme sur ce dernier.

L'information circulante exige donc une certaine rapidité de diffusion que les moyens audio-visuels permettent d'obtenir à condition de laisser le temps suffisant pour la recevoir et la traiter. Elle exige aussi des organes capables de la décoder. C'est pourquoi nous avons insisté plus haut sur les méthodes qui n'ont pour but en fin de compte que de permettre de décoder correctement les messages particulièrement nombreux que pour recevoir l'homme contemporain. Mais pour cela, répétons-le, il est nécessaire que ne s'interpose pas entre l'émission et la réception une première grille filtrante et surtout déformante, celle des pouvoirs hiérarchiques. Il faut enfin noter que ces informations seraient beaucoup moins nombreuses si le message pouvait être protégé du brouillage de tous les jugements de valeur, brouillage qui résulte de son passage à travers tous les systèmes fermés qui l'utilisent uniquement pour défendre leur structure et n'en restituent qu'une version réduite ou déformée. C'est ce que fait la presse quotidienne dont les différents organes ne seront lus que sur le critère affectif du niveau hiérarchique et du vécu gratifiant de celui qui en prend connaissance. L'objectivité de l'information, comme on dit, est une farce. Il suffit de constater la diversité d'appréciation d'un même fait banal, tel un accident de la circulation, par une dizaine de personnes ayant assisté à l'événement. En en faisant le récit chacune en réalité exprime ses désirs inconscients, ses jugements de valeur, ses automatismes socioculturels. Seule la diversité de l'information, la multiplicité de ses sources, peuvent espérer fournir aux individus le matériel indispensable au travail imaginatif et créateur. Tout endoctrinement facilité par l'ignorance de l'informé, ne lui présentant qu'un aspect des choses, tendant à lui imposer des automatismes de pensée et de comportement, occultant les opinions contraires en décrétant qu'elles sont erronées ou tentant de les présenter de telle sorte qu'elles perdent aussitôt toute cohérence face à la solution préparée par celui qui informe, individu ou institution, est l'expression d'un mépris profond de l'homme. C'est considérer qu'il est incapable de se faire une opinion personnelle parce qu'ignorant, ce qui est vrai, mais au lieu de combler son ignorance en lui fournissant des opinions et des informations différentes ou contraires, c'est le tromper que de ne lui montrer qu'un aspect des choses. C'est le considérer comme un sous-homme, c'est faire preuve d'un véritable racisme.

Le rôle d'un pouvoir ne devrait pas être de « former » l'opinion, mais de lui fournir des éléments d'information nombreux et différenciés permettant à chaque individu de remettre en cause chaque jour les bases de la pérennité de ce pouvoir même. Autrement dit, ce serait alors de supprimer tout pouvoir centralisé. Ce serait de fournir à chaque individu les moyens d'apporter sa part imaginative à la construction jamais finie de la société humaine.

L'information généralisée n'a pas sa place seulement à l'école ou à l'université, mais aussi au sein de tous les groupes humains au cours du processus de production. Imaginons que chaque homme au travail puisse bénéficier chaque jour, de 17 à 65 ans, âge de sa retraite, de deux heures pour s'informer. S'informer des problèmes qui se posent aux niveaux d'organisation de l'entreprise où il travaille, mais aussi à tous les niveaux d'organisation susjacents qui englobent cette entreprise : niveau municipal, urbain, régional, national, international, planétaire. Supposons qu'il puisse aborder ces problèmes non point avec la seule aide de l' « analyse » rationnelle, mais qu'il puisse faire aussi la part dans son discours et dans celui des autres de l'inconscient des engrammations sociocultu-

relles, des préjugés et jugements de valeurs, individuels et
de classe. Supposons qu'il apprenne ainsi à se méfier de
ses propres comportements, comme de ceux des autres.
Supposons enfin qu'une information non dirigée, multidisciplinaire et vulgarisatrice, lui soit fournie, dépourvue de
certitude affective et de dogmes, d'affirmations gratuites
mais présentées comme « scientifiques » pour faire
sérieux et s'imposer plus facilement, qu'une information
constamment contradictoire lui soit fournie aux lieux
mêmes de réunion dans l'entreprise, mais aussi par
l'intermédiaire des mass media et dans son groupe de
résidence, on imagine mal la richesse du matériel mémorisé que son cortex orbito-frontal aurait alors à sa disposition. Utopie peut-être, mais vers laquelle on pourrait tout
au moins tendre.

On peut enfin objecter qu'une telle information généralisée ne peut être acquise au cours d'une vie humaine. Il
est probable que ceci n'est vrai que si cette information est
une information technique, qui exigerait de tous d'être
polytechnicien. Ce qui était possible au paléolithique est
devenue aujourd'hui strictement impensable. Mais cette
interprétation vient du fait que notre société est une
société, et nous avons montré pourquoi, qui n'accorde de
valeur sociale qu'au technicien focalisé. Or, il est important de faire non plus des polytechniciens, mais des
polyconceptualistes, monotechniciens. Aucune technique
humaine n'est isolée dans l'ensemble des connaissances de
l'homme. Il est essentiel que l'on diffuse très généralement
et sous une forme simple, compréhensible par tous, les
concepts fondamentaux, en montrant comment ils peuvent
fournir une structure générale d'accueil à toutes les
connaissances spécialisées.

Depuis quelques années, certains, comme Ivan Illich [1], ont proposé une société sans école, en reprochant aux écoles de ne pas préparer à la vie, de tenir les jeunes à l'écart du monde, préaliénés, de les séparer de la réalité et de la créativité. Ce n'est pas moi qui dirai le contraire en observant l'école, toutes les écoles existantes. Illich propose de mettre très tôt le jeune au contact du monde des objets, et du monde de l'adulte, du monde de l'outil, des techniques. Une tendance récente de l'enseignement dans notre pays, que l'on ne peut accuser d'être révolutionnaire, est animée par la même motivation. Ce qui montre à notre avis que ce n'est pas être révolutionnaire que de mettre l'enfant le plus tôt possible au contact du monde du travail professionnel. La « contemplation de l'homme au travail » n'émeut pas mon affectivité, elle n'entraîne pas de ma part une admiration béate. « Tu gagneras ton pain à la sueur de ton front. » La transpiration ne m'a jamais paru une finalité très réjouissante pour l'homme. D'ailleurs, il faut pour la faire accepter créer un réel mouvement d'opinion et même le réalisme socialiste nous montrant un beau gars et une belle fille se tenant par la main, une gerbe d'épis dorés sur l'épaule, suivant une route qui s'affine vers l'horizon, l'horizon socialiste évidemment, ne m'a jamais fait frémir d'un frisson esthétique. Je serais plutôt tenté de croire que « les lys des champs ne filent, ni ne tissent »...

Tout ce que je viens d'écrire dans les chapitres précédents montre cependant que je fais des efforts louables pour ne mettre aucun jugement de valeur entre le travail manuel et intellectuel ou soi-disant tel. Je crois en définitive qu'Ivan Illich n'est nullement révolutionnaire en proposant d'inscrire plus tôt l'enfant dans le processus de production pour qu'il en tire un exemple du réel. Je suis persuadé que les capitalistes anglais du début de la

---

1. Ivan Illich (1971), *Une société sans écoles,* Le Seuil, édit.

révolution industrielle, de même que nos capitalistes modernes, accepteraient assez volontiers cette opinion. Ne croyez pas non plus que je veuille en contrepartie défendre la table de multiplication et le problème des robinets, les questions à choix multiples. Leur but est identique, mais vraisemblablement moins efficace : faire de l'homme un producteur de biens exclusivement. Dès lors, la méthode pour y parvenir ne m'intéresse pas.

Par contre ce qui m'intéresse, c'est une réalité nouvelle dans la conscience que nous en avons : l'homme est un animal, le seul, qui sache traiter l'information et en créer grâce à son cerveau associatif. C'est cela qu'il faut non seulement protéger de tous les apprentissages automatiques, de tous les réflexes conditionnés, mais que nous devons avant tout favoriser. Il est donc urgent, avant de leur apprendre à manipuler la masse, d'apprendre à l'enfant et à l'adolescent ce qu'est l'information, comment et pourquoi le système nerveux, commun à l'espèce, l'utilise. Leur apprendre enfin que cette utilisation peut servir à faire des objets, mais aussi et peut-être surtout, à se connaître, à se situer dans l'ensemble cosmique, dans leurs rapports avec les autres. L'adéquation à la vie, au réel, ne me semble pas devoir en souffrir, mais au contraire en être facilitée. Pourquoi laisser le jeune redécouvrir seul, s'il y parvient jamais, le dur chemin de l'abstraction qu'a parcouru l'espèce humaine depuis les origines, à partir du moment où celle-ci lui permettra de structurer journellement la masse et l'énergie ? Il est étonnant de lire les multiples comptes rendus de commissions, sous-commissions, de colloques, réunions, symposiums concernant les réformes de l'enseignement. On lit parfois cette affirmation lucide, qu'une société nouvelle suscitera une école nouvelle. Qu'une société socialiste sécrétera une école différente de celle d'aujourd'hui. On aborde ensuite ce que pourrait être cette école. Et l'on remanie les structures. On pénètre aussitôt dans l'analyse de ce qu'il faut faire et défaire. Mais il est exceptionnel que l'on aborde la finalité et le contenu de l'enseignement. Bien sûr, on réserve toujours un petit département pour la « culture », c'est-à-dire l'art, et pour le sport, qui permettent le « plein épanouissement de l'homme ». Mais l'on fait toujours cohabiter la science et la technique à tel point que l'on se demande pourquoi on utilise deux mots différents puisque jamais séparés. Une contraction comme la « Scitech » serait plus simple et ferait gagner du temps, et le temps c'est de la production. On continue à découper en tranches sériées le jambon des connaissances humaines. Et ce n'est que dans ces cadres rabougris qu'on organise les sous-ensembles en déplaçant les virgules. Quand exceptionnellement on pose la question : « L'enseignement à quoi ça sert ? » on ne répond pas ou implicitement on découvre que ça sert à réaliser l'apprentissage professionnel plus la culture artistique. Comme le socialisme c'est les soviets plus l'électricité. Le tout doit suffire largement à remplir la vie d'un homme, surtout si on le complète par le recyclage professionnel, intitulé parfois « formation » permanente. La biologie, c'est-à-dire la moitié de la totalité des connaissances humaines, occupe dans les programmes un sous-chapitre, complètement séparé d'ailleurs des sciences dites humaines : psychologie, sociologie, économie, etc., de même que l'on apprend à conduire une automobile sans connaître un traître mot du fonctionnement d'un moteur à explosion. Encore, ce dernier fonctionne-t-il en général, du fait du progrès technique, sans pannes, sans trop de ratés, alors que pour les individus et les sociétés humaines il est difficile d'en dire autant. Les principes fondamentaux de la physique sont réservés aux « carrières » d'ingénieurs et ne seront envisagés que du point de vue de la production de machines et de marchandises. A quoi pourrait servir, je vous le demande, à un littéraire, la notion d'entropie, de structure, d'information et leur symbolisation mathématique ? Ces êtres vivants, inscrits comme tout le monde dans le courant d'entropie solaire, n'ont que faire évidemment de la deuxième loi de la thermodynamique, non plus que de la première d'ailleurs. On se plaint aussi de la parcellisation du travail humain et l'on pense au sort du malheureux ouvrier à la chaîne. Mais il n'y a en réalité que peu de différence entre celui-ci et l'intellectuel ou soi-disant tel, sinon une différence hiérarchique et nous savons pourquoi. Mais en paraphrasant Bernard Shaw, tout savoir sur rien est-ce tellement différent de ne rien savoir sur tout, ou même de tout savoir sur tout, comme une bibliothèque bien équipée ? Raison de vivre et structures ouvertes, quand vous enseignera-t-on ?

Certains pourront reprocher à cette approche un danger de « désengagement », de « démobilisation » des masses. Cet argument n'est vrai que dans la mesure où les masses se trouvent engagées et mobilisées sur des schémas anciens, dont ceux présentés ici font la critique. Il faut avouer que c'est vraiment mépriser ces masses que de les croire incapables de progrès conceptuels et définitivement automatisées par un langage stéréotypé, des slogans éculés, motivées irrémédiablement par leur seul intérêt digestif, l'appétit de consommation. Ne s'adresser qu'à l'affectivité des masses, c'est rabaisser les individus qui les constituent au rang des espèces qui nous ont précédés et se « servir » d'eux pour asseoir un pouvoir et des privilèges nouveaux.

Certes, il faut mobiliser les masses, mais il faut les mobiliser contre toute structure hiérarchique de dominance, toute structure fermée, figée, sclérosée, analytique et non synthétique, contre celles existantes, mais aussi contre celles qui pourraient survenir. Et pour les mobiliser, pour les motiver, il est préférable de s'adresser à leur raison qu'à leurs pulsions ou leurs automatismes culturels, ou du moins il faut les motiver raisonnablement. Il faut que leurs pulsions fondamentales les amènent à raisonner les mécanismes d'établissement et le contenu de leurs automatismes. S'il existe une certitude humaine contemporaine, que la « pensée » globale de nos grands ancêtres ne percevait pas encore, c'est que l'action ne peut continuer à être guidée seulement par l'hypothalamus instinctif ou les automatismes limbiques, mais a tout intérêt à contrôler ceux-ci par le cortex imaginant. A partir de là, si la révolution est nécessaire, pourquoi pas ?

CHAPITRE XII

La guerre

On a tendance, depuis la prise en charge de l'éthologie, par nos sociétés contemporaines, à considérer que la guerre résulte d'une agressivité, déjà sensible chez l'individu, retrouvée au niveau d'organisation des groupes sociaux et nationaux et prenant naissance dans l'information-structure de l'espèce humaine, dans sa structure génétique. Nous avons déjà, ici même (voir p. 73), discuté de cette opinion concernant l'agressivité humaine. Nous l'avons également étudiée plus précisément dans un livre récent [1]. Nous savons que l'agressivité n'est pas innée, mais qu'elle constitue un type de réponse à un stimulus quand cette réponse ne peut s'exprimer dans un acte gratifiant ou qu'au contraire cette réponse agressive a déjà été gratifiée par la dominance. Nous savons également que la finalité d'une structure vivante ne peut être que le maintien de cette structure. Or, comme toute information-structure est un système fermé, il est évident que pour survivre cette information-structure va entrer en compétition antagoniste avec les autres, pour s'approprier la masse et l'énergie. Chez l'homme et ses groupes sociaux, cette

---

1. H. Laborit, *Les comportements. Biologie, physiologie, pharmacologie*, Masson et Cie, édit., Paris.

information-structure a utilisé l'information technique pour assurer sa dominance. Nous pouvons donc définir la guerre *comme résultant de l'affrontement de deux informations-structures, de deux systèmes fermés pour établir leur dominance, nécessaire à l'apparition de leur approvisionnement énergétique et matériel nécessaire lui-même au maintien de ces structures.*

Comme la structure de tous les groupes sociaux, nationaux en particulier, a toujours été, jusqu'ici, une structure de dominance, on peut en déduire que la guerre, quelles que soient ses causes politiques, économiques ou énergétiques apparentes, a toujours eu pour but de maintenir cette structure de dominance au sein des groupes nationaux. Nous avons en vue évidemment les guerres internationales, mais ceci est aussi vrai pour les guerres dites civiles. Nous savons que celles-ci résultent du fait qu'à l'intérieur même du groupe national, deux systèmes fermés entrent en antagonisme, antagonisme souvent mis au jour par l'apparition d'un troisième système fermé qui sert de révélateur, de détonateur et qui après élimination de la structure de dominance institutionnalisée, prendra le relais de la dominance.

L'agressivité guerrière entre nations semble posséder des mécanismes assez analogues à ceux de l'agressivité entre deux individus. Elle résulte ainsi de l'impossibilité pour une nation donnée de continuer ses actions gratifiantes, économiques en général. Le plus souvent c'est le groupe dominant de cette nation qui ne peut se gratifier, mais il parvient, puisqu'il est détenteur des moyens de diffusion de l'information, à faire croire à l'ensemble national que son intérêt privé est l'intérêt national et à susciter « l'union sacrée ». Jusqu'ici, il ne semble pas qu'une ouverture horizontale entre classes fonctionnelles de deux nations en imminence de conflit ait jamais pu s'opposer efficacement au déclenchement du conflit.

Cependant, dans certains cas l'origine de celui-ci paraît être attribuable à une nation dominante. Comme l'individu dominant, la nation dominante paraît dénuée d'agressivité. Elle se satisfait de sa dominance. Mais comme l'individu dominant elle a immédiatement tendance à étendre son information-structure, son style de vie, considérant que tout le monde doit l'accepter, l'admirer, le partager. Toute structure socio-économique différente de la sienne représente, pour une nation dominante, une structure « barbare » et puisque la sienne lui a permis d'accéder à la dominance, les autres doivent l'imiter et pour cela accepter son « leadership ». Elle a aussi tendance à étendre son emprise économique et à considérer que tous les biens de ce monde lui sont dus, sont sa propriété. En échange, elle fournit son amitié, sa protection, et quelques broutilles à consommer. Ceux qui n'acceptent pas cette soumission sont évidemment des hérétiques, des « méchants », qui doivent être punis car ils menacent la paix du monde dont elle est gardienne. Toute contestation, tout essai de dégagement économique ou structurel déclenche immédiatement de sa part des représailles guerrières. Ces représailles sont toujours justifiées, elles défendent une cause juste, en général la liberté, car la liberté ne peut s'obtenir évidemment que dans l'acceptation de la dominance. Enfin, si la violence a permis l'établissement de la dominance donc de la gratification, elle aura évidemment tendance à se reproduire et à s'établir comme méthode de gratification. Il résulte de ce schéma rapidement tracé qu'aucun progrès vers la paix ne pourra être réalisé tant que les communications sociales auront pour but :

1) à l'intérieur d'un groupe humain de maintenir sa propre structure hiérarchique de dominance en ne diffusant que les jugements de valeur favorables au maintien de cette structure,

2) de refuser l'inclusion de ce groupe humain dans un

ensemble l'englobant sans possibilité pour lui de dominance ou de soumission.

A partir du moment où la masse et l'énergie circulent à peu près librement entre les groupes humains, il semble nécessaire que l'information, aussi bien technique que généralisée, y circule aussi librement. Un ensemble multinational ne constitue encore qu'un sous-ensemble de l'espèce humaine et l'information venant des ensembles environnants ne peut y circuler. On aboutit à la politique des blocs qui peut encore mener à la guerre. L'universalisme de la structure sociale de l'espèce humaine apparaît ainsi indispensable.

Il est sans doute plus facile de créer l'unité nationale contre un système extérieur et antagoniste quand la structure hiérarchique est étalée comme c'est le cas dans les pays industrialisés. C'est une des raisons qui vraisemblablement rendent si difficile l'association dans un plus grand ensemble de ces systèmes nationaux fermés. De même, pour provoquer une crise révolutionnaire à l'intérieur de tels systèmes, il est utile de propager l'idée de classes sociales peu nombreuses et d'occulter les hiérarchies professionnelles à multiples barreaux. Utile de profiter du malaise social pour obliger chaque individu à se situer à travers son vécu journalier dans le champ des insatisfaits ou des satisfaits de façon à provoquer l'apparition de deux systèmes fermés et antagonistes. Inversement, pour maintenir un système hiérarchique de dominance, il est profitable de multiplier les barreaux de l'échelle hiérarchique, de multiplier les systèmes fermés, les corporatismes, les sous-ensembles. Ce n'est là d'ailleurs que l'exploitation intuitive du vieil adage : « Diviser pour régner. »

Il semble donc que pour éviter la guerre, il soit nécessaire d'ouvrir les structures sociales aussi bien verticalement qu'horizontalement. Il semble que l'histoire du peuple juif soit un exemple assez frappant de cette opinion. La diaspora a ouvert horizontalement ce peuple, à travers les peuples de la terre. Cette ouverture horizontale s'est faite cependant à un niveau professionnel assez particulier : l'art, la science, la banque, le commerce, ce qui réduisait en partie son ouverture horizontale et facilitait au contraire le maintien de sa fermeture verticale. Cette information-structure du peuple juif l'a fait considérer comme un système antagoniste, comme l'inconnu anxiogène cause de tous les maux et cataclysmes, par les systèmes nationaux au sein desquels il s'est installé. Il en fut de même des protestants à une certaine époque. Au moment de la révocation de l'édit de Nantes, ce fut l'ouverture horizontale qui permit à beaucoup d'entre eux de s'expatrier et de trouver un refuge à l'étranger.

Comment s'étonner et comment condamner, les pieds allongés sur le fauteuil de nos habitudes confortables, l'agressivité et la violence des commandos palestiniens ? Quand aucune ouverture ni verticale, avec leurs « frères arabes », ni horizontale par leur mélange aux peuples de la terre du fait d'une technicité et d'une richesse insuffisantes, n'est possible, comment un groupe humain peut-il se gratifier dans la dépendance, la soumission sans « territoire », sans capital et sans technicité ? La diaspora a permis au peuple juif de participer à l'évolution technique des peuples au milieu desquels ses éléments se sont dispersés. Il a bénéficié de l'information circulante de ceux-ci. La fermeture verticale fut à l'origine des tentatives de génocides successifs dont il fut l'objet. Mais son ouverture horizontale lui a permis, lorsqu'il put s'installer en terre d'Israël, de bénéficier aussitôt du capital international accumulé et surtout de l'information technique à laquelle il avait participé. Les peuples arabes au contraire, non dispersés, fermés verticalement et horizontalement, sont demeurés le plus souvent à l'étape de l'évolution moyenâgeuse structurelle et technique à laquelle ils étaient parvenus.

Chaque groupe humain devrait faire le recensement de ses « fermetures » raciales, linguistiques, religieuses, écologiques, économiques, énergétiques, culturelles, etc., pour en peser la « valeur » dans le cadre de l'évolution du monde moderne. Pour préciser aussi si son attachement à l'une de ces valeurs résulte d'une recherche de la dominance, ou d'un refus de la soumission. Pour préciser aussi, si les sacrifices consentis pour préserver ces valeurs ne sont pas hors de proportion avec ces valeurs elles-mêmes, valeurs qui ne sont au niveau d'organisation des sociétés que l'équivalent des automatismes, des préjugés, des conditionnements, pour les individus ; si beaucoup de ces valeurs ne sont pas à mettre dans les vitrines des musées où elles recevront les hommages respectueux des foules et si d'autres valeurs permettant les ouvertures verticales et horizontales ne peuvent pas aujourd'hui leur être préférées. Malheureusement on peut se demander aussi si les lois mêmes de l'évolution n'exigent pas que chaque structure passe par ces étapes d'enkystement momentané avant de s'ouvrir plus largement sur le monde. Aurait-on pu passer directement des êtres unicellulaires à l'homme ? L'évolution n'a-t-elle pas été cette succession même d'échecs, d'erreurs et de succès relatifs ? Comment une structure pourrait-elle prendre conscience d'elle-même avant d'avoir existé ? Un projet mondialiste sans dominance était-il envisageable plus tôt dans l'histoire ? La paix romaine, comme la paix américaine ou la paix moscovite peuvent-elles représenter autre chose qu'une structure trop tôt fermée de dominance ? Peut-on espérer enfin faire presser le pas à l'évolution ?

Inversement, croire, comme certains, au caractère inévitable de la guerre, lui trouver même des avantages concernant l'évolution technique, le contrôle démographique, etc., c'est s'enfermer dans une structure préhistorique, s'appuyer sur le passé et l'histoire pour en déduire l'avenir, c'est rester dans un système aristotélicien du déterminisme linéaire, de la causalité enfantine. C'est ne pas comprendre que le cerveau humain avec ses systèmes associatifs ajoute quelque chose d'essentiel aux cerveaux des espèces qui l'ont précédé. Ce quelque chose lui permet de créer de la mise en forme, de l'information, lui permet de sortir petit à petit de certaines pressions de nécessité pour découvrir des nécessités d'un niveau d'organisation supérieur au lieu de demeurer emprisonné dans celles des niveaux d'organisation précédents. Mais inversement, chercher à résoudre les conflits en organisant ce qui est extérieur à l'homme, individu inclus dans des groupes sociaux, structure nerveuse répondant à des lois d'organisation et d'expression comportementale que nous commençons depuis peu à mieux comprendre, c'est se priver d'un apport informationnel fondamental et vouloir absolument reproduire les erreurs du passé. Il est curieux de constater combien les mécanismes mis en jeu par un organisme en cas de situation d' « urgence » sont proches de ceux utilisés par un groupe social, une nation. Nous avons eu l'occasion de développer ailleurs ces notions [1]. Rappelons que dans ce cas tout l'équilibre dynamique, le programme biologique habituel d'un organisme est *momentanément* sacrifié à la fuite et à la lutte. Les organes permettant ces deux comportements recevront un approvisionnement sanguin préférentiel, proportionné à l'effort métabolique, au travail qu'ils doivent fournir. Mais cette redistribution de la masse sanguine n'est possible, que parce que certains organes non immédiatement utiles à la fuite ou la lutte se

---

1. H. Laborit (1952), *Réaction organique à l'agression et choc* (2ᵉ éd. 1954), Masson et Cⁱᵉ.
(1963), *Du soleil à l'Homme*, Masson et Cⁱᵉ.
(1970), *L'agressivité détournée*, coll. 10-18, Union Générale d'Editions.

trouveront privés de leur alimentation coutumière. Si cette réaction organique à l'agression n'est pas rapidement efficace, si elle dure, elle aboutira à des lésions de ces organes non immédiatement indispensables, mais secondairement indispensables à la survie, tels que le foie, les reins, les intestins, etc. Il peut en résulter un état de choc, pouvant conduire à la mort. Pareillement le passage de l'économie de paix à l'économie de guerre ne favorise-t-il pas l'activité de certaines fonctions nationales, de certaines industries, aux dépens de celles non immédiatement nécessaires à la lutte ? Une différence importante cependant consiste en ce que dans l'organisme les organes autorisant la lutte ne recherchent pas celle-ci pour obtenir une alimentation préférentielle, comme dans un organisme social où certaines industries, par exemple, chercheront à provoquer la guerre pour se développer aux dépens de l'ensemble national. Cela résulte évidemment de la structure hiérarchique et de la recherche de la dominance existant dans l'organisme social et absentes dans l'organisme individuel.

Si la fermeture horizontale de ces industries a des chances de disparaître par l'ouverture verticale des sous-ensembles nationaux dans une information-structure planétaire, cette disparition n'est pas obligatoire. Il en est pour ces industries de guerre comme du capital. Elles peuvent s'internationaliser, comme les compagnies pétrolières, et former un sous-ensemble fermé verticalement dans un ensemble ouvert sur le plan des structures nationales. Elles risquent alors de favoriser la formation d'autres structures fermées, seules capables d'affrontement conflictuel. Le conflit peut en effet résulter de la fermeture de classes fonctionnelles, de structures dans ce cas déjà ouvertes horizontalement à l'échelle planétaire, mais insuffisamment ouvertes verticalement dans leur rapport avec les autres classes fonctionnelles participant à la structure et au fonctionnement de l'organisation planétaire. Rappelons que, si cette organisation doit permettre et peut-être même favoriser l'individualisation régionale des groupes humains dans leur cadre écologique particulier, elle devra éviter qu'un groupe humain puisse se suffire à lui-même, éviter qu'il s'isole, se ferme sur les trois plans, énergétique, matériel (matières premières) et informationnel (information-structure et information circulante, technique, et généralisée).

CHAPITRE XIII

La créativité

Puisque nous sommes parvenus à cette notion que la caractéristique fondamentale de l'homme était l'imagination créatrice [1] et non pas créatrice seulement de marchandises, mais créatrice de nouvelles structures enrichissant ses connaissances du monde où il est plongé, il peut être intéressant de préciser le mécanisme de la créativité, dans le cadre de la biologie des comportements.

LA MOTIVATION

Nous devinons que, comme tout organisme vivant, le créateur est motivé. Nous savons aussi que cette motivation est avant tout la recherche du plaisir, c'est-à-dire de son équilibre biologique. Nous savons, enfin, qu'en situation sociale cet assouvissement de ses pulsions instinctives ne peut s'acquérir que par la dominance. Or, la dominance en situation sociale exige d'accepter le

---

1. H. Laborit (1970), *L'homme imaginant*, coll. 10/18, Union Générale d'Editions.

système hiérarchique institutionnalisé par les dominants d'hier pour l'imposer aux individus d'aujourd'hui. Cette pérennisation des règles de la dominance montre d'ailleurs, notons-le, un manque total d'imagination de la part des dominants, incapables de concevoir d'autres systèmes sociaux, car celui qui les honore les enferme dans leurs propres automatismes socioculturels.

C'est ainsi qu'un système socioculturel créé en vue de la marchandise reine ne peut donner naissance qu'à un système hiérarchique centré sur la production de marchandises et en conséquence châtre toute créativité n'aboutissant pas à la création de marchandises. En effet, quelle motivation pourrait avoir un individu dans un tel système, si ce n'est de s'élever dans les hiérarchies ? Or, pour cela il doit obéir aux règles de la dominance qui assurent le maintien de la structure socio-économique existante. On lui demande de reproduire et non pas de créer des structures nouvelles. On lui demande d'apprendre et de réciter et non pas d'inventer, à moins, bien sûr, que son invention se vende et à condition qu'elle ne mette pas en cause le système socioculturel du moment. Les écrivains et les philosophes eux-mêmes seront honorés au prorata de leur apport au maintien des structures mentales et sociales existantes. Ce qui se vend le mieux, c'est toujours ce qui crée le moins d'inquiétude, à savoir l'expression des lieux communs et des préjugés d'une époque. Sont également favorisés dans un tel système ceux qui assurent la transmission de cet acquis culturel, sans en changer un mot, c'est-à-dire les enseignants conformes, ceux qui se plient aux examens et concours par lesquels on peut juger de leur conformisme. Si l'on ajoute que ces épreuves permettent de mettre en évidence la puissance et l'autorité, la dominance des membres de jurys, capables de soutenir la promotion de certains de leurs élèves, et de bloquer celle des élèves de certains de leurs collègues, on comprend que ce jeu d'influences exerce un attrait considérable dans la vie universitaire et que « l'élève » devenu par la suite « maître » ne puisse s'en passer à son tour. De créativité là-dedans, point question. Elle ne peut qu'entraîner la suspicion, à moins qu'elle ne serve la notoriété d'un « maître » qui en dépouille son élève, esclave de sa promotion sociale au prochain concours. La motivation dans ce cas se trouve limitée d'elle-même. *Le créateur doit donc trouver une motivation en dehors des hiérarchies de la société où il vit* car la création affirme une structure nouvelle, non conforme, anxiogène. Elle ne peut donc être immédiatement admise par le groupe humain, la société de l'époque où elle est exprimée. Elle est contraire aux hiérarchies qui établissent les dominances sur un acquis accepté, conforme, non anxiogène, utile au maintien de la structure du groupe. D'autre part, puisque la création n'est possible qu'en dehors des hiérarchies, lorsqu'elle surgit, tout le monde hiérarchique qui constitue l'armature inébranlable des comportements humains en société se trouve ébranlé. Qu'elle puisse exister sans être accompagnée des innombrables étiquettes, des « titres » dont se glorifient les dominants, montre que ces titres ne font que récompenser le conformisme et non la créativité. La créativité peut donc difficilement se satisfaire des hiérarchies qui la rejettent et inversement les hiérarchies favorisent le conformisme et non la création.

La motivation du créateur ne peut être alimentée que par l'angoisse existentielle, celle que les sociétés hiérarchiques et paternalisantes s'efforcent d'obscurcir, à condition qu'elle débouche sur une structure suffisamment générale pour espérer répondre à cette angoisse. Si elle se laisse dévier, ne serait-ce que quelques moments, vers la compétition hiérarchique, la lutte pour la dominance, le créateur risque d'être définitivement perdu pour la création. Il doit s'arranger pour fuir, pour ne perdre aucun

instant dans des luttes langagières stériles et n'attacher
d'intérêt aux critiques comme aux louanges que si elles
sont susceptibles de l'aider ou de l'éclairer dans la
poursuite de sa recherche. Il ne doit surtout pas se
préoccuper de l'image que les autres se font de lui, image
qui sera bien rarement favorable, puisqu'il gêne, bouscule, dérange, sans y être autorisé par son rang hiérarchique. S'il demeure au milieu du bruit, il risque de se laisser
entraîner soit à l'excitation de la bataille, soit à la
dépression résultant de l'ignorance ou du mépris dont il est
l'objet.

Or, les hiérarchies s'estompent au-delà des frontières
puisque chacune de ces frontières limite un système
fermé. Chaque groupe humain a sa propre hiérarchie,
système sociologiquement fermé, dont le créateur doit
sortir au plus vite. Sortir c'est-à-dire ne pas accepter la
finalité qui anime les individus de ce groupe, qui consiste
à s'élever dans sa hiérarchie. En diffusant le résultat de
son activité créatrice en dehors du groupe auquel il
appartient du fait qu'il ne s'inscrit pas immédiatement
dans la hiérarchie du nouvel ensemble auquel il s'adresse,
il ne sera pas craint momentanément puisqu'il ne sera pas
compétitif pour l'accession à la dominance. Il pourra ainsi
profiter d'une diffusion à un plus grand ensemble. A partir
du moment où il peut se faire entendre au-delà des
frontières, il est généralement sauvé. Mais sauvé de quoi ?
Sauvé de l'étouffement, du bâillonnement, de la castra-
tion. Encore sera-t-il généralement nécessaire qu'il trouve
le moyen de subvenir isolément à la recherche de son
groupe car il ne pourra rien attendre, aucun subside, des
instances officielles dont il n'a pas respecté les règles
hiérarchiques, ou qu'il s'arrange encore pour que sa
recherche fondamentale qui n'a rien à voir avec la
production de marchandises débouche indirectement sur
une telle production. Elle prendra alors le nom charmant

d'innovation, dont toutes les structures économiques sont friandes. Elles en sont assez dépourvues car elles n'ont pas compris que c'est en ne cherchant pas la marchandise qu'on la trouve, en cherchant les lois qu'on en découvre les applications.

On peut s'étonner de ce que la motivation du créateur, si elle a sa source dans l'angoisse existentielle, celle de la mort, toile de fond obscure de toute vie humaine, puisse avoir besoin de la diffusion des résultats de la création. La construction d'un monde imaginaire où il fait bon vivre enfin, loin des roquets de la dominance, devrait être suffisamment gratifiant en lui-même. C'est sans doute vrai d'ailleurs pour la création artistique. La vie et l'œuvre d'un Van Gogh, pour ne citer que lui, en sont un exemple. Mais même dans le cas de la création artistique, l'artiste ne vit pas isolé, dans l'absolu, mais dans une société à laquelle il demande son alimentation, son habitation, son habillement, l'assouvissement de ses besoins fondamentaux en résumé et tout le monde n'a pas un Théo à sa disposition. Cette aliénation économique le vrai créateur s'y soumet au minimum. Mais comme il n'existe pas en art de critère absolu de la beauté, un mélange complexe de motivations, celle de l'artiste, celle du marchand qui tire bénéfice du commerce de l'œuvre, celle de celui qui la regarde, ou qui l'achète, va commander la réussite immédiate ou retardée. *Or cette réussite est une réussite sociale.* Une réussite hiérarchique ou économique.

Malheureusement, en art, la difficulté d'appréciation des critères de la beauté conduit soit au refus de l'originalité qui bouscule les automatismes, soit à l'acceptation admirative d'une excentricité qui n'est peut-être pas nécessairement artistique. Celui qui, dans un monde marchand, est assez peu doué pour l'abstraction dans l'information professionnelle, n'arrive pas facilement à se gratifier par l'établissement de sa dominance. Il trouvera en art un terrain exceptionnel pour exprimer son agressivité par une excentricité à l'égard de laquelle les systèmes de référence sont fragiles. Incomprise ou plus exactement incompréhensible, un grand nombre d'observateurs de son œuvre ne voudront pas ne pas avoir l'air de ne pas la comprendre et d'ailleurs avoir l'air de comprendre les situe hors du commun. Le scandale, même sans art, ce qui est proprement impossible à savoir extemporanément, trouvera toujours un public pour l'apprécier, celui des snobs. Ce n'est qu'au fil des années qu'un consensus général fera pénétrer dans le domaine de l'art une excentricité qu'il est difficile *a priori* de juger de façon cohérente. L'art est le résultat d'un sondage *a posteriori*. L'art est excentrique, toujours, au moment de la création, mais l'excentricité par contre n'est pas obligatoirement artistique. Ni le hold-up ni l'attentat aux mœurs ne font nécessairement d'un homme un artiste.

On conçoit que la création artistique de toute façon puisse se suffire à elle-même, qu'elle n'ait pas besoin de public. L'appréciation du public la rend suspecte. Sa présentation au public par le créateur fait douter de la motivation qui l'anime : la fuite dans l'imaginaire n'a pas besoin du public que recherche toute tentative inconsciente de s'inscrire dans les hiérarchies.

En ce qui concerne la création scientifique les mêmes remarques peuvent être formulées. Mais le doute quant à la valeur de l'approche du réel que la création réalise, constitue sans doute une excuse plus fréquente, un alibi à la diffusion de la création. Le contrôle expérimental des autres est un frein au roman scientifique et la recherche de ce contrôle par la diffusion des résultats est un argument en faveur de cette diffusion. Mais être le premier à découvrir un aspect inconnu du monde est une motivation qui relève du narcissisme congénital, du besoin d'être aimé et admiré qui guide tout créateur. Ce n'est que s'il persévère en l'absence de cette gratification que la suspicion devient moins grande.

Ce n'est qu'en l'absence de cette gratification, en l'absence de la reconnaissance publique immédiate de son œuvre que l'originalité de celle-ci devient probable et que sa motivation risque d'être fondamentale. Mais alors il s'enferme dans le système clos de son imaginaire lui aussi ; et malgré l'acquiescement du contrôle expérimental, on comprend le peu d'espace qui sépare l'agressif, le révolté, le drogué, le psychotique, du créateur artistique ou scientifique.

L'ACQUIS MÉMORISE

Nous avons vu que c'est essentiellement sur l'acquis mémorisé que reposent les automatismes socioculturels. Ces automatismes n'ont pas que des conséquences défavorables. Un geste automatique devient inconscient, rend l'action plus rapide et plus efficace que si elle devait chaque fois être redécouverte ou repensée. On conçoit qu'une société entièrement orientée vers la production de marchandises cherche, à tous les niveaux des hiérarchies professionnelles, à favoriser les automatismes, à les établir de façon stable. Dans notre vie journalière, les automatismes peuplent nos comportements. Nous marchons, nous respirons, nous conduisons notre voiture, nous nous comportons en société de façon presque entièrement automatique. Nos actions sont, de plus, façonnées par l'automatisme du langage, expression de la « culture » du moment. Mais quand on passe du geste à la parole, quand on étudie la façon dont sont établis dès la naissance pour une société donnée, ces automatismes socioculturels, on est bien forcé d'admettre que la presque totalité de nos jugements ne sont que l'expression d'automatismes de pensée, qui n'ont de valeur que par le conformisme nécessaire à la survie d'un individu dans une société donnée.

Cela a plusieurs conséquences : la première est que si le sujet automatisé, conforme, peut espérer trouver son équilibre biologique, son plaisir et sa récompense dans le système hiérarchique et les valeurs dites morales qui lui sont imposées par la structure sociale à laquelle il appartient, dans d'autres cas ces automatismes vont s'opposer aux pulsions instinctuelles et créer des antagonismes synaptiques, ne pouvant trouver d'assouvissement par une action efficace sur l'environnement. On peut de cette façon créer des psychoses expérimentales chez l'animal. Il est probable qu'il en est de même chez l'homme. La résolution du conflit ne peut alors être trouvée que dans l'explosion agressive, la névrose ou la psychose, suivant l'ancienneté du conflit, la fuite vers la drogue dont l'alcool est la plus largement répandue, ou l'imaginaire, la création d'un autre monde consolateur et gratifiant. *C'est à cette dernière solution que répond la création, artistique ou scientifique.* Nous retrouvons la motivation de la recherche du plaisir, mais aussi l'impossibilité d'y parvenir dans un système hiérarchique et de dominances déterminé, la fuite de la douleur d'être soumis à des lois inacceptables pour une structure neuve, elle-même rejetée par ces lois.

Mais l'enfant nouveau-né ne peut rien créer au sens où nous l'entendons dans les disciplines scientifiques, parce qu'il n'a rien mémorisé, que son expérience est nulle et que son activité associative n'ayant aucun élément à associer ne peut pas encore déboucher sur une activité créatrice de structures originales. Il semble évident que cette activité créatrice sera d'autant plus grande qu'elle s'exercera sur un matériel mémorisé plus important. Cela signifie que l'individu doit passer le plus clair de son temps à recueillir des informations. Mais cette collecte d'informations exige deux règles fondamentales :

La première, nous le comprenons maintenant, c'est de ne pas être motivée par la recherche d'une récompense hiérarchique. En effet, dans ce cas, elle ne peut être que conforme aux schémas conceptuels existants et d'autre part cela l'oblige à être monodisciplinaire et non interdisciplinaire. Le spécialiste est en effet le seul à être récompensé par une société technicienne, le seul à bénéficier des honneurs universitaires, académiques ou autres. Nous allons voir dans un instant les avantages et les inconvénients de l'interdisciplinarité du point de vue social.

La seconde est d'introduire les connaissances nouvellement acquises dans une structure nerveuse ouverte, grâce à une méthodologie que nous avons schématisée en parlant de l'information que nous avons appelée généralisée. Si les informations pénètrent dans une structure fermée, elles risquent d'être rejetées car non signifiantes, ou, même acceptées, de ne pas fournir un matériel efficace au travail de l'imaginaire, d'être étouffées par le carcan des automatismes conceptuels. « Un fait n'est rien par lui-même. Il ne vaut que par l'idée qui s'y rattache ou par la preuve qu'il fournit » (Claude Bernard). Qui ne voit que « l'idée », dans ce cas, représente la structure et que cette structure ne permet un certain progrès que s'il s'agit d'une structure ouverte.

Or, nous venons de voir que l'ouverture se fait par l'information venue de l'extérieur du système, c'est-à-dire à un autre niveau d'organisation. Ainsi, une « idée » est d'autant plus fondamentale qu'elle conserve sa cohérence avec les faits expérimentaux recueillis à d'autres niveaux d'organisation, en d'autres termes qu'elle constitue un modèle interdisciplinairement utilisable. Bien plus, l'expérience prouve qu'une idée, qu'un modèle imaginaire applicable à plusieurs niveaux d'organisation, compte tenu des variations induites par le jeu des différents servomécanismes, a beaucoup plus de chances de se révéler par la suite expérimentalement exact, qu'un modèle utilisable à un seul niveau d'organisation. Ce critère d'efficacité permet donc par lui-même un gain de temps et d'efforts au cours de la recherche.

On voit malheureusement fleurir à notre époque des pseudo-synthèses, réalisées avec des ciseaux et un pot de colle. Ce sont des juxtapositions interdisciplinaires qui peuvent parfois en imposer et surtout dans le domaine des sciences dites humaines être confondues avec la synthèse créatrice de nouveaux ensembles. Dans de telles compilations le tout représente intégralement la somme des parties. Toute structure nouvelle en est exclue. De telles revues générales sont d'ailleurs utiles, mais on peut affirmer que le sort de l'espèce n'en dépend pas.

De toute façon, la collecte des informations est un lourd travail, un long effort, sans cesse renouvelé. Le génie n'est jamais spontané. Seule une motivation puissante est capable d'animer cet effort et une structure ouverte de le rendre profitable. Faut-il encore que la finalité soit plus large que la fente d'une boutonnière au revers d'un veston.

L'acquis mémorisé est le matériau indispensable à la création. On l'appelle souvent « le métier ». C'est celui du pianiste répétant pendant des heures le même trait afin que son jeu de doigts devienne inconscient, réflexe, automatisé et qu'il puisse alors porter son attention sur une sonorité par exemple où il ajoute à l'œuvre qu'il interprète sa propre affectivité et son propre imaginaire. C'est celui du peintre, du sculpteur, de l'architecte, du comédien, du biologiste, du mathématicien, du physicien. C'est le métier que l'on acquiert par « l'apprentissage » et qui permet avant de s'engager dans des voies inconnues, de savoir justement qu'elles sont inconnues parce que l'on a exploré déjà les voies ouvertes antérieurement. Une fois de plus, répétons que l'apprentissage est indispensable, mais aussi dangereux par la certitude qu'il peut donner de tout connaître et parce qu'il façonne le système nerveux de façon si rigide qu'il est souvent bien difficile de tracer un nouveau réseau de relations synaptiques à partir de ce réseau déjà si bien fixé. Celui qui n'a qu'un métier a peu de chance de faire un créateur. Mais sans métier, il n'y a pas non plus de créateur.

INTERDISCIPLINARITÉ ET CRÉATION

La complexité des méthodes et la somme considérable de connaissances techniques qu'il est nécessaire d'acquérir au sein d'une discipline, scientifique ou artistique pour en dominer la pratique, suffit bien souvent à remplir la vie d'un homme. D'autre part, la technique spécialisée qui fait se mesurer l'individu avec la rigidité contraignante des faits, les lois strictes de l'énergie et de la manière est une école d'humilité pour le créateur et un garde-fou qui l'empêche de se laisser entraîner par sa seule activité imaginatrice, sans contrôle du milieu, sans référence aux faits. Mais elle ne doit pas être non plus la grille d'une prison conceptuelle et praxique dont il ne parviendrait plus à s'enfuir. Le métier est donc encore nécessaire pour prendre conscience du fait que les lois qui gouvernent les processus vivants, pas plus que celles de la matière inanimée, ne se plient à l'imagination. Mais on peut se demander si cette expérience est nécessaire dans toutes les disciplines qui vont peupler la mémoire du chercheur car il est certain qu'une vie d'homme ne suffirait pas à l'acquérir. De même qu'un chef d'orchestre se conçoit mal s'il n'a

pas été d'abord instrumentiste, que le compositeur sait
jouer d'un instrument, il n'est pas obligatoire pourtant qu'il
sache jouer de tous les instruments de l'orchestre. La
création a peut-être beaucoup plus besoin de polyconceptualistes monotechniciens, que de véritables polytechniciens. Or pour aborder la polyconceptualité il est surtout
utile, nous l'avons vu, de posséder une structure mentale
ouverte, capable d'organiser les connaissances sans pouvoir les cloîtrer. Une fois de plus, nous retrouvons la
distinction entre thermodynamique et information. Le
technicien d'une discipline utilise son information pour
réaliser une action thermodynamique, mettre en jeu une
technique, alors que le polyconceptualiste peut ne manipuler que de l'information, si son expérience de la
thermodynamique à l'intérieur d'une discipline lui a appris
à joindre le geste à la parole et à les accorder ensemble.

Si nous considérons un spécialiste comme un ensemble,
la création viendra le plus souvent non de l'établissement
de nouvelles relations entre les éléments de cet ensemble
mais de la réunion ou de l'intersection de cet ensemble
avec un autre ensemble disciplinaire. Les modèles conceptuels nouveaux ainsi créés permettront la recherche et la
découverte de nouveaux éléments et de nouvelles structures qui viendront enrichir la connaissance et rendre plus
efficace l'action.

POLYCONCEPTUALISTES
ET ÉQUIPES INTERDISCIPLINAIRES

La nécessité de synthèse après une période historique
d'analyse a rendu à la mode la notion d'équipe interdisciplinaire. Celui qui a eu la charge de former de tels groupes

et de s'y intégrer sait que la tâche n'est pas facile. La première raison en est une raison sémantique. Les langages de chaque discipline servant à véhiculer les informations spécialisées sont différents parfois pour désigner un même objet, car cet objet est observé chaque fois dans une relation particulière. Le langage utilisé par exemple pour parler d'une même molécule par le physicien, le chimiste, l'enzymologiste, le biochimiste, le biologiste, le pharmacologiste, le physiologiste ou le clinicien, ne leur permet pas d'aboutir à un échange fructueux d'informations à son sujet car ce langage est trop différent d'une discipline à l'autre, à moins d'un effort de longue haleine de chacun d'eux pour acquérir un langage interdisciplinaire. Ce dernier, on le conçoit, a besoin d'être alors beaucoup plus lié aux concepts qu'aux techniques utilisées pour prendre une connaissance précise de cette molécule dans une discipline particulière.

La seconde raison résulte du fait que la monodisciplinarité constitue en quelque sorte un « territoire » au sens éthologique du terme, disons plus simplement « une chasse gardée ». Toute intrusion étrangère déchaîne chez l'homme comme dans les espèces animales une réaction d'agressivité contre l'intrus. D'ailleurs, celui-ci, étranger à la discipline, ne peut être qu'ignorant, car la vision que possède d'un objet un spécialiste emplit tellement son champ de conscience qu'il a de la peine à imaginer que cette vision personnelle de cet objet ne puisse pas constituer l'entière et seule réalité que l'on soit capable d'en acquérir. Ainsi l'angoisse qui résulte de la présence de l'autre, du différent, de l'inconnu ne peut malheureusement se résoudre que dans sa négation ou par un essai de dominance paternaliste.

Lorsque tous ces obstacles peuvent être vaincus, il est certain qu'une équipe interdisciplinaire peut être un instrument de découverte efficace. Il est pourtant un dernier obstacle à vaincre. Il réside dans le fait qu'une telle équipe s'inscrit généralement dans un ensemble socio-économique beaucoup plus vaste. Or, le désir d'élévation hiérarchique, d'ascension sociale et dans l'échelle des salaires même, fait que parfois la motivation fondamentale n'est plus la découverte, mais le conformisme nécessaire pour être convenablement apprécié dans les habitudes, les préjugés, les jugements de valeur du moment ou pis encore d'un supérieur hiérarchique. L'existence des hiérarchies, de toutes les hiérarchies, est certainement dans certains pays la maladie qui tue le plus efficacement la créativité non seulement des équipes interdisciplinaires, mais encore des chercheurs eux-mêmes. Un chercheur est toujours payé par quelqu'un.

Si nous admettons, comme nous l'avons proposé précédemment, que la créativité, finalité évidente de l'interdisciplinarité, résulte d'associations originales d'éléments pris à des disciplines différentes, il est difficile de savoir si ces associations doivent être réalisées en réunissant des individus différents appartenant à plusieurs disciplines, malgré les difficultés inhérentes à la dynamique des groupes humains, ou si ces associations peuvent être réalisées dans un même individu que nous avons dénommé « polyconceptualiste » pour l'opposer au « polytechnicien ».

Or, l'étude de la créativité touche là la sociologie, car il semble que ce qui paraît le plus souhaitable c'est une équipe de monotechniciens polyconceptualistes. Monotechniciens parce qu'il faut bien à un moment ou à un autre « informer » la matière et que cette possibilité de mise en forme, nous l'avons dit, est difficile à acquérir par un même homme dans plusieurs disciplines à la fois. Polyconceptualistes parce que c'est la façon la plus simple de faire disparaître la morgue interdisciplinaire, d'accorder les langages donc de permettre l'échange profitable des informations entre monotechniciens, et surtout d'aboutir à la création. A la création de nouvelles structures à laquelle chacun peut participer sur le plan conceptuel, alors qu'il se trouve protégé parallèlement par la technicité de tous les autres.

Une telle équipe constitue en définitive un modèle, peut-être utopique, d'une société humaine harmonieuse et efficace, fondée sur la distinction nécessaire entre information spécialisée, que l'on pourrait aussi appeler professionnelle ou technique, et information généralisée, celle concernant les structures d'ensemble et leur dynamisme fonctionnel. Existe-t-il un autre moyen d'atteindre la tolérance ?

L'IMAGINATION

Nous avons dit qu'un enfant nouveau-né était incapable de création, car il n'a à sa disposition aucun acquis mémorisé susceptible de lui fournir le matériel nécessaire à l'expression de ses facultés associatives. Nous devons par contre souligner que l'acquis mémorisé ne peut-être présent à chaque instant dans le champ de conscience du chercheur et que la plus grande partie de notre mémoire représente un matériel sorti depuis plus ou moins longtemps de ce champ de la conscience et qu'il n'est pas toujours facile de l'y rappeler par un processus de remémorisation. Tout se passe cependant (et l'expérience journalière d'une activité de recherche est là pour le montrer) comme si cet acquis inconscient, à condition toutefois, répétons-le, qu'il ne soit pas trop étroitement emprisonné par des automatismes acquis, était capable de jouer son rôle de substrat des processus associatifs. Les structures imaginaires auxquelles il est alors susceptible de donner naissance affleurant secondairement à la conscience, apparaîtront comme un don gratuit d'une déesse favorable : l'intuition. En réalité, l'intuition réclame un long effort, un lourd travail, celui de la collecte des informations. Mais cette collecte n'aura peut-être pas besoin de s'accompagner du maintien de l'expérience mémorisée dans le champ du discours logique. Si l'on admet cette hypothèse, que bien des faits expérimentaux du domaine de la neurophysiologie tendent à faire accepter, on devra même à un degré de plus se méfier de la logique consciente capable d'étouffer dans certains cas la logique inconsciente. La logique inconsciente n'est pas en effet celle du discours, mais bien celle de la biochimie complexe qui gouverne l'activité de nos neurones cérébraux.

Il résulte aussi de cet acceptation un nouvel argument en faveur de l'interdisciplinarité et des structures ouvertes pour diriger la collecte informative d'un individu.

LA CRÉATIVITÉ, POURQUOI ?

Il peut sembler étrange que dans un ouvrage qui se veut aussi général que celui-ci, nous ayons consacré un chapitre à la créativité. N'est-ce pas là le problème d'un petit nombre seulement et en conséquence sans intérêt primordial pour l'espèce ? En réalité, tous les progrès faits par cette espèce depuis l'origine des temps humains furent la conséquence de cette créativité. Mais il est vrai que jusqu'ici elle est demeurée le domaine privé de quelques êtres privilégiés par leur naissance le plus souvent, et par le hasard bienfaisant d'une niche environnementale immé-

La créativité

diate, favorable. Mais c'est justement parce que cette rareté du créateur est à déplorer qu'il faut insister sur la notion que la vie de tout homme pourrait être créatrice, si les ensembles sociaux fournissaient le cadre adéquat à l'éclosion des facultés imaginatives. Tout ce que nous avons écrit depuis le début de ce livre montre que si une motivation non hiérarchique, l'absence d'automatismes intransigeants, automatismes dont le but est très ouvertement de faciliter la productivité de biens marchands, si du temps libre en dehors de son activité professionnelle était laissé à chaque homme quelle que soit cette activité professionnelle, il est probable qu'un très grand nombre d'individus deviendraient créateurs. Tout ce que nous avons écrit précédemment, sur le mécanisme des motivations, l'établissement des hiérarchies, la signification de ce que nous avons appelé l'information généralisée, est utilisable pour développer la créativité humaine. Car cette propriété de créer, de créer de l'information à partir de l'expérience mémorisée et grâce à l'imaginaire, tout homme non handicapé mental la possède à la naissance. S'il la perd c'est son environnement qui en est responsable, que cet environnement soit la niche socioculturelle d'une famille bourgeoise ou « d'intellectuels » ou celle d'un grand ensemble ouvrier. Dans le premier cas l'ascension hiérarchique sera certes plus facile mais la créativité n'en sera pas pour autant favorisée. Il en sera d'ailleurs ainsi aussi longtemps que l'exigence fort logique de l'égalisation des chances ne sous-entendra que l'égalisation des chances à devenir bourgeois.

Aussi faut-il ressentir beaucoup de pitié et de sympathie pour tous ces châtrés de l'imaginaire qui déversent leur hargne, leur rogne et leur grogne, comme disait l'autre, contre le marginal qui déambule en promenant son rêve dans les jardins fleuris où nulle rosette ne pousse. S'ils vitupèrent, s'ils méprisent, ou s'ils font semblant d'ignorer, n'est-ce pas parce qu'ils ont vaguement conscience de leur impuissance ? Parce qu'il devient obscurément que leur part n'est pas la meilleure, celle qui ne sera pas enlevée ? Ce sont les vrais sacrifiés du destin social. Pitié pour eux !

CHAPITRE XIV

La finalité

Nous avons répété souvent depuis le début de cet ouvrage que l'homme de demain devra changer sa finalité. Mais nous savons aussi qu'un individu, un groupe social n'ont qu'une finalité : le maintien de leur structure. Il en résulte que quand nous parlons de changer la finalité de l'homme de demain, nous semblons nous heurter à une contradiction. En réalité, le raccourci était plus facile à utiliser au cours de l'exposé. Mais, ce que nous aurions dû dire, ce n'est pas qu'il devra changer sa finalité pour survivre, puisque sa finalité est justement de survivre, mais les moyens qu'il a utilisés jusqu'ici pour assurer cette finalité. Le traitement de l'information qui depuis les époques les plus reculées lui a permis de survivre en tant qu'espèce, il l'a utilisé comme moyen individuel ou de groupe, d'établir la dominance. C'est le détournement de ce moyen extraordinairement puissant d'action sur le milieu dans un projet individualiste ou de groupe, qui le conduit aujourd'hui à sa perte et au malaise dont l'origine est si lointaine qu'il n'en perçoit plus clairement le déterminisme.

Si l'on en croit certains, l'avenir est perdu d'avance puisque cette agressivité, cette recherche de la dominance fait partie du patrimoine génétique qui lui a été transmis par les espèces qui l'ont précédé. Nous avons déjà eu l'occasion d'exprimer notre opinion sur cette prétendue agressivité congénitale (voir p. 67). Mais l'homme est doué aussi d'une conscience imaginative. Il est ainsi sans doute la seule espèce à avoir compris aujourd'hui le danger que fait courir à cette espèce, cette pression de nécessité à laquelle d'innombrables espèces se sont antérieurement soumises ainsi que la sienne depuis toujours. Peut-être alors devant la crainte imminente du désastre, ayant essayé auparavant sans succès tous les petits moyens que la technique peut lui fournir pour retarder la disparition des systèmes hiérarchiques de dominances qui sont à l'origine de la destruction et de l'épuisement de la biosphère, comme de l'insuffisance de ses systèmes sociaux, changera-t-il les moyens utilisés jusqu'ici pour survivre. Nous devrions dire plutôt les moyens utilisés jusqu'ici pour maintenir ses structures sociales, la structure hiérarchique de ses sociétés. Ayant constaté que la survie du groupe ne pouvait plus être liée à la dominance à partir du moment où avec l'accroissement démographique, la vie de tous les hommes de la planète était concernée par l'action d'un seul groupe humain, il lui faudra, s'il veut survivre en tant qu'espèce, se comporter comme un homme, non comme un partisan.

La motivation puissante que représente la recherche du bien-être par la consommation peut s'accommoder de l'appartenance de l'individu à un groupe humain. Celui-ci par sa dominance sur les autres groupes peut la satisfaire, même si le système hiérarchique au sein du groupe entretient encore un certain malaise social. Par contre dans une société planétaire, le bien-être par la consommation, s'il peut exister aussi sans doute, ne peut être qu'une retombée indirecte d'un comportement dont il ne peut représenter le but essentiel.

Quelle motivation peut alors découvrir l'homme de

demain s'il veut assurer la survie de l'espèce ? Nous avons déjà proposé de détourner son agressivité [1] de son environnement humain, vers son environnement inanimé. De même que la réaction organique à l'agression (ROPA [2]) a permis la fuite et la lutte contre la bête féroce, puis contre l'ennemi envahissant le territoire, mais ne sert plus à rien lorsqu'elle est mobilisée aujourd'hui contre le patron, le chef d'équipe ou le voisin de palier, que l'on ne peut plus fuir ou faire disparaître, de même l'agressivité qui en est l'expression comportementale est le plus souvent inutilisable dans le réseau sociologique serré qui emprisonne le citadin d'aujourd'hui. Cette motivation qui restera toujours la recherche du plaisir, il faut apprendre à l'homme à en trouver l'assouvissement non plus par l'acquisition seulement de connaissances professionnelles, non plus par une promotion sociale établie suivant les règles de la dominance hiérarchique professionnelle, mais dans la créativité, dans l'obtention d'un pouvoir politique par classes fonctionnelles, et dans l'acquisition d'une information généralisée. Il faut le motiver politiquement. Il faut que la politique devienne son activité fondamentale.

Mais il faut s'entendre sur le sens à donner au terme « politique ». Nous n'avons pas l'intention de le réduire au sens où il est généralement entendu de nos jours quand quelqu'un vous dit : « Vous savez, moi, je ne fais pas de politique. » Il ne s'agit pas d'adhérer ou non aux idées défendues par un parti, encore moins d'accepter ou de critiquer l'action d'un homme politique. Mais il s'agit par contre d'apprendre à connaître les bases générales du comportement de l'homme en situation sociale, les causes

---

1. H. Laborit (1970), *L'agressivité détournée*, coll. 10-18, Union Générale d'Editions, Paris.
2. ROPA : réaction organique postagressive (H. Laborit. 1952). *Réaction organique à l'agression et choc*, Masson et Cie, édit.

qui ont abouti à la structure présente de ses sociétés, les rapports économiques et culturels existant entre elles, et leurs mécanismes. Pour aller jusqu'au paradoxe, je serais tenté de dire que biologie et politique devraient être à peu près synonymes. Il s'agit donc de faire de la politique une science qui ne serait pas uniquement langagière, et dont les modèles conceptuels seraient suffisamment ouverts sur toutes les disciplines scientifiques contemporaines pour que l'expérimentation, lorsqu'elle est faite, ne risque pas d'aboutir, comme ce fut le cas jusqu'ici, à l'échec.

Il faut motiver l'homme de demain pour qu'il comprenne que ce n'est qu'en s'occupant des autres, ou plus exactement des rapports des hommes entre eux, de tous les hommes quels qu'ils soient, qu'il pourra trouver la sécurité, la gratification, le plaisir. Je ne suis pas loin de croire que nous entrons dans une ère où il ne sera plus possible d'être heureux seul où à quelques-uns. Nous entrons dans une ère où toutes les « valeurs » anciennes établies pour favoriser la dominance hiérarchique doivent s'effondrer. Les règles morales, les lois, le travail, la propriété, tous ces règlements de manœuvre qui sentent la caserne ou le camp de concentration ne résultent que de l'inconscience de l'homme ayant abouti à des structures socio-économiques imparfaites, où les dominances ont besoin de la police, de l'armée et de l'Etat pour se maintenir en place. Aussi longtemps que la coercition, toutes les coercitions persisteront, elles seront la preuve de l'imperfection du système social qui en a besoin pour subsister. Tant que des hommes voudront imposer leur vérité aux autres hommes, on ne sortira pas de l'inquisition, des procès staliniens, des morales, des polices, de la torture et de l'avilissement du cerveau humain par les préjugés les plus attristants dans l'inconscience de ses motivations préhominiennes. L'avenir que nous proposons apparaît trop beau pour être réalisable. Et cependant, une réflexion logique permet de trouver des arguments solides pour affirmer qu'il demeure possible. En effet, à partir du moment où l'évolution économique, c'est-à-dire la façon dont la technique de l'homme fruit de son imagination et de son expérience accumulée au cours des générations, lui permet une utilisation extrêmement efficace de la matière et de l'énergie, de telle façon que les besoins fondamentaux de tous les hommes puissent être assouvis, si la répartition en est correctement faite, tous ses autres besoins sont socioculturels et acquis par apprentissage. La notion de propriété des objets et des êtres, celle de dominance hiérarchique par le degré d'abstraction dans l'information professionnelle, celle de la nécessité première du travail producteur de produits de consommation, la notion de promotion sociale, d'égalité des chances de consommer, jusqu'à l'origine première pour chaque individu de la création de ces automatismes socioculturels, la famille, tout n'est qu'apprentissage. Il suffit donc d'apprendre autre chose (j'irai jusqu'à dire l'inverse) dès les premiers jours, les premiers mois, les premières années de l'enfance pour que ces notions si solidement établies n'aient plus de sens. Il suffirait de remplacer ces automatismes par une information généralisée, telle que nous en avons schématisé plus haut les méthodes et les objets, pour que tout change. On peut poser là la question de savoir si je suis sûr de ce que cela peut donner ? Je répondrai non. Mais ce qui me paraîtrait vraiment paradoxal c'est de croire que la disparition de ces vieux automatismes et leur remplacement dans les systèmes nerveux humains par une structure ouverte, une véritable culture, c'est-à-dire par un système capable d'organiser tous les ensembles et sous-ensembles, **tous les éléments qui lui sont confiés de façon à ne jamais les enfermer dans la prison des jugements de valeur, et des automatismes socioculturels, puisse aboutir à faire de l'homme un être moins évolué que ce qu'il est présentement.**

Alors pourquoi ne pas essayer ? Simplement parce que les structures hiérarchiques de dominance, partout dans le monde, empêcheront que cet état se réalise. Elles y perdraient leur dominance.

Alors il ne nous reste plus qu'à attendre qu'une pression terrible de nécessité, que le déterminisme de l'évolution s'en charge, ou ne s'en charge pas...

La pression de nécessité a permis l'évolution en favorisant d'abord les plus forts, puis les plus technicisés. Peut-être favorisera-t-elle un jour prochain les plus conscients ?

Mais la grande peur pourrait-elle elle-même sauver l'espèce humaine, lui faire accomplir ce saut structural ?

Si quelque chose doit durer dans l'homme, c'est la recherche du plaisir puisque celle-ci n'est pour lui comme pour tout être vivant, que la recherche des moyens de se maintenir en vie. Mais peut-être n'avons-nous pas suffisamment insisté sur cette notion que l'évitement de la douleur est l'équivalent d'une gratification, d'un plaisir. Il s'agit cependant de deux comportements différents, car éviter que le PVS soit stimulé ce n'est pas la même chose que de rechercher la stimulation du MFB. Chercher à éviter la douleur peut conduire, quand la fuite se révèle impossible, à l'agressivité révolutionnaire, alors que chercher à maintenir son plaisir, sa gratification par la dominance peut mener à l'agressivité conservatrice. Tout dépend de la situation de départ et nous voyons combien une approche béhaviouriste de l'agressivité peut être incomplète. Mais dans l'un et l'autre cas, l'homme n'a jusqu'ici trouvé qu'une même solution : l'obtention de la dominance, la recherche d'un pouvoir. Or, comme toutes les idéologies politico-économiques lui ont toujours fait croire qu'il n'était qu'un « producteur » d'objets, c'est

La finalité

dans le cadre du processus de production et des hiérarchies qu'il sécrète qu'il a recherché la dominance. Ce qui veut dire que *plus il cherche à dominer, plus il produit. Mais cela veut dire aussi que cette production est distribuée hiérarchiquement puisque c'est la recherche de la dominance hiérarchique qui constituera sa motivation fondamentale. Le cercle est fermé, vicieux et ne peut aboutir qu'à l'expansion économique, à l'insatisfaction mitigée en pays industrialisés, à la souffrance muette et fataliste en pays sous-développés, à la pollution grandissante et à la mort de l'espèce.*

Il faut propager au plus vite cette notion que l'homme « n'est » pas une force de travail, mais une structure qui traite l'information et qui se trouve être également une source nouvelle d'information. Qu'une partie de celle-ci lui serve à transformer la matière et l'énergie et aboutisse à la création d'objets, que ceux-ci aient avant tout une valeur d'usage, avant d'avoir une valeur d'échange, cette dernière assurant d'abord le maintien de la dominance, est admissible. Mais que cette information que sécrète son cerveau imaginant lui serve exclusivement à produire des objets, des marchandises, c'est là qu'est l'erreur fondamentale qu'ont entretenue les idéologies socio-économiques contemporaines. Il est grand temps que l'homme réalise que cette information doit avoir avant tout pour objet la création d'informations-structures sociales qui ne soient plus centrées sur le processus de production matérielle. Puisque la masse et l'énergie ont perdu une grande partie de leurs secrets, n'est-ce pas les secrets de l'information-structure biologico-sociale qui doivent être la plus pressante préoccupation ? Après avoir passé des siècles à étudier scientifiquement, c'est-à-dire expérimentalement la matière inanimée, ne serait-il pas temps qu'il commence de la même façon à étudier, enseigner, généraliser, diffuser les lois structurales de la matière vivante jusqu'aux ensembles humains, en abandonnant à son sujet les discours interprétatifs concernant le signifié dans l'ignorance où il était du signifiant ?

Peut-être trouvera-t-il ainsi des lois structurales nouvelles valables pour ses édifices sociaux et non plus seulement économiques bien que l'on doive se souvenir qu'il est impossible de dissocier l'information de la masse et de l'énergie. Ayant trouvé enfin pour un très grand nombre d'hommes le moyen de ne pas stimuler socialement le PVS, peut-être lui sera-t-il alors possible de découvrir le moyen de stimuler le MFB d'une autre façon que par la dominance hiérarchique. Mais à notre avis, ce serait par là qu'il devrait commencer.

Il continuera cependant à naître, à vivre, à faire l'amour, et à mourir. L'angoisse toujours présente de la mort stimulera encore son PVS. Mais cette motivation à l'action, au lieu d'être occultée comme elle l'est aujourd'hui pour protéger le processus de production marchande risque de favoriser enfin sa soif de connaissance. Les sciences biologiques et humaines ayant montré leur efficacité dès lors qu'elles prenaient pour base les sciences de la matière et les lois structurales, il est possible que l'homme de demain abandonne les mythes sécurisants, la soumission fataliste au déterminisme incompréhensible, la fuite dans la drogue. Cette dernière chez l'homme conscient pourrait peut-être même favoriser l'imaginaire sans le conduire à la dépendance.

Ainsi ce qui risque de sauver l'espèce humaine, ce n'est peut-être pas tant le fait que « l'homme soit un animal qui fait des outils » mais bien plutôt qu'il est un animal, le seul sans doute, qui sache qu'il doit mourir.

Épilogue

Une planète qui se meurt, un soleil qui s'éteint. Le clair soleil, le chaud soleil, le soleil de feu, celui de la lumière, celui du printemps et des fleurs, de l'été et des fruits, ce soleil-là finit d'épuiser son énergie. Les dernières explosions éclatent dans son foyer atomique, autrefois incandescent. Le feu de la joie, le feu de la vie exhale ses derniers soupirs.

Sur la planète un être étrange composé de milliards de cellules. Aucune d'elles n'en comprend le langage car il existe dans un espace trop complexe pour qu'elles y participent. Les cellules de notre foie participent-elles à notre discours ? Le temps et l'espace n'ont plus la même signification pour l'être étrange que pour les individus qui en sont les éléments. Et pourtant tous les événements concernant leur sort commun leur sont connus, l'information circule entre eux sans brouillage se propageant dans leurs trois dimensions à la vitesse de la lumière.

Puisque le temps et l'espace, notre temps, notre espace, sont sans signification pour l'être étrange, il n'a besoin ni de bras ni de jambes pour agir, dans cet espace différent, dans cette durée d'un autre temps. Il n'a pas besoin d'agir, il communique. Il a pris plus d'un million d'années de notre temps à naître à la conscience, à sa conscience, dont les hommes ne savent rien. Son milieu intérieur c'est la biosphère de la planète, mais déjà profondément transformée, dans laquelle baignent toutes les cellules individuelles. Son environnement c'est la galaxie. Mais pourra-t-elle lui fournir l'énergie nécessaire à l'entretien de ses cellules et de la fixité de son milieu intérieur ? Le soleil mort, cette énergie lui viendra-t-elle d'espaces insoupçonnés tandis que la matière tournera en rond dans son grand corps planétaire dans cette information-structure, celle de l'humanité ? Et pour combien de temps de notre temps d'homme, le temps de nos pendules, le temps unidirectionnel et irréversible ? Les cellules se reproduisent toujours, vivent et meurent. Mais lui vit dans une autre durée.

Sur d'autres planètes, d'autres êtres comme lui se sont lentement constitués et leur ensemble est comme une vaste communauté. Ils sont des milliards qui se sont développés depuis des milliards d'années, et sont morts comme il mourra aussi, cellule passagère d'un corps vivant, le corps de la galaxie.

Et ce corps vivant de la galaxie qui a transformé, informé, la matière inanimée en matière vivante, n'est qu'une cellule qui naît, grandit et meurt, une cellule du corps cosmique qui, lui, est toute éternité, toute conscience, mais conscience si lointaine, si totale et si totalement différente, conscience pour laquelle le temps et l'espace ne sont point autres, mais ne sont plus du tout, car elle est le temps et l'espace. Elle n'a pas à se déplacer pendant un certain temps pour couvrir un certain espace. Elle est celle qui est. Tout est en elle, fermée enfin, courbe et momentanément en expansion sans doute, cyclique peut-être, mais éternelle, double aussi, matière et antimatière. Et si c'était ça, alors, à quoi ça sert ?

LEXIQUE

Acide ribonucléique : ARN

Molécule présente dans toutes les cellules vivantes et constituée par l'union d'un sucre à 5 atomes de carbone, le ribose, d'acide phosphorique et de bases (adénine, guanine, uracile et cytosine). Les ARN sont localisés surtout dans des régions particulières des membranes intracellulaires (réticulum endoplasmique) constituant les ribosomes. Une petite quantité est libre dans le cytoplasme. Mais leur rôle principal consiste à transporter les acides aminés à leur emplacement spécifique pour la synthèse des protéines (ARN de transfert). Les ARN messagers sont codés dans le noyau et transporteraient le message du génome inscrit sur les ADN (acides désoxyribonucléiques) aux enzymes catalysant la synthèse des protéines dans le cytoplasme.

Acide désoxyribonucléique : ADN

Ces molécules qui sont le siège des caractères génétiques sont situées essentiellement dans les noyaux cellulaires. Leur structure est analogue à celle de l'ARN à cette différence près que le sucre est un désoxyribose et que parmi les bases l'uracile est remplacé par la thymine. Ils sont rencontrés sous la forme d'une double chaîne hélicoïdale dont les deux brins sont complémentaires, un nucléotide à adénine se trouvant vis-à-vis d'un nucléotide à thymine, un nucléotide à cytosine vis-à-vis d'un à guanine. La biosynthèse des acides ribonucléiques serait aussi complémentaire d'un fragment de chaîne désoxyribonucléotidique.

Adénosine triphosphate (ATP)

La combinaison d'une base purique, l'adénine, avec un sucre à 5 atomes de carbone (pentose) dont un nucléoside, l'adénosine. L'addition d'un acide phosphorique à ce nucléoside donne un nucléotide, l'acide adénylique ou adénosine monophosphate. Deux acides phosphoriques donnent l'adénosine diphosphate. L'adénosine triphosphate (ou ATP) contient 3 molécules d'acide phosphorique. La libération de ces deux dernières molécules d'acide phosphorique conduit à une libération d'énergie d'environ 8 000 cal. Leur liaison avec la molécule est dite riche en énergie et symbolisée par le signe ∼.

On écrira ainsi :

$$\text{adénosine} - \underset{O}{\overset{OH}{P}} - O \sim \underset{O}{\overset{OH}{P}} - O \sim \underset{O}{\overset{OH}{P}} - OH = ATP.$$

Cette énergie facilement libérable sera utilisée par la cellule pour le maintien de ses structures comme pour son activité synthétique ou fonctionnelle. L'une des principales fonctions de l'usine chimique que représente une cellule est la synthèse, à partir des substrats alimentaires, des molécules d'ATP. Cette synthèse est réalisée à faible rendement (2 molécules d'ATP pour une molécule de glucose) par la glycolyse et à haut rendement par les phosphorylations oxydatives mitochondriales (38 ATP pour une molécule de glucose).

Amygdale ou noyau amygdalien ou archistriatum.

Il fait également partie, avec l'hippocampe, du vieux cerveau et envoie des fibres aux noyaux du septum. L'ensemble constitue un relais capital d'association entre le rhinencéphale, le cortex viscéral, le thalamus et l'hypothalamus, réunis sous le nom de circuit de Papez.

Catécholamines

Terme désignant les hormones du système adrénosympathique et leurs métabolites urinaires. Ce terme rappelle la structure diphénolique de l'adrénaline et la présence d'une fonction amine sur la chaîne latérale. Les trois principales catécholamines biologiques : la *dopamine,* surtout rencontrée dans le cerveau au niveau des corps striés et du noyau caudé. Sa disparition à ce niveau jouerait un rôle essentiel dans l'apparition de la maladie de Parkinson. La *noradrénaline* (ou norépinéphrine), hormone des terminaisons nerveuses sympathiques contenue dans les granules de stockage. L'*adrénaline* (ou épinéphrine) surtout abondante avec la noradrénaline dans la partie médullaire de la glande surrénale qui peut être considérée embryologiquement comme l'homologue d'un ganglion nerveux. C'est l'hormone de la réponse d'urgence de l'organisme aux agressions.

Cortex cérébral

Partie la plus superficielle du cerveau. Elle est apparue tardivement au cours de l'évolution des espèces animales et s'est développée dans la série des mammifères pour atteindre son plus grand développement chez les grands anthropoïdes et surtout chez l'homme.

Entropie

Le deuxième principe de la thermodynamique (principe de Carnot) nous apprend que le passage d'une forme d'énergie à une autre procède de telle façon que l'énergie totale capable de produire le travail diminue. Cela parce que l'énergie se présente sous deux formes : l'énergie cinétique qui est celle des molécules animées de mouvements désordonnés, proportionnelle à la température, nulle au zéro absolu, et l'énergie potentielle qui peut être utilisée pour produire de l'énergie cinétique et qui se présente sous des formes variées, de position, électrique, calorique, chimique, lumineuse.

Le deuxième principe nous apprend qu'il existe une hiérarchisation de l'énergie selon sa capacité d'utilisation pour produire du travail ; un système caractérisé par un haut niveau d'énergie potentielle évolue de façon que ce niveau s'abaisse jusqu'à une valeur inférieure par sa transformation en énergie cinétique, forme dégradée de l'énergie.

Depuis les travaux de Boltzmann, Maxwell et Gibbs on peut exprimer ce phénomène en disant que l'énergie potentielle accompagne l'ordre et l'énergie cinétique le désordre, ou en d'autres termes que l'énergie potentielle est plus chargée d'informations que l'énergie cinétique. L'énergie évolue vers l'état le plus probable et le second principe de la thermodynamique est devenu un principe statistique. Il aboutit à la notion d'entropie. L'entropie d'un système isolé ne peut aller qu'en augmentant. La nég-entropie, inverse de l'entropie, se caractérise alors par l'apparition d'un ordre croissant.

Environnement

Ensemble des objets et des êtres qui entourent immédiatement un individu. Celui-ci est alors considéré comme situé au sein d'une « niche » constituée par son environnement. On parle aussi de « milieu » pour décrire l'ensemble des conditions physiques, chimiques et biologiques dans lequel se développe un organisme.

ENZYMES

Les réactions chimiques sont soumises à des conditions de température, de pression, de Ph, etc., dont également le rendement et souvent la possibilité même de la réaction. Si ces conditions étaient respectées dans la vie, celle-ci serait impossible. Les organismes sont pourtant le siège d'un nombre considérable de réactions chimiques dans lesquelles ils puisent l'énergie nécessaire au maintien de leur structure et de leur action dans l'environnement. Les sources énergétiques sont empruntées au milieu extérieur (substrats) pour être transformées en « produits » d'une réaction. Celle-ci est « catalysée » par une *enzyme*, produit elle-même du métabolisme cellulaire, souvent hautement spécifique pour une réaction donnée. Cette réaction isolée de la chaîne des réactions dont elle fait partie (chaîne métabolique) est souvent une réaction d'équilibre.

La réaction est *catalytique* : l'activation des deux corps qui entrent en réaction est nécessaire à son déclenchement. En effet, une molécule qui réagit part d'un niveau d'énergie déterminé, passe par un niveau plus élevé pour aboutir à un niveau plus bas que celui de départ. L'activation initiale exige donc une certaine quantité d'énergie (qui peut fournir par exemple en chimie générale, la chaleur). L'enzyme du fait de sa structure réduit à presque rien cette quantité d'énergie d'activation. Elle augmente donc la vitesse de la réaction et la rend possible aux températures des organismes en général. De plus, elle permet à un plus grand nombre de molécules d'être activées et le rendement de la réaction est meilleur.

L'enzyme est le produit du métabolisme. C'est en effet une protéine dont la structure est engrammée dans un gène particulier qui en permet la synthèse suivant les besoins.

La réaction est spécifique. Cette spécificité peut atteindre une grande finesse. L'enzyme peut être spécifique soit du substrat, soit du type de réaction chimique, soit du type de liaison chimique, soit même de la configuration stéréochimique du substrat.

La réaction est réversible. Cette caractéristique n'est pas générale. Mais l'enzyme modifiant la constante de vitesse ne modifie pas la constante d'équilibre de la réaction.

Michaelis et Menten (1913) ont proposé l'idée que l'enzyme se combine au substrat, ce qui dans un premier stade permet une réaction intime ; un échange d'électrons par exemple. Puis les produits de la réaction apparaissent et l'enzyme libérée se retrouve dans son état initial. Ils ont écrit pour les enzymes d'oxydo-réduction :

« Supposons que l'enzyme puisse se combiner non seulement avec le substrat à oxyder, mais aussi avec l'agent oxydant. La structure spécifique de l'enzyme conduit à une orientation définie et à une juxtaposition des corps. Si une molécule de chacun de ces corps se trouvait en solution, la chance de transfert d'un électron de l'un à l'autre, pendant un bref temps de collision, serait pratiquement nulle. Si ces deux corps sont emprisonnés dans une combinaison ternaire, il y a beaucoup plus de chances que le transfert se réalise. »

D'autre part, les molécules stables sont généralement des couronnes électroniques appariées, les électrons étant généralement réunis par paires. Or, dans ce genre de réaction enzymatique, l'échange électronique entre le corps qui perd des électrons et celui qui en gagne se fait par *un seul* électron à la fois. Or, le départ d'un seul électron fait apparaître un « radical libre », doué d'un électron célibataire. Celui-ci va chercher à s'apparier en recueillant un électron provenant d'une réaction enzymatique qui le précède dans la chaîne métabolique. Il constitue lui-même alors le produit de la réaction enzymatique précédente. Il se constitue ainsi des chaînes de réactions enzymatiques partant d'un corps fortement réduit pour aboutir à un corps fortement oxydé. Pour la glycolyse, le corps réduit sera le glucose (riche en molécules d'hydrogène donc en électrons) ; le corps oxydé l'acide pyruvique qui donnera l'acide lactique en se réduisant (en gagnant de l'hydrogène donc des électrons). Pour la respiration, le substrat glucose déversera, après une longue chaîne métabolique, ses électrons sur la molécule d'oxygène (O_2), biradical auquel manquent deux électrons sur ses orbites périphériques.

Hippocampe, formation hippocampique ou archicortex

Partie du vieux cerveau des mammifères, il dessine un anneau entourant le seuil de l'hémisphère. La scissure hippocampique le sépare du néocortex. En rapport chez les vertébrés inférieurs avec le système de l'olfaction, il n'est plus chez les mammifères supérieurs et l'homme qu'un des éléments essentiels de mise en rapport du néocortex avec les autres formations cérébrales les plus anciennes et met en jeu des mécanismes complexes moteurs et végétatifs. Son fonctionnement domine l'affectivité et les processus de mémoire (voir figure dans le texte).

Homéostasie

Tendance de l'organisme à maintenir constantes ses caractéristiques biologiques et physiologiques, en particulier celles de son milieu intérieur.

Homéostasier

Néologisme à partir du mot précédent exprimant l'action de maintenir constantes les caractéristiques d'un ensemble.

Hypothalamus

Contient les centres essentiels de la vie végétative. Leurs principales fonctions sont la régulation de l'équilibre hydrique (soif), thermique, du métabolisme des glucides et des lipides, de la pression artérielle, de la fonction pigmentaire et hypnique. Ils gouvernent également la fonction hormonale des glandes génitales. L'hypothalamus correspond à la base du cerveau de chaque côté du 3e ventricule et se prolonge par la tige pituitaire jusqu'à l'hypophyse. On distingue à l'hypothalamus une région antérieure qui contient trois noyaux ; une région postérieure qui comprend aussi trois noyaux. L'antérieure est dite trophotrope, la postérieure ergotrope (HESS) car l'antérieure ralentit la respiration et abaisse la pression artérielle, et la postérieure a un effet hypertenseur et accélérateur. Sa stimulation provoque une libération d'adrénaline par les glandes surrénales.

Région la plus primitive du cerveau, la plus ancienne, où sont programmés de façon innée les comportements les plus immédiatement indispensables à la survie, ceux qui assurent directement le maintien de l'homéostasie.

Mitochondries

Organites intracellulaires, dont différentes méthodes d'isolement, de fractionnement et d'observation nous ont fourni depuis quelques années la structure précise. Elles sont le siège des mécanismes biochimiques principaux qui dans la cellule animale permettent l'utilisation de l'oxygène comme accepteur d'électrons à l'extrémité des chaînes biocatalytiques. L'ordonnance de ces réactions a été fournie par H. Krebs et le cycle qu'il a décrit (cycle tricarboxylique ou de l'acide citrique) est appelé généralement cycle de Krebs. La succession de ces réactions permet, à partir du pyruvate, de soustraire progressivement les molécules d'hydrogène aux substrats et de les ioniser, c'est-à-dire de séparer l'électron du proton. L'électron chargé d'énergie suit alors une chaîne moléculaire, appelée chaîne des transporteurs d'électrons, dans laquelle il cède progressivement son énergie en petite monnaie. (A. Szent-Györgyi) à des molécules « coenzymatiques » qui permettent son emmagasinement dans la liaison du 3e phosphore de l'adénosine triphosphate (ATP). Cette molécule est la réserve d'énergie immédiatement utilisable pour le maintien des structures vivantes et pour l'activité de ces structures. Ayant perdu son énergie d'activation, l'électron se fixe alors sur l'oxygène en remplissant la place d'un des électrons manquants. Quand les deux électrons sont remplacés, l'oxygène peut alors se combiner au proton (ion hydrogène H^+) pour former une molécule d'eau (H_2O). Mais ce produit final est précédé de nombreuses formes intermédiaires radicalaires libres dont le rôle oxydant a sans doute une importance biologique considérable, en particulier dans les processus de vieillissement.

MOTIVATION PALÉOCÉPHALIQUE

Motivation dont l'origine réside dans la partie la plus ancienne (paléo), donc la plus primitive de l'encéphale (cerveau) humain.

NÉVROSES

La définition qu'en donnent H. Ey, P. Bernard et Ch. Brisset (*Manuel de Psychiatrie*, Masson et Cie., 1967) est celle de :
— Maladies mentales « mineures » relativement aux psychoses,
— avec troubles subjectifs prépondérants,
— et échafaudage de procédés plus ou moins artificiels et inconscients contre l'angoisse,
tout en insistant sur les nombreux points pouvant interférer entre névroses, maladies surtout fonctionnelles et psychoses, maladies surtout considérées comme organiques. La psychanalyse a enrichi la clinique des névroses, car le « Moi névrotique se défend contre le danger intérieur de son conflit intrapsychique ».

On distingue une névrose indifférenciée, la névrose d'angoisse, et des névroses différenciées : névroses phobique, hystérique et obsessionnelle.

ONDES ÉLECTROENCÉPHALOGRAPHIQUES

L'enregistrement de l'activité électrique du cerveau peut se faire au niveau de la calotte crânienne qui recueille une activité globale par son expression au niveau du cortex cérébral et dans différentes réponses de celui-ci. On peut aussi, en enfonçant des électrodes dans les différentes régions du cerveau après perforation d'orifices dans la boîte osseuse crânienne, recueillir l'électrogenèse de ces régions. Cette méthode s'appelle stéréotaxie.

H. Berger (1929) montra que suivant l'amplitude et le rythme des ondes enregistrées, une certaine interprétation du fonctionnement de la région qui les émet peut être déduite.

Des ondes amples et lentes sont généralement l'expression d'un repos fonctionnel, ou d'une souffrance. Leur faible amplitude et un rythme rapide indiquent au contraire une forte activité neuronale. Le rythme alpha (dont on discute encore le mécanisme) apparaît chez l'individu au repos. Il possède une fréquence de 6 à 15 cycles par seconde (en moyenne 10 cycles, sec). Il disparaît à l'ouverture des yeux.

Le rythme thêta, assez caractéristique de l'activité de l'hippocampe, est de 4 à 7 cycles à la seconde et d'amplitude moyenne. L'activité delta (1 à 3,5 cycles/sec) est généralement liée à une souffrance cérébrale. La crise épileptique fournit des enregistrements caractérisés par la présence de pointes de haut voltage suivies d'ondes (pointe-onde).

Au cours du sommeil, deux phases se reconnaissent : l'une prédominante de sommeil à ondes lentes et amples, l'autre dite de sommeil paradoxal, parce que ressemblant à l'EEG, à l'éveil fournit des ondes de faible amplitude et de rythme rapide.

Au cours des comas, le ralentissement du tracé jusqu'à l'EEG plat voire nul, montre l'évolution du cerveau vers la mort.

Photon

Quantum de rayonnement électromagnétique. On admet que l'énergie de rayonnement est en fait une série discontinue de minuscules grains d'énergie (hypothétiques), les photons. Chacun de ces grains tombant sur la matière est capable d'en expulser un électron, ce qui permet d'établir l'équivalence entre énergie de rayonnement et énergie électrique, suivant l'expression $hf = 1/2\ mv_2 = eV$, où h = constante de Planck ; f = fréquence de la radiation ; m = masse de l'électron ; e = sa charge ; v = sa vitesse ; V = différence de potentiel.

Pneumogastrique (ou nerf vague)

Nerf principal du système parasympathique (X^e paire crânienne). Les neurones d'origine sont situés dans le bulbe. Les relais ganglionnaires sont situés généralement dans l'organe effecteur lui-même et non dans la région paravertébrale comme pour le système sympathique. Les fibres pré- et postganglionnaires libèrent à leur terminaison le même médiateur : l'acétylcholine. Le vague innerve la plupart des viscères : le cœur qu'il inhibe ou ralentit, les vaisseaux coronaires qu'il constricte, de même que les bronches, l'œsophage, l'estomac et les intestins, excepté au niveau des sphincters qu'il relâche. Il possède aussi des fonctions sécrétrices dans l'estomac et le pancréas et paraît être vasodilatateur sur certains vaisseaux de petit calibre. Son activité est généralement antagoniste de celle du sympathique adrénergique.

Psychoses

Affections mentales caractérisées par une désintégration généralement profonde de la personnalité, avec troubles de la perception, du jugement, du raisonnement, dont le malade n'a pas conscience. Les psychoses sont en général durables, mais peuvent comporter des périodes de lucidité. Elles sont peu influencées par la psychothérapie. Elles comprennent entre autres la schizophrénie, les démences, et la psychose maniacodépressive.

SÉROTONINE

ou 5-hydroxytryptamine (5-HT). Hormone dérivée du tryptophane et qui se trouve en quantités abondantes dans certaines cellules du tube digestif et dans le tissu cérébral. Ses actions sont bien connues mais son rôle et sa signification générale sont encore obscurs. Elle intervient dans le fonctionnement cérébral. Elle est particulièrement abondante dans le système limbique, ce qui a fait soupçonner son rôle dans l'affectivité et le sommeil. La diéthylamide de l'acide lysergique (LSD) paraît être son antagoniste. Elle est excrétée dans les urines sous forme d'acide 5-hydroxy-indole-acétique.

SHAM-RAGE

Chez l'animal, comportement exprimant un état de rage violente sans cause apparente dans l'environnement. Se voit chez l'animal décortiqué et dont les lésions du système limbique interdisent le contrôle des centres supérieurs sur l'activité de l'hypothalamus.

SPLANCHNIQUES

Grands et petits splanchniques naissent de la colonne sympathique de la moelle (corne latérale) entre le 5e et le 10e segment. Leurs fibres rejoignent et traversent les ganglions sympathiques paravertébraux sans y faire relais et se réunissent en troncs distincts. Ceux-ci sont donc constitués de fibres préganglionnaires, qui de ce fait sont cholinergiques, c'est-à-dire libèrent à leur terminaison de l'acétylcholine. Ils vont se jeter dans les ganglions semi-lunaires. Certaines fibres y font relais, d'autres rejoignent directement les glandes surrénales dont elles innervent la région médullaire. Celle-ci sécrète l'adrénaline et la noradrénaline dans le sang circulant. Cette sécrétion est donc commandée par un mécanisme cholinergique.

STRIATUM, NOYAUX STRIÉS, NOYAU CAUDÉ

Ensemble de noyaux (noyau caudé, noyau lenticulaire lequel est lui-même divisé en un noyau externe, le putamen, et deux internes, la pallidum) qui entourent le thalamus dont ils sont séparés par des fibres blanches (de conduction) : la capsule interne. Ils forment une barrière entre l'écorce cérébrale sus-jacente et les autres structures nerveuses sous-jacentes. Ce cerveau intermédiaire ou paléocéphale peut jouer, seul, un rôle de centre à l'égard de fibres afférentes et efférentes indépendantes du système cortical. Schématiquement, il fait partie d'un cerveau primitif dans lequel les afférences au thalamus peuvent être projetées sur des centres d'origine de voies efférentes (noyaux striés) grâce à des voies thalamostriées. Le tout constitue un ensemble réflexe autonome individualisé anatomiquement et physiologiquement. Sa dépendance relative à l'égard du néocéphale est un processus secondaire phylogénétiquement. Les noyaux striés constituent ainsi un cerveau moteur primitif. On a tendance, en se fondant sur leurs connexions anatomiques, leur fonction et leur origine embryologique, à diviser les noyaux striés en deux masses : l'une, le pallidum ou paléostriatum, comprend les deux noyaux internes du lenticulaire, l'autre, le néostriatum, comprend le noyau caudé et le noyau externe du lenticulaire appelé aussi puttamen. Couramment on dit pallidum pour paléostriatum et striatum pour néostriatum.

Surrénales

Glandes à sécrétion interne, situées sur le pôle supérieur des reins. On leur distingue deux régions : la médullaire qui sécrète la noradrénaline et surtout l'adrénaline (norépinéphrine et épinéphrine) et la corticale qui sécrète les hormones cortico-surrénales. Celles-ci agissent, les unes principalement sur le métabolisme cellulaire du glucose (glucocorticoïdes) dont le type est le cortisol (hydrocortisone), les autres sur l'équilibre hydro-minéral (concentration des tissus et humeurs en sels minéraux et eau) ou minéralocorticoïdes dont le type est la désoxycorticostérone (DOC). Le métabolisme des cellules cortico-surrénales aboutissant à la sécrétion des corticoïdes surrénaux est sous la dépendance de la sécrétion d'une hormone de l'anté-hypophyse (ACTH), elle-même mise en jeu par l'hypothalamus.

La sécrétion médullaire d'adrénaline dépend directement de la stimulation des splanchniques.

Système limbique

Région plus récente du cerveau apparue avec les vieux mammifères (hérisson) et nécessaire à la mémoire, elle-même indispensable à l'affectivité et l'apprentissage. Le système limbique est donc à la base de l'acquisition des automatismes aussi bien gestuels que conceptuels.

Thalamus

Ce centre sensitif du paléocéphale est une masse nerveuse centrale, sous-corticale, volumineuse, constituée de noyaux phylogénétiquement distincts.

« Le paléothalamus, noyau sensitif ancien, comme son nom l'indique, est situé dans le prolongement du tronc cérébral qui lui fournit la majorité de ses afférences. Il conserve des connexions paléencéphaliques avec les noyaux striés.

Le néothalamus repose *sur* le précédent, en reçoit ses afférences et envoie ses fibres afférentes vers le néocéphale, c'est-à-dire vers l'écorce cérébrale.

Mais il y a plus : paléo- et néothalamus sont enveloppés et traversés par des formations grises diffuses, ou réticulaires thalamiques, de nature identique à celles déjà étudiées dans le tronc cérébral. Certains auteurs considèrent qu'elles sont les vestiges de la paroi primitive du diencéphale des poissons ou des reptiles. La formation réticulée thalamique représenterait ainsi un archithalamus. Conception séduisante qui suggère au sein du thalamus l'existence de structures non seulement hiérarchisées mais bien spécialisées : l'archithalamus activateur diffus, le paléothalamus relais des voies sensitives et de réflexes supra-segmentaires, le néothalamus relié à l'écorce cérébrale, centre de triage et de regroupement des messages venus des étages sous-jacents. La conception d'un archithalamus, c'est-à-dire d'un thalamus primitif, reste cependant discutée (Kühlenbeck) en raison même du développement considérable chez l'homme de la formation réticulée thalamique » (Delmas A., *Voies et centres nerveux*, 8ᵉ édition, Masson et Cie, 1969).

Thermodynamique

Branche de la physique qui traite des relations existant entre les phénomènes thermiques et les phénomènes mécaniques (travail ou énergie mécanique).

Introduction	11
I. Thermodynamique et information. Physique et biologie	21
II. Le système nerveux	49
III. Le niveau d'organisation des sociétés humaines. Historique de la dominance	93
IV. Hiérarchies de valeur et hiérarchies de fonction	115
V. Thermodynamique et information en sociologie	125
VI. Information, hiérarchies de valeur et classes sociales. Malaise et crises sociales	139
VII. Conscience, connaissance, imagination	159
VIII. La démocratie et la notion de pouvoir	171
IX. La notion de système ouvert ou fermé en sociologie et en économie	191
X. Le pouvoir des classes fonctionnelles	255
XI. Information professionnelle et information généralisée	267
XII. La guerre	295
XIII. La créativité	305

XIV. La finalité	323
Epilogue	331
Lexique	333

DU MÊME AUTEUR

Aux Éditions Gallimard
BIOLOGIE ET STRUCTURE

Aux Éditions Robert Laffont
LA NOUVELLE GRILLE
ÉLOGE DE LA FUITE

Impression Bussière à Saint-Amand (Cher)
le 24 décembre 1985.
Dépôt légal : décembre 1985.
Numéro d'imprimeur : 3222.

ISBN 2-07-032337-4./Imprimé en France.
(Précédemment publié aux Éditions Robert Laffont
ISBN 2-221-00276-8.)

36914